西方

全球史学研究

A STUDY OF WESTERN GLOBAL
HISTORIOGRAPHY

董欣洁　著

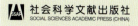
社会科学文献出版社
SOCIAL SCIENCES ACADEMIC PRESS (CHINA)

目　录

前　言

    本书是 2012 年度国家社会科学基金青年项目"西方全球史学研究"的结项成果，结项后进行了增补修订，由中国社会科学院创新工程资助出版。西方全球史自 20 世纪中期兴起至今，历经了半个多世纪的发展，涌现出大量的著作、论文及相关作品。国内外学术界虽然对全球史的发展多有关注，但是研究西方全球史学的系统专著尚不多见。对西方全球史学进行考察和研究，从史学理论层面上看，能够反映出在经济全球化进程中对世界历史的深刻思考；从实践层面上看，则是为中国世界史研究整体发展提供一定的理论支持。因此，对这一选题的研究具有重要的学术价值和积极的现实意义。

    本书尝试对西方全球史学进行系统梳理与综合研究，这对国内外学界而言都是有待深入研究的领域。在经济全球化的时代背景和世界历史学自身发展的学术背景下，本书以马克思主义唯物史观为理论指导，对西方全球史的发展进行了比较系统的梳理，对其学术价值与局限进行了深入分析，给予其适当的历史定位。书稿设定的各个研究专题是全面把握西方全球史学的必要环节。本书正文主体共十章。书稿的基本写作框架简要介绍如下。

    第一章从概念、方法和特点三个方面入手，界定"什么是全球史"，认为全球史是发生在世界历史学范畴内的观念与实践创新，是全球化时代的世界史，厘清了全球史的发展脉络。无论是通史研究，还是专题研究，全球史内在的时空框架是通过全球视野下的跨文化互动研究（即地球上不同人群接触后发生的多种交往）搭建起来的。全球史的突出特点在于，试图超越长期以来无视甚至否认西欧、北美以外国家和民族历史的"欧洲中心论"，将人类世界视作一个有机整体，通过多重的空间和网络，探讨不同群体之间的接触、联系和影响，从全球的角度来考察人类文明的产生和发展。狭义的全球史就是指西方的全球史。广义的全球史已经不再为西方所独有，它受到来自各国、各地区史学传统的学术滋养，成为目前被国际史坛广泛接受的研究方法与编撰理论，成为不同领域的研究者可以达成一定程度的共识，进而共享共建的史学资源。中国的全球史与西方全球史都是广义全球史的组成部分。

第二章将"西方全球史学"界定为探讨西方（主要为西欧、北美地区）全球史的学术史，以及西方全球史的编撰理论与研究方法，并梳理了国内外对西方全球史学的研究现状。西方全球史的学术发展表现出两个基本特点：一方面是从全球视野出发推进具体的实证研究，不断挖掘日常生活史中的丰富内容，人类社会的精神和物质层面均有所涉及；另一方面对理论和方法论的探讨也表现出一定程度的重视，纵向来看，21世纪特别是最近十年以来，西方全球史对理论探讨的重视程度在逐渐提升。目前西方史学界对全球史的发展状况已经进行了一定程度的总结与反思，很多学者从各自角度针对全球史的编撰理论与研究方法做出了相应的分析。西方全球史被中国学者纳入考察视野则是借助了改革开放的时代东风，并与中国学者正在开展的世界史学科建设、世界通史编撰学研究产生了一定程度的共鸣。我国学者在介绍、翻译其论著的同时，逐渐对其进行了日趋细致的考察。上述国内外学界对西方全球史的认识与分析，是进一步定位西方全球史学的重要参照。不过，从史学理论及史学史的角度来看，对西方全球史的总结和反思性研究还需要更加充分地展开。

第三章从对西方全球史历史分期的研究入手，对巴勒克拉夫、麦克尼尔、斯塔夫里阿诺斯、斯特恩斯、本特利等学者在通史编撰实践中对历史分期问题的研究进行了较为系统的考察和梳理，分析指出其学术价值与局限。从其著作对世界历史的分期可以看出，20世纪中期以来，与西方传统世界史研究相比，上述学者对人类历史整体及阶段发展的理解和认识更加科学，对世界史编撰中根深蒂固的"欧洲中心论"传统做出了一定程度的突破，但仍未能完全摆脱其束缚。目前，西方通史类全球史在对各文明社会内部发展的考察，特别是在发展动力方面的研究暴露出明显的不足，这已经成为西方通史类全球史进一步发展的瓶颈。

第四章分析了西方全球史中的文明研究，指出文明、区域往往是其历史研究的基本单位，并强调文明研究应具有全球性视野；对文明或跨区域及跨文明的历史事件（如大规模的贸易往来、文化交流、技术扩散、宗教传播、人口迁移、环境及生态变迁等内容）进行综合比较研究，是其在研究实践中的重要方法和手段，为全球视野的实现提供了可能；对各文明进行中立的价值判断是其研究实践的价值取向；对各文明发展总形势的判断是历史分期的依据；西方通史类全球史的基本构架建立在文明研究的基础之上，并且在经济全球化时代把文明研究推进到一个新的发展阶段。

第五章考察了西方全球史中的帝国主义研究，从如何界定帝国主义，及把帝国主义作为竞争性社会组织和作为不同地区人类互动路径的三个方面的分析入手，认为西方全球史对帝国主义的研究在某种程度上从批判逐渐趋于宽松，而其把帝国主义视作竞争性组织和互动路径的主张，从开阔学术视野的角度而言有积极意义，但是难以对不同历史事件或进程做出科学、准确的判断与解释。作为一种历史现象和现实存在，帝国主义无疑是历史编撰中的一个重要研究领域，对于不同历史时期和不同地域空间的各种表象，历史学家只有谨慎地加以对待，才能把握帝国主义的社会经济实质，尽可能地还原历史真实。

第六章从史学理论及史学史的角度探讨西方全球史在研究和编撰当中采用的主要方法，也就是西方全球史中的跨文化互动研究（即地球上不同人群接触后发生的多种交往），分析其由来与特点，并给予其适当的历史定位。跨文化互动发展为一种在世界历史研究和编撰中使用较为普遍的方法，是 20 世纪中期西方全球史兴起以来众多学者努力的结果。全球史通过跨文化互动研究重新确定了世界史研究的视野，扩展了世界史研究的对象，更新了解释人类历史进程的模式，但是实际上止步于用经验性的实证归纳方法描述和归纳各种历史现象，回避以此为基础从因果必然性上探讨人类社会的普遍规律。这表明西方全球史并没有在方法论上实现根本性的突破。这突出表现在全球史对包括"哥伦布交流"在内的各种生物生态及环境变化现象的研究，此类研究集中体现了西方全球史在转换研究视角方面取得的成就，同时也显露出其内在的问题，即在探讨互动本身的动力和规律方面的不足。

第七章认为全球史学史是对人类不同群体的史学观念、史学思维方式及其表现形式的系统梳理和综合分析；它是 20 世纪中期以后人类史学思维方式逐渐全球化的产物，全球史学史的发展本身，是全球史发展的重要学术成就之一。目前，西方的全球史学史书写实践大致可分为四种类型：断代史性质的全球史学史、通史性质的全球史学史、百科全书性质的全球史学史和专门史性质的全球史学史。本书系统梳理和分析了这四类全球史学史著作的编撰方法及思路，指出书写全球史学史所面临的核心问题，是如何处理全球范围内的跨文化史学互动。把各种跨文化史学互动现象放在代表人类社会演变基本动力的生产和交往的相互关系之中，使各地方、各民族的史学传统与世界的现实发展成为对应参照物，而不是以欧洲史学传统作为基本参照物，这将会推动全球史学史书写的进一步发展。

第八章系统分析了马克思"世界历史"理论在当代世界史研究中的

学术价值，指出马克思"世界历史"理论的突出特点正是对世界历史演变动力的探讨，并形成一个从生产和交往两个角度互相支撑的内在体系。20世纪尤其是20世纪中期以来，这一理论框架在西方哲学社会科学领域被广泛借鉴，在历史学领域，我们可以看到，西方著名的全球史著作几乎都受到其不同程度的影响。吕西安·费弗尔、马克·布洛赫、费尔南·布罗代尔、艾瑞克·霍布斯鲍姆、伊曼纽尔·沃勒斯坦、C. A. 贝利和于尔根·奥斯特哈梅尔等众多学者的史学实践与彼此之间的相互影响，共同构成了西方全球史发展的重要成就，他们的作品无疑从广度和深度两方面拓展了西方世界史研究的层次和范围，使人类生活复杂的众多面相获得了更加鲜明的立体呈现。同时，这也证明了马克思"世界历史"理论这个框架的内在包容性与理论解释能力。

第九章认为中国的全球史要发展自身以获得将世界历史理论化的道路和方式，应当广泛吸收包括西方全球史在内的各国史学界的一切优秀成果，并对包括通史传统在内的中国史学优秀传统进行深入挖掘和发扬，使中国的世界史研究具有坚实的历史和理论基础，从而为中国历史学和中国民族文化的发展开辟更加广阔的世界舞台。通史传统是中国历史编撰重要的理论资产之一，是中国历史学原生的理论资源，通变和会通的思想历经实践的检验并且具有鲜活的生命力，可以在经济全球化时代复杂的学术背景下，用来构建我们自己的话语体系和分析框架，从而避免对外国史学理论的生搬硬套，彰显中国世界史理论研究的民族品牌和民族特色。而且，对通史传统的深入挖掘和不断发扬，有利于进一步推进马克思"世界历史"理论、中国史学优秀传统和当代中国世界史研究的融会贯通。

第十章分析了变动剧烈的当今世界的特点，提出从马克思"世界历史"理论出发，借鉴吸收前述中西方世界史研究与编撰的理论、方法论成果，在世界史编撰过程中，可以考虑将中国世界史理论体系建设这个目标进一步具体化和细化，构建双主线、多支线的世界史编撰线索体系，以便更加深入地从历史发展动力的角度来探讨世界历史的纵向发展与横向发展的关系。双主线是指纵向的生产主线与横向的交往主线，多支线是构成或依附于两条主线的不同领域及不同层次的细节线索，包括跨文化贸易、环境变化、物种传播、疾病传染、移民、殖民主义扩张、帝国主义侵略、宗教传播，等等；世界历史就是在双主线与多支线所体现出的各种动力的交互推动下演进的，这个编撰线索体系本身是历史发展合力的具体反映。从双主线、多支线的角度分析世界史，有利于进一步了解西方学界"欧洲中心论"与"历史终结论"所暗含的本体论缺陷，以及破解世界通史特别是世界现代史编撰中包括所谓西方与非西方"挑战与应战""冲击与反应"在内的各种认识论谜题。对双主线和多支线的探讨，也有利于吸收西方全球史的积极成果，将其整合到我们自身的学术框架之中。

结语指出，世界史的编撰过程同时也是史学家对世界进行综合认知与思考的过程，对世界历史的研究，已经成为人类认识自身、理解和把握世界的重要方法和途径。西方全球史的发展诚为不易，有赖于众多研究者的不懈努力。不过，只要涉及人类自身的历史，中西方的世界史编撰实际上面临着同样的核心问题，即如何在"宇宙"、"世界"或"全球"的时空框架内将其组织起来。显然，过于概念化、过于简单化或者过于碎片化的处理方式均不可取。如今世界一体化加速发展这个现实前提，使得中国世界史编撰亦面临新的要求，即自觉站在时代的高度，从自身的历史经历出发，说明全球一体的演变，阐明我们对人类历史的基本观点，展现中国文化认识世界并将之理论化的道路和方式。包括中国在内的各国的世界史编撰视角，实际上体现的是基于文化多样性基础上的历史认识和历史判断的多样性。但是，各不相属的人类群体却同为一个物种，共处一个地球，这就要求认识主体自觉保持全球的视野。从这个意义上说，在各种探索的可能之中，构建双主线、多支线的世界史编撰线索体系显然是一种可以为之努力的方向，有利于深化对人类历史和世界格局的整体认识。

　　在总体上，笔者认为应当积极面对经济全球化进程对历史学提出的重大理论挑战，即在全球化时代如何把握人类社会演变的性质和特点，这个史学本体论上的挑战是历史学研究者面临的一道全球性命题。对西方全球史学的研究正是一个良好的切入点。实际上，人类社会的历史也就是人的生产和交往演变的历史。民族、国家、文明甚至整个世界都是人的生产和交往的集合形式，同时也构成世界历史发展的各种支点。各种支点的存在，都具有各自的世界历史意义。人类演变的整体性和多样性正是体现在生产和交往的辩证统一基础之上。

　　另外，需要说明的是，由于西方全球史论著宏富，笔者在对西方全球史的总体把握和材料取舍等方面可能还存在疏漏。学无止境，在今后的研究中，笔者将继续对相关问题进行充实和完善。

第一章　什么是全球史

直到 20 世纪中期以前，西方学界的很多普遍史或世界史著作仍然受到"欧洲中心论"的严重束缚，无视甚至否认西欧北美以外国家和地区的历史。在两次世界大战的冲击下，随着西方帝国主义殖民体系的崩溃，在日益加快的经济全球化进程的推动下，种族主义的"欧洲中心论"根本无法解释全球各种复杂进程的演变。世界的现实发展促使包括"欧洲中心论"在内的西方一系列历史学传统观念受到反思和批判，相应地，历史研究的全球视野的建立，获得了物质条件和思想观念等方面的切实支撑，其表现就是全球史的兴起。"全球史"一词，成为指代人类整体历史、"真正的世界史"、总体史或"历史的普遍性"的新术语。全球史研究在发掘各种地理空间和多重社会交流网络的基础上，探讨人类各种群体之间的互动和交往，极大地扩展了史学研究的地理空间范畴和社会空间层次。

在变动剧烈的当今世界，全球史的蓬勃发展已经成为世界史学界甚至整个哲学社会科学界的一种重大而显著的学术现象。自 20 世纪中期以来，人类生活的方方面面，从自然环境，到物种细菌；从诸般器物，到思想观念；从名不见经传的弹丸之地，到联通各地的人类网络；从微观的衣食住行，到宏观的上层建筑；从一时一地的断代史、国别史，到纵贯古今、地域广阔的通史，各种主题的全球史研究几乎已不可胜数。"全球史观""全球史视野""全球视角""全球史中的""全球视野下的"等话语，成为众多论著表明自身学术背景与研究方法的界定词。层出不穷的全球史成果，展示出当代人挖掘历史的研究能力，同时也表明，"全球史"这个术语已经成为理解与把握人类社会的关键词之一了。全球史的发展也相应地推动了跨专业、跨学科的各种研究项目的进展，可以视作世界历史学对哲学社会科学整体发展的重要贡献。

第一节　全球史：概念

目前，全球史所取得的众多学术成果，可以笼统地分为两类：一类是通史研究，另一类是专题研究。很明显，这种研究内容的开放性，促使人们不断追问：什么是全球史？[①]

什么是全球史（global history），这个问题要从什么是世界史（world history）谈起。今天我们所说的"世界史"或者"世界历史"这个概念，已经成为人类社会生活中的一个重要词语，具有丰富的内涵。"世界历史"不仅指代着人类社会发展的历史进程，而且包含着认识、理解人类历史发展的历史哲学，同时也涵盖着描述、总结人类社会生活的历史叙述形式。世界史学科成形的时间较晚，交叉的学科较多，而世界史研究的范围又非常广阔，说它研究的是全人类的问题也不为过。从全球范围来看，上述情况导致了世界史的研究和编撰在理论上的复杂性以及研究方法的多元性。

也正因此，中西方的世界史研究在各自的发展过程中都出现了自身的问题。

就中国来看，近代中国世界史研究的萌芽从 19 世纪中期先进知识分子"睁眼看世界"开始，与"救亡图存"的时代主题紧密联系在一起。这就使得我们的世界史研究一方面是与中国社会发展的时代脉搏密切相

---

① 什么是全球史这个问题，对于理解全球史和全球史学至关重要，拙著《巴勒克拉夫全球史研究》讨论过这个问题，本书首先也要分析这个问题，此处在原有分析基础上进行了扩充和修改。

连，始终表现出关注现实和求真致用的精神理念；另一方面，则是在相当长的时期内，在学科设置和教学中，表现出把世界史等同于外国史的某种惯性思维。

而在西方，则表现为西方史学界在世界历史的研究和编撰上形成了根深蒂固的"欧洲中心论"传统。西方历史学中的"欧洲中心论"传统由来已久。19 世纪随着欧洲实力的迅速增强，"欧洲中心论"的具体表现就是东方已经被欧洲学者排除在世界历史之外，而欧洲的自我中心、欧洲白种人肩负领导世界责任的种族优越论和帝国主义理论粉墨登场。黑格尔认为，所谓世界历史是一部世界历史民族不断更替的历史，世界历史民族是创造历史新纪元的统治民族，它具有绝对权力成为世界历史目前发展阶段的担当者，从这种权力来说，其他各民族都是无权的，它们都属于"非世界历史民族"，被排除在世界历史的主流之外。[1] 黑格尔的上述理论对西方历史学的发展演变产生了深远的影响。19 世纪上半叶，西方的历史学家大肆宣扬西欧种族优越论，把西欧一隅的进步视作整个世界历史发展的主题，其代表人物就是德国历史学家兰克。兰克曾经指出，世界历史是西方的历史。[2] 兰克关注的是"西方作为一个整体的发展的动态性质"，[3] 而为了使他的世界历史形成一种自我包蕴的结构并赋予它一种集体的个性，兰克对远东的各个民族和各种文化置之不顾。[4] 另如西方学者指出，阿克顿勋爵主编的 14 卷《剑桥世界近代史》，充斥着欧洲社会科学的假设、隐喻、分类法及理论；E. 拉维斯（1842~1922）和 A. N. 朗波（1842~1905）编撰的 12 卷《世界通史》，只为西方以外的世界留出十几页的空间；亨利·托马斯·巴克尔（Henry Thomas Buckle，1821~1861）著述的三卷本《英国文明史》，直白地提出文明分

[1] 〔德〕黑格尔：《法哲学原理》，范扬、张企泰译，商务印书馆，1982，第 415~416 页。
[2] 何兆武主编《历史理论与史学理论——近现代西方史学著作选》，商务印书馆，1999，第 669 页。
[3] 何兆武主编《历史理论与史学理论——近现代西方史学著作选》，第 436 页。
[4] 何兆武主编《历史理论与史学理论——近现代西方史学著作选》，第 440 页。

为两个部分，欧洲部分的人类比自然更加具有力量，而在欧洲以外的部分，自然力量则战胜了人类。①

世界史编撰中的"欧洲中心论"在 20 世纪发展到极点。1932 年出版的由美国史学家海斯（Hays）等三人编写的《世界史》一书认为，从伯利克里（Pericles）和恺撒（Gaius Julius Caesar）的时代直到现在，历史的伟大戏剧中的主角都是由欧洲的白种人担任的；欧洲是世界文明的摇篮，是进步的源泉，自 15 世纪以来，欧洲各国就一点一点地把它们的文明传播到全世界，而要引导（实际上是殖民主义性质的强迫）千百万的陌生人（黄色、棕色和黑色皮肤的民族）走上欧洲文明和进步的道路，这是一个负担，而且是一个沉重的负担。② 1998 年出版的美国历史学家戴维·S. 兰德斯（David S. Landes）的《国富国穷》（新华出版社，2001 年版）是当代西方国家"欧洲中心论"的代表性著作，强调欧洲经验和源自欧洲的现代文明的普适性。

"欧洲中心论"的发展还与西方学者的东方学研究有紧密的联系。萨义德曾经指出，东方学是欧洲对于东方的集体白日梦。③ 在西方学者眼中，东方是西方的附属物，研究东方是为西方服务，东方及东方人是研究的对象，其标志是这一对象的他在性，研究对象被认为（仿佛就应当如此）是被动的、非参与的，它们被赋予一种首先是就非主动性、非自治性而言的"历史"依附性，甚至对自身都没有主权；这是一种哲学上异化的存在，是由其他东西规定的，在其他东西的推动下运动的。④ 东方学的一切都置身于东方之外，其意义更多地依赖西方而不是东方。⑤

---

① Patrick O'Brien, "Historiographical Traditions and Modern Imperatives for the Restoration of Global History", *Journal of Global History*, Volume 1, Issue 1, 2006, pp. 3-39.
② 〔美〕海斯等：《世界史》下册，中央民族学院研究室译，生活·读书·新知三联书店，1975，第 1059~1060 页。
③ 〔美〕爱德华·W. 萨义德：《东方学》，王宇根译，生活·读书·新知三联书店，1999，第 65 页。
④ 〔法〕阿努瓦·阿布戴尔－马里克：《文明与社会理论》，张宁、丰子义译，浙江人民出版社，1989，第 99~100 页。
⑤ 〔美〕爱德华·W. 萨义德：《东方学》，第 29 页。

　　"欧洲中心论"实际上意味着把不同于欧洲和西方的历史和文化视野排除在世界历史的阐释体系之外,它集中体现了西方狭隘的民族主义、种族主义和地域主义。[1]"欧洲中心论"是一个扭曲的透镜,严重歪曲了对人类历史的整体考察。不可否认,"欧洲中心"或者"欧美中心"都曾经是客观存在的历史事实,但是欧洲在一定历史时期内是世界经济发展的中心这个事实和"欧洲中心论"这种狭隘理论本身是两个根本不同的概念。正如有学者指出,要承认欧洲是这一时期的中心,但不能唯"欧洲中心论"。[2]事实上,包括"欧洲中心论"在内的各种"中心论"或"中心主义"在本质上都是盲目地以自我为中心,片面强调本民族或国家的优势地位,对人类的历史缺乏辩证的认识,甚至别有用心地歪曲客观历史。人类历史在其发展过程中的不同时期出现过多个不同的文明中心,每个时代都有领导时代发展潮流的力量中心。但是,不论"欧洲中心"还是任何其他"中心"的存在,都不能抹杀非中心的其他国家或地区历史的存在和它们对人类文明发展做出的贡献。辩证地认识不同历史时代的不同文明中心才是科学和谨慎的历史研究态度。

　　到 20 世纪中期,两次世界大战之后,随着社会历史大时代的变化、经济全球化的发展加快,这种具有明显"欧洲中心论"色彩的西方世界史研究已经暴露出严重的问题,西方学者自身也在不断地反思,世界史领域相应地发生了变化,出现了世界史重构的潮流,以便使新的世界史研究能够适应整个世界形势的变化。这种世界史重构潮流的产物,就是全球史,其突出特点就是对"欧洲中心论"的反思和批判,强调历史

---

[1]　沃勒斯坦认为,社会科学在其整个制度化的历史中一直是"欧洲中心论"的。他指出社会科学至少在五个不同的方面表现出"欧洲中心论"。这些方面相互重叠,不能形成逻辑严密的分类。但是,按照这种分类,分别考察各种说法应该是可行的。可以说,社会科学的"欧洲中心论"分别表现为:①历史编纂学;②普遍主义的狭隘性;③关于(西方)文明的假设;④东方学;⑤强加于人的进步论。参见〔美〕伊曼努尔·沃勒斯坦《"欧洲中心论"及其表现:社会科学的困境》,载瞿林东主编《史学理论与史学史学刊》2002 年卷,社会科学文献出版社,2003,第 63~76 页。作为一个历史的概念和命题,"欧洲中心论"已经渗透到整个西方人文社会科学界的方方面面。

[2]　李世安:《全球化与全球史观》,《史学理论研究》2005 年第 1 期。

学研究的广阔视野。其基本历史观念，也就是全球史观。在 20 世纪中期，首倡全球史观的正是英国当代著名的历史学家杰弗里·巴勒克拉夫（Geoffrey Barraclough）。1955 年，巴勒克拉夫出版了他的《变动世界中的历史学》一书。这标志着巴勒克拉夫在西方学术界率先开始倡导全球史的综合性研究。他主张要采取能够"适应全球政治和文明的新环境"的新观点,① 也就是他积极倡导建立的全球史观，即"不仅放眼世界，展示全球，而且不带成见和偏私，公正地评价各个时代和世界各地区一切民族的建树"的史学新观念，以适应一个发生剧烈变动的世界的需要。② 巴勒克拉夫在兴趣点和方法论上的转变证明了二战后西方历史编撰的重新定向。③

全球史、世界史与普遍史（universal history）具有内在的联系。在英文中，global（全球的）一词有两个核心义：一是指全世界的，全球的；二是指整体的，综合的。④ world（世界）一词有四个核心义：一是指世界，天下；二是指地区，国家集团；三是指社会生活，社会交往；四是指（类似地球的）星球。⑤ universal 一词做形容词理解时，其核心义为全体的，共同的，影响全体的，万有的，普遍；做名词理解时，有两个核心义：一是指全称命题，二是指共相，一般概念。⑥ 可见，全球史、世界史与普遍史的英文名称之间存在着紧密的关联，含义十分接

---

① Geoffrey Barraclough, *History in a Changing World*, Norman：University of Oklahoma Press, 1955, p. 206.
② 〔英〕杰弗里·巴勒克拉夫主编《泰晤士世界历史地图集》，生活·读书·新知三联书店，1982，"前言"，第 13 页。
③ Kenneth C. Dewar, "Geoffrey Barraclough：From Historicism to Historical Science", *Historian*, Vol. 56, No. 3, 1994, pp. 449-464.
④ Angus Stevenson and Maurice Waite, eds., *Concise Oxford English Dictionary*, Oxford and New York：Oxford University Press, 2011, p. 605;《牛津现代英汉双解大词典》第 12 版，外语教学与研究出版社、牛津大学出版社，2013，第 1082 页。
⑤ Angus Stevenson and Maurice Waite, eds., *Concise Oxford English Dictionary*, p. 1663;《牛津现代英汉双解大词典》第 12 版，第 2990 页。
⑥ Angus Stevenson and Maurice Waite, eds., *Concise Oxford English Dictionary*, p. 1580;《牛津现代英汉双解大词典》第 12 版，第 2835 页。

近。刘家和曾经指出，如果从概念的外延（就时空角度而言）来看，这三者是等值的，其间的区别并非十分重要。[①] 它们所表达的精神实质则是人类对撰写宏观历史的永恒追求。全球史的贡献主要是在经济全球化连通世界的前提下切实拓展了历史研究的空间层次。

实际上，无论在东方还是西方，撰写宏观历史的努力都是一种久远的趋向。在西方史学界，从希罗多德的《希波战争史》、波里比阿的《通史》，欧洲中世纪的基督教编年史学，到新航路开辟以来各种世界史写作的尝试，尽管无法避免各种各样的局限，但都表现出西方历史学家努力采取世界性眼光来把握人类历史发展进程的意图。18 世纪伏尔泰的《论世界各国的风俗与精神》，其突出特点在于摒弃了以基督教文明为中心的传统世界史体例，建立了以人类文明为中心的崭新的世界史体例；以伏尔泰为代表的启蒙时代世界主义编年史传统，可以视为今天全球史的早期源头；此后，维柯、孔多塞、赫尔德、施吕策尔、穆勒等人都对世界历史理论进行了探讨，例如，被誉为"世界史之父"的施吕策尔强调对世界史的宏观考察，明确提出世界历史是人类的历史而不是各民族历史的简单汇编，历史应当说明地球和人类作为一个整体是怎样从过去演进到现在的。[②] 上述理论探索为世界历史的研究和编撰提供了丰厚的营养。马克思主义唯物史观问世后，更是为人们提供了崭新的世界历史阐释框架，对 20 世纪中后期宏观历史研究的影响十分深远。例如，有学者指出，布罗代尔为社会科学提供的出路是回到更早时期出现的问题和前人提出的解决模式，比如马克思对重商资本主义的论述，马克思可谓具备长时段视野并创立第一个真正的社会科学解释模式的"天才"，布罗代尔采纳长时段概念是接受了这些更早的做法。[③]

---

① 参见刘家和先生在 2014 年 11 月 22 日由中国人民大学举办的"什么是世界史：跨越国界的思考"学术研讨会上的发言稿。

② 张广智、张广勇：《史学：文化中的文化——西方史学文化的历程》，上海社会科学院出版社，2013，第 16～52 页。

③ 〔美〕乔·古尔迪、〔英〕大卫·阿米蒂奇：《历史学宣言》，孙岳译，格致出版社、上海人民出版社，2017，第 18～19 页。

也正因此，巴勒克拉夫在 20 世纪中期首倡全球史观时，表达的正是一位严肃的历史学家在世界新形势下对宏观历史的重视和提倡。他提出：尽管全球史已经久遭轻视，但是现在是重新回到全球史的时候了，其中的困难不可低估，但对全球史的需要也不应当低估。针对大部分的历史学家对全球史或者通史的怀疑（至少在英国是如此），例如他们说人类的知识不能延伸得那么远，不可能达到必要的精确程度，如果尝试在全球规模上写作历史的话就只会发生误导，巴勒克拉夫指出，这种逻辑是很容易反驳的，因为如果不能在这种规模上写作历史，不能使之相互关联，那么"只见树木，不见森林"的做法不是一样在误导吗？巴勒克拉夫坚信历史学中更大的主题和更广阔的视野是必须而且可能的，如果历史不能发现一个更大的主题、一种更广阔的视野，从而与人们生活在其中的世界状况更加协调一致，那么历史学就无法唤起更多响应；只有通过全球的历史，即超越欧洲和西方，关注所有地区和时代的人类的历史，才能实现这一点。[①] 同样，帕特里克·奥布莱恩在《全球史复兴的史学传统与现代必要性》中，将西方全球史学家所持的对世界认识的扩大即全球视野追溯到伏尔泰，认为追求扩大视野、关注其他地区的尝试与努力存在于欧洲的史学实践之中，但一直受到"欧洲中心论"的遮蔽，到 20 世纪，欧洲的社会科学知识已经无法解释全球进程的演变，"欧洲中心论"也遭到了日益增多的批评，全球史才逐渐获得发展的空间，这也正是其论文标题《全球史复兴的史学传统与现代必要性》的含义所在。[②]

1955 年巴勒克拉夫在《变动世界中的历史学》中描述他所提倡的真正的世界史观念，即全球史观（他在 1978 年出版的《当代史学主要趋势》中采用的是 universal view of history[③]）的时候，虽然没有直接使用 global history，但是已经使用了全球政治（global politics）和全球文明

① Geoffrey Barraclough, *History in a Changing World*, pp. 17-19.

② Patrick O'Brien, "Historiographical Traditions and Modern Imperatives for the Restoration of Global History", *Journal of Global History*, Volume 1, Issue 1, 2006, pp. 3-39.

③ Geoffrey Barraclough, *Main Trends in History*, New York: Holmes & Meier, 1991, p. 153.

(global civilisation) 的修饰语。① 20 世纪六七十年代，出现了一批努力采用全球观点来研究和撰写世界史的著作。1962 年，L. S. 斯塔夫里阿诺斯与他人合著了美国高中历史教科书《人类全球史》(*A Global History of Man*)，书名直接采用了 global history。② 他在《世界历史组织的全球视角》一文的标题中使用了 global perspective。③ 1970 年、1971 年，斯塔夫里阿诺斯的两卷本《全球通史》问世，书名主标题就采用了 global history。1963 年威廉·H. 麦克尼尔的《西方的兴起：人类共同体史》中出现了全球居住区 (global ecumene)、全球规模 (global scale)、全球的世界主义 (global cosmopolitanism)、全球 (the globe)、全球现实 (global reality) 等词语，④ 但没有出现全球史的字样。1964 年巴勒克拉夫的《当代史导论》出现了国际政治的全球格局 (global pattern of international politics)、全球时代 (global age) 等词语，同时也使用了世界史 (world history)、世界规模的单一经济 (a single economy on a world scale)、世界文明 (world civilization) 等词语。⑤ 1972 年，约翰·A. 加拉蒂和彼得·盖伊合编的《世界的历史》第三卷《现代世界》出版，编者在封底写明：在这套三卷本的《世界的历史》中，第一卷《1500 年以前的世界》综述了 1500 年之前的人类文明的发展，第二卷《走向现代性》探讨了 16~18 世纪的现代世界的出现，第三卷《现代世界》描述了过去 200 年中世界上各个社会的发展与互动；来自历史学、政治学、经济学、哲学、

---

① Geoffrey Barraclough, *History in a Changing World*, pp. 184, 220.

② Leften S. Stavrianos, Loretta Kreider Andrews, George I. Blanksten, Roger F. Hackett, et al., *A Global History of Man*, Boston: Allyn and Bacon, 1962.

③ L. S. Stavrianos, "A Global Perspective in the Organization of World History", in Shirley H. Engle, ed., *New Perspectives in World History: 34th Yearbook of the National Council for the Social Studies*, Washington, D. C.: National Council for the Social Studies, 1964, p. 616.

④ William H. McNeill, *The Rise of the West: A History of the Human Community, With a Retrospective Essay*, Chicago and London: The University of Chicago Press, 1991, pp. 297, 726, 727, 764, 765.

⑤ Geoffrey Barraclough, *An Introduction to Contemporary History*, London: C. A. Watts & Co. Ltd., 1964, pp. 18, 48, 101, 264.

天文学、地质学、生物学、人类学领域的 40 位学者，合作撰写了这部"真正的全球史"（truly global history），涵盖了人类历史的所有主要方面，这可能是第一次将非西方地区的历史从开始讲述到现在，而不是仅仅停留在西方对它们的某些印象上。[①]

20 世纪七八十年代，专题性的全球史著作不断涌现。杰里·本特利曾经归纳了研究现代跨文化互动的代表性全球史著作，其中包括伊曼纽尔·沃勒斯坦的《现代世界体系》（第一卷出版于 1974 年）、威廉·H. 麦克尼尔的《瘟疫与人》（1976 年出版）、埃里克·R. 沃尔夫的《欧洲与没有历史的人民》（1982 年出版）、菲利普·D. 柯丁的《世界历史上的跨文化贸易》（1984 年出版）、阿尔弗雷德·W. 克罗斯比（又译为艾尔弗雷德·W. 克罗斯比）的《哥伦布交流：1492 年的生物和文化后果》（1972 年出版）和《生态帝国主义：900～1900 年欧洲的生物扩张》（1986 年出版）、丹尼尔·R. 赫德里克的《进步触角：1850～1940 年帝国主义时代的技术转移》（1988 年出版）。[②] 1988 年，布鲁斯·马兹利什在参加一个"全球问题"研讨会时，发现自己是这个由经济学家、人类学家、社会学家和政策制定者等组成的小组中唯一的历史学家，"什么是全球史？"这个问题在此情况下立即引起他的兴趣，这促使他后来与人合编了《概念化的全球史》（Conceptualizing Global History）一书。[③]

布鲁斯·马兹利什在 1988 年遭遇的这种情况与 1958 年布罗代尔所面临的状况有些类似。乔·古尔迪和大卫·阿米蒂奇在《历史学宣言》中指出：到 1958 年，作为《年鉴》杂志的主编以及法国高等实践研究院第六部主任，布罗代尔面临的任务是要在众多的社会科学学科之中尤

---

① John A. Garraty and Peter Gay, eds., *A History of the World*, Volume Ⅲ, *The Modern World*, New York, Evanston, San Francisco and London: Harper & Row, Publishers, Inc., 1972, back cover.

② Jerry H. Bentley, "Cross-Cultural Interaction and Periodization in World History", *The American Historical Review*, Vol. 101, No. 3, 1996, pp. 749-770.

③ Bruce Mazlish and Ralph Buultjens, eds., *Conceptualizing Global History*, Boulder, San Francisco and Oxford: Westview Press, Inc., 1993, p. 22.

其是面对经济学和人类学时，说明历史学何以至关紧要，就是在这样一种激烈竞争（关系到声望、资金支持和专业自豪感）的氛围中，布罗代尔拿出了长时段的"王牌"，提出史学乃是统摄全部社会科学的学科，他开始从理论上阐述长时段概念，坚信长时段对任何跨学科的理解乃至为根本。[1] 诺埃尔·考恩在《全球史简述》中认为，布罗代尔在学科无边界的意义上撰写全球史，他的著作建立了全球性思考的观念。[2] 布鲁斯·马兹利什对此持有异议。马兹利什认为，布罗代尔声称在实践"全球"或"总体"的历史，然而他使用的"全球"或"总体"的术语是有限并且不稳定的，布罗代尔和年鉴学派主张的是一种将范围扩大到包括人类的所有科学的全球性历史，其中的重点是跨学科性。[3] 布鲁斯·马兹利什进一步提出，布罗代尔使用"全球史"这个术语时，他对这个主题的理解是没有界限的，像世界史的大多数尝试一样，布罗代尔的重点是前现代时期，他的作品的研究时间停在 1800 年；而与许多世界历史学家不同，布罗代尔强调物质因素远远超过了精神因素，并减少了观念可能影响物质力量的方式；所以，马兹利什认为布罗代尔主张的全球史不是他要概念化的全球史。[4] 这些情况反映出西方学者在认识上的分歧。罗荣渠曾经指出："布罗代尔的《腓力二世时代的地中海和地中海世界》一书，取材宏富，融会贯通，被誉为这种综合性的宏观研究的开路之作"，它采用的全局观点和综合分析方法，反映了世界史研究从分析走向综合的新趋势，从微观逐步扩大到宏观的新趋势，这也是当前国外社会科学与自然科学研究的共同新趋势。[5] 另外，被凯文·莱利（Kevin Reilly）誉为"几乎独力地把历史学家的注意力转移到全球性的生态问题上"的著名史学家阿尔弗雷德·克罗斯比，在分析全球史中的"哥伦

---

① 〔美〕乔·古尔迪、〔英〕大卫·阿米蒂奇：《历史学宣言》，第 19 页。

② Noel Cowen, *Global History*: *A Short Overview*, Oxford: Polity Press, 2001, p.5.

③ Bruce Mazlish and Ralph Buultjens, eds., *Conceptualizing Global History*, p.3.

④ Bruce Mazlish and Ralph Buultjens, eds., *Conceptualizing Global History*, p.4.

⑤ 罗荣渠：《史学求索》，"开创世界史研究的新局面"，商务印书馆，2009，第 102 页。

布交流"时，提及的知名学者就包括布罗代尔、麦克尼尔、沃勒斯坦和埃里克·沃尔夫等人。[①] 笔者以为，从西方学界探索宏观历史的发展脉络来看，将布罗代尔视作全球史发展的先驱之一是适宜的。

到 1990 年，麦克尼尔的《二十五年后再评〈西方的兴起〉》一文，不仅使用了全球史（global history）、全球基础（global basis）等词语，而且使用了全球史学（global historiography）。[②] 这篇论文发表在创刊于 1990 年的《世界史杂志》（*Journal of World History*）第一期上，[③] 颇能印证全球史与世界史的内在紧密联系。可以看出，全球史的发展是 20 世纪中期以来西方众多学者努力的结果。同时可以说，全球史代表着当今西方国家世界史研究和编撰发展的新阶段。

第二节　全球史：方法

迄今为止，西方史学界已经出版了两部冠以"什么是全球史"之名的著作。第一本是柯娇燕出版于 2008 年的作品。在这本导论性质的著作中，柯娇燕综述了有关全球史的各种构想与写作方式。她认为，全球史是用来"描述一切试图致力于广泛、大规模"视野的历史，[④] 全球史学家正是以其方法而不是史实，区别于那些研究地区史或国别史的学者，全球史学家弥补区域史学家所缺乏的东西，反之亦然；全球史研究者利用其他史学家所做的研究对其进行比较，关注较大模式，并提出理解变迁的方法，以便阐明全部人类历史的性质和意义。[⑤] 柯娇燕认为，全球

---

① Alfred W. Crosby, *Germs*, *Seeds*, *and Animals*: *Studies in Ecological History*, first published 1994 by M. E. Sharpe, London and New York: Routledge, 2015, Foreword, pp. vii, 8.

② William H. McNeill, *The Rise of the West*: *A History of the Human Community*, *With a Retrospective Essay*, "The Rise of the West after Twenty-five Years", pp. xv, xx, xxii.

③ William H. McNeill, "'The Rise of the West' after Twenty-Five Years", *Journal of World History*, Vol. 1, No. 1, 1990, pp. 1–21.

④ 〔美〕柯娇燕:《什么是全球史》，刘文明译，北京大学出版社，2009，第 99 页。

⑤ 〔美〕柯娇燕:《什么是全球史》，"导言"，第 2~3 页。

史为自身设置的一个难题是如何讲述一个没有中心的故事，最终的全球史方法如果得以实现，很有可能是将事件和统计数据同时从资料和设计的视角进行排序，若能从同时并存的无数视角中客观地概括出若干模式则尤为理想，但是她认为把形式和内容匹配起来的时机还没有到来；柯娇燕从分流、合流、传染、体系四种概括出发，梳理了界定全球史的基本理论与方法，评述了全球史现在所处的位置和它可能的走向。①

第二本是塞巴斯蒂安·康拉德出版于 2016 年的作品。康拉德认为，全球史是一种独特的研究方法，注重全球一体化或全球层面的结构转换。② 他指出，与"全球的"这个术语最直接相关的关键词是"联系"（connection），一系列相关术语如交换、交流、连接、纠缠、网络和流动（exchange，intercourse，link，entanglement，network and flow），集中表达了跨越边界发生相互作用的流动性和波动性，全球史将流动性（mobility）提升到历史研究的核心地位，即充分利用传统世界史所提供的优势，并将其与对历史变革的更灵活和更流畅的敏感性结合起来。③ 换言之，将"联系"嵌入全球范围内的结构转型过程之中，这是全球史方法的特点。④ 康拉德认为，将全球史与世界史的老传统对照会更有利于理解全球史的特征；世界史的概念已有几个世纪的历史，至今它仍是很多国家的一门学校课程，通常指包含整个世界或相对广大地理区域的叙事，因此，世界史通常遵循一个宏观议程，努力描绘地球过去的全貌，或者研究"世界其他地方"即发生在自己国家之外的一切；这类研究的宏观视角运用大规模的社会比较或者更典型的整体文明比较，在大多数的传统世界史中，这些巨大的"积木"之间的互动与交流没有被忽略，但是主要焦点是各种文明的不同轨迹，其动力主要被描述为从内部产生，然后这些平

---

① 〔美〕柯娇燕：《什么是全球史》，"导言"，第 4~9 页。

② Sebastian Conrad, *What Is Global History?*, Princeton and Oxford: Princeton University Press, 2016, p. 62.

③ Sebastian Conrad, *What Is Global History?*, p. 64.

④ Sebastian Conrad, *What Is Global History?*, pp. 64-65.

行的历史通过从权力中心到外围的日益增长的扩散联系起来，在现代时期，这种扩散通常假定为从西方向"其他地区"转移的形式；欧洲中心的偏见长期以来是各种世界史的一个相当普遍的特征，传统世界史通常采用这样的方法，即将对不同文明的比较和寻求它们之间的联系这两者结合起来，后者由扩散的过程来解释。①

他进一步指出，可以从以下七个方面来说明什么是全球史。第一，全球史学家并不单独地关注宏观视角，许多人试图在更广泛的潜在全球背景下定位具体的历史问题和现象。第二，全球史学家尝试运用空间概念的替代物，他们通常不采取政治或文化单位如民族、国家、帝国作为出发点，相反，他们提出、分析问题并追随问题的指引。第三，全球史具有内在的相关性，这意味着一个历史单位如文明、国家和家庭，不是孤立发展的，而可以通过与他人的互动来理解，事实上，许多团体只是凝结为看似固定的单位以响应交换与流通；注意到历史中的关系性也挑战了世界历史中长期被接受的解释如"西方的兴起"和"欧洲奇迹"，欧洲和西方的发展不能从内部解释为自主过程，而必须至少部分地被看作各种交换过程的产物。第四，作为人文科学中的一门学科，全球史构成更大的"空间转向"的一部分，全球史学家特别关注的是个人、社会与其他人、其他社会的互动方式，而非内生的变化，因此，空间隐喻如领土、地缘政治、流通和网络倾向于取代较旧的时态词语表如发展、滞后、落后，这也意味着拒绝现代化理论的目的论，以及从传统到现代性的社会变革方向是预先确定的观念。这一点的直接结果是强调历史事件的同步性，即第五点，许多全球史学家认为应优先思考同时性。第六，许多全球史在欧洲中心主义问题上是自我反省的，这是将全球史方法与世界历史写作的大多数古老变体区分开来的明确特征之一。第七，全球史明确承认要思考全球历史的关系结构，历史学家可以写出整个地球，但他们从一个特定的地方这样做，他们的叙述将部分地受到地方动态

---

① Sebastian Conrad, *What Is Global History?*, pp. 62-64.

的影响；很显然，在 16 世纪后期墨西哥城所写的世界史将与在伊斯坦布尔所写的世界史截然不同，但即使在今天，从阿克拉、基多或哈佛（Accra，Quito，or Harvard）看到的"世界"可能也完全不同。[①]

实际上，对"什么是全球史"这个问题的思考，特别是从方法论角度展开的相应探讨，贯穿在西方全球史半个多世纪的发展过程之中，成为理解和把握全球史的一条基本线索。很多学者从不同角度出发提出各自的观点。

1993 年，布鲁斯·马兹利什和拉尔夫·布特詹斯主编的《概念化的全球史》提出，全球史就是当代的历史，全球史作为一种新的学术视角、新的历史意识以及新的历史分支领域，必须被概念化并加以示范。[②]布鲁斯·马兹利什认为，虽然普遍史、世界史和全球史的术语模糊、用法多种多样，但仍然有所区别；"普遍史"努力包括所有的历史，不只是最近的过去，但是普遍史看似普遍，实际却是狭隘的，其实践只以全球的一小部分为中心，例如，中国和印度的历史在其中是不存在的；今天还十分活跃的世界史与普遍史不同，它努力超越欧洲中心主义（只有部分成功）并平等地表达所有人民的过去，威廉·H. 麦克尼尔、菲利普·柯丁等人都是其中杰出的从业人员，在宽广的脉络里写出了示范性的学术著作；世界史的问题在于：它超越了民族国家还是经常过于简单地罗列民族国家的历史？在促进多元文化主义和避免单一观点的努力中，它是否忽略了塑造事件的关键因素？它是否适用于更远的过去而不是现代时期？[③] 马兹利什认为，世界史中的许多努力和普遍史的一些尝试，是非常有价值的，有时与全球史重叠，但仍然不是他要概念化的全球史；第一个根本区别就是全球史学家从今天全球化进程开始研究的有意识选择（这个视角可以延伸到多远的过去，是进一步思考和工作的主要议题）；全球史的第二个假设是它试图超越将民族国家作为历史的焦点，

---

① Sebastian Conrad, *What Is Global History?*, pp. 65-67.

② Bruce Mazlish and Ralph Buultjens, eds., *Conceptualizing Global History*, pp. 2, 21.

③ Bruce Mazlish and Ralph Buultjens, eds., *Conceptualizing Global History*, p. 3.

同时承认民族将继续作为一种强有力的社会行动形式，民族历史将被持续书写，新希望则在于也能通过全球史的视角对民族历史进行新观察；第三个关键特征是没有被预期的单一的全球史，尽管全球化存在确定因素，但必须避开一种新版本的辉格式的历史，即其中所有的线索都导致了一个预定命运，已经存在并将会有许多种全球经验，例如，当地情况和全球压力的相遇，或特定民族与全球化力量的相遇，这些经验中的每一种都将需要它自己的历史，作为人们日益增长的对全球史认识的一部分。[1] 在此基础上，马兹利什提出，全球史的概念包含如下因素：它既不是欧洲中心的，也不集中于民族国家，更不是单一的、辉格式的历史；它始于全球化的现有因素及其相互作用，着重于各种新的行为者，它极大地关注全球和地方的辩证法，认识到全球有助于更多地创造作为反应的地方主义；它包含叙事和分析的方法，以适应被考察的具体现象，并且它必然依赖跨学科和团队研究；全球史最显著的特征是它的结合了全球化生活现实的视角、意识和观念，这种基于前面列举特征的全球视角，被用于指导研究兴趣并进行选择。[2] 马兹利什认为，全球史的意义在于，全球史设想未来的变化发展是开放的，由世界所有人口共同塑造，即使存在差异化；此外，人们开始意识到，肆无忌惮的经济发展给环境和其他部门带来了不可承受的成本，所谓的西方模式即使被认为是可取的，也不能再受追捧，正是这种视角有助于指导全球史的写作。[3] 马兹利什还提出"如何做全球史？"的问题，他认为答案可能会有很多，并依赖被研究的特定主题，但是无论如何，理论和实证研究必须携手合作，正如在所有的历史研究中一样。[4] 布鲁斯·马兹利什还进一步提出了"新全球史"的概念，他指出，新全球史的研究最初在全球史的主题下展开，与全球史有明显的重叠，"新"字在于表明其研究的重点是全球化

---

① Bruce Mazlish and Ralph Buultjens, eds., *Conceptualizing Global History*, p. 4.
② Bruce Mazlish and Ralph Buultjens, eds., *Conceptualizing Global History*, pp. 5-6.
③ Bruce Mazlish and Ralph Buultjens, eds., *Conceptualizing Global History*, p. 8.
④ Bruce Mazlish and Ralph Buultjens, eds., *Conceptualizing Global History*, p. 20.

的当代表现；并指出世界史的特点是潜在地囊括一切，全球史以世界史上无所不在且日渐增强的相互联系、相互依赖的全球过程为线索展开，而新全球史聚焦于全球化的当代进程，强调研究和教学并重。①

　　2003 年，帕特里克·曼宁出版了《世界史导航：历史学家创造全球历史》②（中译本名为《世界史导航：全球视角的构建》）。该书试图在学术和教学领域对世界历史进行纵览和评判，为人们从事全球史问题的研究提供一些指导原则。③从该书的题目可知，曼宁认为世界史与全球史存在着紧密的内在联系。他指出：世界历史作为一个研究领域，关注的是那些通常被认为并不相关的独立实体和体系之间的相互联系；世界史学家的工作就是描述人类历史上对边界的跨越和各个体系之间的联系，其研究资料范围很广，可谓无所不包；世界历史的工作不是简单地总结过去，它还创立了一些模式，例如，与人口比较史有关的模式、主要文明模式、全球经济的早期联系模式、地球生态演化模式以及定位世界主要区域间重要交流的模式；尤其应当优先考虑非洲的例子，尽管非洲在几千年前就丧失了对人类和人类历史的支配地位，但它在此后的岁月里一直是大量人口的家园，是革新的重要中心，是一个与世界其他大多数地区保持联系的地区，强调非洲的例子正是由于这些例子重视世界历史上的相互联系而不是支配地位。④曼宁把全球视角下的世界史发展方向归纳为两条路径：一是历史学家的路径，二是科学—文化的路径。他认为：前者是通往世界历史的"内在"道路，即从全球联系的角度看待既有的历史资料（特别是在政治、贸易、文化领域）；后者是通往世界历史的"外在"道路，包含大量的新信息，它们都产生于传统的历史学范

① 〔美〕布鲁斯·马兹利什：《世界史、全球史和新全球史》，载刘新成主编《全球史评论》第 2 辑，中国社会科学出版社，2009，第 13~15 页。

② Patrick Manning, *Navigating World History: Historians Create a Global Past*, New York: Palgrave Macmillan, 2003.

③ 〔美〕帕特里克·曼宁：《世界史导航：全球视角的构建》，田婧、毛佳鹏译，商务印书馆，2016，"前言"第 1 页。

④ 〔美〕帕特里克·曼宁：《世界史导航：全球视角的构建》，"前言"第 3 页，第 9、14 页。

畴之外，如生物学、环境科学、语言学、考古学、化学等学科，扩大了历史学研究的边界，各个领域的专家都采用全球性的视野考察历时性的变化，这有助于把其他研究领域融合到历史学研究之中；这两条路径意味着"历史资料及观察视角的内部变化与外部变化"，它们不断互动和拓宽，使得现在的"历史"比以前涉及更大的地理空间、更长的时间段和更广的研究主题。①

2006 年 3 月，专门的《全球史杂志》（*Journal of Global History*）正式创刊。这本新杂志的绪论是第一期上刊发的论文《全球史复兴的史学传统与现代必要性》。作者帕特里克·奥布莱恩认为，当代全球史领域存在着两种主要方法。一是地区史和考古学长期以来建立的"联系"方法，威廉·H. 麦克尼尔是运用这一方法的代表，麦克尼尔的研究工作激励了当代历史研究者放宽时间限制，建立各大洲、各大洋以及国家之间的长时间跨度的联系网络，研究历史中的联系使得历史学家可以避免文化上的优越感、时间上的狭隘性、本国主宰历史的自大感以及后现代主义对元叙事的怀疑，总体的联系被分解成各种类型，例如，贸易、投资、战争、宗教、移民、知识的传播、生物交流以及疾病传播，等等；一旦这些主要联系之网得以确立，人们的视野就会扩大，可获取的知识量也会随之显著增加，但其缺点则在于可能会降低在全球化背景下书写整体历史的可能性。② 二是比较的方法，这种方法从地理上扩大了历史学家的研究范围，汇总了大量复杂的地方史的细节资料，通过至少对比观察两个研究对象，努力提供令人信服的研究结论，比较方法带给那些专注于研究几个不同地区的手工制品、组织机构、社会行为、社会态度及社会信念等主题的史学家很大启发，他们在几个特定区域的研究已经十分深入，现在则可以将这些成果在不同地域之间进行比较并分析其中的经

---

① 〔美〕帕特里克·曼宁：《世界史导航：全球视角的构建》，第 10~11、19 页。

② Patrick O'Brien, "Historiographical Traditions and Modern Imperatives for the Restoration of Global History", *Journal of Global History*, Volume 1, Issue 1, 2006, pp. 3-39.

济、政治、社会的不同特征。① 奥布莱恩在文中还梳理了欧洲、非洲、南亚、中国、日本和伊斯兰世界的史学传统。②

2008 年出版的《全球史学史——从 18 世纪至当代》一书，赞同帕特里克·曼宁对通往世界历史的两条路径的观点。该书认为，进入 20 世纪 80 年代尤其是 1990 年以后，世界史的写作拥有两个不同的方向：一个方向开始得较早，大约在 70~80 年代以安德烈·贡德·弗兰克、埃里克·沃尔夫和伊曼纽尔·沃勒斯坦等社会科学家以及关心现代西方资本主义对世界上其他地区产生影响的经济学家和社会学家为开端；麦克尼尔则代表第二种方向，他对经济和政治因素的兴趣不那么大，乐于把更早年代的历史包含进来，这也是 1990 年创刊、杰里·本特利任主编的《世界史杂志》的基本思路，到 2007 年 3 月为止，这份杂志刊登的许多文章沿着本特利和曼宁所建议的方向，尽可能地逐步把重点移向在广泛的社会和文化的综合背景下的研究。③《全球史学史——从 18 世纪至当代》指出，1990 年以后，"全球史"一词变得越来越流行了，但是全球史指的是什么，人们在谈论全球史时可以从哪些角度出发，到 21 世纪初对这些问题尚未取得一致的看法；全球史一词与世界史的概念往往相互重叠，混为一谈，但全球史更倾向于研究 15 世纪"地理大发现"以后的时代，指的往往是 20 世纪最后 30 年以来的全球化进程，世界史则可以把对前现代的社会和文化的研究包括进来；对 1990 年以来的主要杂志以及这些杂志上刊登的书评进行考察，会发现向世界史或全球史的转变已经开始了。④

2011 年，多米尼克·萨克森迈尔在《全球视角中的全球史：连通世

---

① Patrick O'Brien, "Historiographical Traditions and Modern Imperatives for the Restoration of Global History", *Journal of Global History*, Volume 1, Issue 1, 2006, pp. 3-39.

② Patrick O'Brien, "Historiographical Traditions and Modern Imperatives for the Restoration of Global History", *Journal of Global History*, Volume 1, Issue 1, 2006, pp. 3-39.

③ 〔美〕格奥尔格·伊格尔斯、王晴佳著，苏普里娅·穆赫吉参著《全球史学史——从 18 世纪至当代》，杨豫译，北京大学出版社，2011，第 411~413 页。

④ 〔美〕格奥尔格·伊格尔斯、王晴佳著，苏普里娅·穆赫吉参著《全球史学史——从 18 世纪至当代》，第 413 页。

界中的理论与方法》中指出：正因为通常包含在"全球史"名下的研究是如此多样，以至于不能将其限制在严格的定义和精确的分类之中；把"全球史"和其他几个专有名词如"世界史"或"跨国史"分隔开也不可行；因此，他便主要在这样的意义上使用"全球史"的术语，即表示很多研究类型，它们超越了以往那些对概念化历史的多种方式（学术的或其他的）进行长期统治的空间观念。① 他在这里强调的还是全球史在空间上的全球视野。萨克森迈尔指出，目前，全世界的史学家对采用跨国的和全球的方法研究过去都具有日益增长的兴趣，但是，围绕全球史的讨论仍然在很大程度上局限于国家的或地区的学术机构对全球史研究目标、研究责任和研究潜力的理论交流层面上，他试图通过对全球和地方流动、知识社会学和历史学实践内在层次的一系列全新考察来纠正这种不平衡现象；他选取了美国、德国、中国作为主要的个案，考察它们研究全球史的不同方法的特征，以及它们迥异的社会、政治和文化情境，并认为这种新的全球趋势需要不断增强的跨国对话、合作与交流的支持方可获得实现。②

2012 年，道格拉斯·诺斯罗普主编的《世界历史指南》出版。诺斯罗普在《导论：世界史的挑战》一文中将世界史与全球史并列使用，他认为世界史领域的大部分尝试至少包括两个关键思想。首先是规模的重要性，特别是不同尺度的相互联通，世界史学家以思考大而闻名，他们强调鸟瞰的视角，以（相对）广阔的距离和宏大的问题而著称，试图涵盖更广泛的地区直至全球甚至超越全球；在时间上，世界史学家同样试图超越常规的时间段来寻找更长期的发展、比较、模式和联系，但是这种延伸即时间和空间的总体扩张，本身并不足以界定世界史或全球史，大图景是一个必要的但仍然不够充分的要素。大多数世界史学家都同意

---

① Dominic Sachsenmaier, *Global Perspectives on Global History：Theories and Approaches in a Connected World*, Cambridge：Cambridge University Press, 2011, p. 2.

② Dominic Sachsenmaier, *Global Perspectives on Global History：Theories and Approaches in a Connected World*, the relevant sections.

还需要第二个关键思想即流动性，世界历史将多种历史汇集在一起，比较和/或连接在空间或时间上分离的个人和团体，从这个角度来看，任何特定的群体都可以在相对（相关的，比较的）和互动（相互构成的，联结）的术语中考察，任何单一故事只有在更广泛的背景下才会出现并充分显露其意义。①

2013 年，美籍日裔学者入江昭的《全球史与跨国史：过去、现在与未来》指出，从一开始，全球史就区别于跨国史并对以国家为中心的历史学提出了挑战，但他认为全球史与跨国史两个术语的差别是很小的，可以互换使用。全球史和跨国史有两个最根本的特点：首先，它们都超越国家边界，寻求探索跨越国界的相互联系；其次，它们特别关注与人类整体相关的问题和现象，而不仅仅是少数国家或世界的某一地区；跨国史的一个重要贡献是丰富人们对国家历史和国际历史的理解，全球史也服务于同一目的，这使得全球史和跨国史的视角共同构成对现有历史学的挑战。②

2014 年，美籍印度裔学者杜赞奇、慕唯仁等人主编的《全球史思想指南》一书，着重从空间的角度理解全球史。该书认为，全球是一个将空间和时间汇聚在一起的概念，因此全球空间性意味着全球史，反之亦然；世界由不同的地区组成，它们逐渐形成相互之间的关联，产生了人们所知的地球，不同的空间继续产生独特的历史进程和传统，要识别不同的空间，不可能独立于这些过程；全球史的这种强调全球时空的视角的重要性在于掌握联系和独特过程的变化性质。③

2015 年，迪戈·奥尔斯坦在《全球性地思考历史》一书中指出，全球史把全球化过程所创造的相互联系的世界作为它的分析单位，这个相互联系的世界为分析任何历史实体、历史现象或历史过程提供了最终背景；所

① Douglas Northrop, "Introduction: The Challenge of World History", in Douglas Northrop, ed., *A Companion to World History*, Wiley-Blackwell: Blackwell Publishing Ltd., 2012, pp. 6-7.

② Akira Iriye, *Global and Transnational History: The Past, Present, and Future*, New York: Palgrave Macmillan, 2013, pp. 11, 17.

③ Prasenjit Duara, Viren Murthy and Andrew Sartori, eds., *A Companion to Global Historical Thought*, Wiley Blackwell: John Wiley & Sons, Ltd., 2014, p. 1.

以，全球史研究和相关出版物的第一个显著特征，是研究一个特定主题（如一个社会、一种商品或一种发明）与一个全球化世界的相互作用；第二个主要特征是，当全球视野保持恒定时，特定研究主题的界定既可以非常狭窄和具体，也可以非常宽泛和普遍，其整体的尺度范围要适用于定义研究主题；例如，如果研究一个特定空间与全球化世界的联系，这个空间可能小如一个村庄，大如整个大陆；如果研究主题是一个时间段，那么这个时间段可能短如一年，也可能长如几个世纪，关键是试图把特定研究主题与全球化世界联系起来，无论其规模多大或多小。①

2016 年，詹姆斯·贝利奇、约翰·达尔文、玛格丽特·弗伦茨和克里斯·威克姆编辑的《全球史的前景》出版。于尔根·奥斯特哈梅尔在其中的《全球史与历史社会学》（"Global History and Historical Sociology"）一文中提出，就其本质而言，全球史是一项理论性的事业，不能满足于单纯的描述，全球史需要理论投入；这可以从时间、空间和研究方法三个方面来理解。在时间上，根据研究者的构建意图，全球史的时间框架和分期是开放的；在空间上，全球史的研究空间是几乎无限的各种空间单位和层次，它不同于"宏观史"（即研究广阔空间、漫长时段、庞大问题的历史）之处在于全球史可以将世界和地方容纳在一个相同的分析框架内；在研究方法上，全球史可以运用各种方法以及这些方法的具体组合，对全球史来说，叙事不是理论的对立面，而是理论整合的有效媒介。②

受到很多学者关注的西方全球史重要实践者威廉·H. 麦克尼尔和杰里·本特利，都对什么是全球史进行了探讨。威廉·H. 麦克尼尔认为：全球史致力于研究地球人的整个历史，试图描绘人类事务的方方面面，思考如何实现跨越时空永无休止的互动。③ 杰里·本特利认为：全球史

① Diego Olstein, *Thinking History Globally*, New York: Palgrave Macmillan, 2015, pp. 144-145.
② James Belich, John Darwin, Margret Frenz and Chris Wickham, eds., *The Prospect of Global History*, Oxford: Oxford University Press, 2016, pp. 25-27.
③ 〔美〕威廉·H. 麦克尼尔:《威廉·H. 麦克尼尔致（北京）首都师范大学全球史中心》，载刘新成主编《全球史评论》第 3 辑，中国社会科学出版社，2010，第 1~4 页。

研究的视角可以理解为，历史是个连续体，是现世与过去不间断的对话，曾经深刻地影响当今世界的强劲的全球化势头驱使着史学家们关注人类早期的跨文化互动和交流过程。[①] 他还指出，对英语世界的大多数史学家而言，世界史与全球史之间并无区别。[②]

还有其他的全球史研究者表达了对什么是全球史这一问题的理解和认识。例如，菲利普·费尔南德兹-阿迈斯托认为，全球史"致力于概括地界定、描述过去，如果可能的话，理解世界各地发生的变化，或者至少是人类所定居生物圈的绝大部分地区发生的变化"。[③] 马蒂亚斯·米德尔指出，全球史主要不是或者说不仅仅是某种根本上统领着世界机制的综述和阐释，全球史有别于旧的世界史，它是一种研究方向，重在对全球交织的多样性展开经验研究，揭示与这种交织相联系的政治和经济利益。[④]

第三节　全球史：特点

上述学者的观点，既是对西方全球史的定义、性质和意义的探讨，同时也表明了西方全球史发展的内在脉络。全球史自 20 世纪中期兴起以后，经过众多学者的积极努力，到 20 世纪 90 年代特别是 21 世纪以来，其方法与实践获得了越来越广泛的重视和研究。

可以看到，上述各种观点既有共通之处，也存在着细微差别或者矛盾之处。很多学者从方法论的角度将全球史界定为受经济全球化影响而产生的历史研究的新方向或新方法，但同时也承认全球史与世界史之间

① 〔美〕杰瑞·H. 本特利：《当今的世界史概念》，载刘新成主编《全球史评论》第 1 辑，商务印书馆，2008，第 156 页。
② 夏继果：《理解全球史》，《史学理论研究》2010 年第 1 期。
③ Felipe Fernández-Armesto, "*What Is Global History?* (Review)", *Journal of Global History*, Volume 5, Issue 2, 2010, pp. 349-351.
④ 何涛：《跨民族史学研究：缘起、方法与进程——马蒂亚斯·米德尔教授访谈录》，载刘新成主编《全球史评论》第 2 辑，第 205 页。

的关联。另一些学者则强调全球史是与世界史不同的思维模式，认为世界史是各个文明的历史，全球史是这些文明之间的联系与互动的历史。[①]归纳起来，从全球史的时间断限上看，前述观点大致可以分为三类。第一类认为全球史是自远古以来的人类历史，第二类认为全球史是公元1500 年以来的历史，第三类认为全球史是当代史，应重点关注全球化的当代进程。不过，即便是研究全球化的当代进程，显然也无法脱离其深远的历史背景。全球史的地理空间范畴则包括各地方、各地区、大陆、海洋，甚至覆盖全球。

　　笔者认为，不应将全球史与世界史对立或割裂开来，世界史是人类整体的历史，从学科专业的角度来看，全球史是发生在世界历史学范畴内的观念与实践创新，是全球化时代的世界史。全球史与世界史的时空范畴是相同的，但全球史的切入点与注重民族或国家的传统世界史则有明显的不同。无论是通史研究，还是专题研究，全球史内在的时空框架都是通过全球视野下的跨文化互动研究（即地球上不同人群接触后发生的多种交往）搭建起来的。随之而来的问题就是应当如何理解"全球史视野""全球视角"等话语，它们实际上指的是在全球化时代认识和研究历史的一种尽量宏观的视角、一种尽量全面的思维方式。这些话语内含的问题实质则是：全球史研究在认识论和方法论上的特点是什么？全球史的突出特点在于，试图超越长期以来无视甚至否认西欧北美以外国家和民族历史的"欧洲中心论"，将人类世界视作一个有机整体，通过多重的空间和网络，探讨不同群体之间的接触、联系和影响，从全球的角度来考察人类文明的产生和发展，揭示人类复杂社会生活的诸多面相。全球史是时代发展的产物，同时也是历史学本身不断演变的产物。从史学理论及史学史的角度而言，可以从以下五个方面考察全球史并给予其适当的定位。

---

① Jürgen Osterhammel and Niels P. Petersson, *Globalization：A Short History*, Princeton and Oxford：Princeton University Press, 2005, pp. 19-20.

　　首先，全球史是人类探索自身、研究人与外部世界关系的智力成果的重要组成部分，其产生和发展具有深刻的社会历史根源，即与人类社会的经济全球化进程存在着紧密和必然的联系。从古至今，从宏观和相互关联的角度考察历史演变的尝试，在世界范围内皆有所体现。今日全球史从多种社会层面和多重空间形式来研究人类历史的学术抱负，与以往的普遍史、总体史均有渊源。但是，直到 20 世纪中期以后，全球史才应运而生，这是由于经济全球化进程不仅为历史学家考察和分析人类历史提供了一种切实的全球性视角，而且还提供了进行综合性研究的物质基础及工具手段。跨文化互动研究得以发展的现实前提，是 20 世纪中期以后人类不同群体之间的交往在范围和程度上都极大扩展，物质交往和精神交往的形式也更为多样，呈现出明显的世界一体化特征，从而推动研究者历史性地加以思考，说明人类交往历史的演进过程。有统计表明，从 1947 年到 20 世纪 90 年代末，世界贸易总值从 570 亿美元猛增至 60000 亿美元。① 菲利普·D. 柯丁的全球史名著《世界历史上的跨文化贸易》出版于 1984 年，其时代背景显而易见。在经济全球化的推动下，全球史提倡的这种把世界作为一个整体、从全球的角度系统研究历史的观念和撰写历史的方法，才会取得日益丰硕的成果。

　　其次，全球史对世界史的重构和发展，主要体现在重新确定了世界史研究的视野，扩展了世界史研究的对象，更新了解释人类历史进程的模式。如前所述，世界史和全球史两个术语都是对人类客观历史进程的指代和描述，其中所内含的定语转换，不仅意味着历史研究的全球视野的确立，而且意味着研究对象在不同层面中的深化、在不同空间内的扩展。全球史所标榜的跨文化互动研究，构建出跨国、跨地区、跨大陆、跨半球、跨海洋直至全球的多重地理空间，以及贸易、移民、技术、文化等多种社会性交流网络，全球史便具体化为这些空间和网络内的各种人类活动。在此基础上，既可以研究空间和网络内的地方，也可以研究

---

　　① 〔美〕曼弗雷德·B. 斯蒂格：《全球化面面观》，丁兆国译，译林出版社，2013，第 35 页。

不同空间和网络之间的交流，还可以研究多个空间和网络的交叉互动。这样，就可以在同一个分析框架内兼顾地方和全球，说明它们如何受到空间和网络的影响，以及它们如何影响空间和网络。全球史因此而具备了层次感和立体感，同时也自然而然地要求新的解释模式：全球与地方的复杂互动，各种空间和网络的相互影响，共同参与了全球历史的塑造，所以，这在微观和中观层面是对不同规模的各种具体变化进行描述和分析，进而在全球层面试图说明重大历史变迁的类型与机制。其中涉及的无数的历史和现实活动，显然都是可资利用的研究资料。所以，对于全球史而言，综合运用历史比较和跨学科的研究方法，借鉴吸收社会学、人类学、考古学、生物学、经济学、法学等学科资源，已经成为一种内在的需求。

再次，可以从狭义和广义两个方面来把握全球史的概念及其发展的内在阶段性。狭义的全球史就是指西方的全球史。英国历史学家杰弗里·巴勒克拉夫在20世纪中期首倡全球史观，标志着全球史在西方史学界的兴起。全球史的发展在欧美各国的突破点不同。正如奥斯特哈梅尔指出，全球史在英国源于帝国史，在美国源于西方文明课程，在德国源于其深厚的世界史传统和马克思主义研究方法。[1] 这显然与各国具体的国情联系在一起。其中的共性则在于对西方历史学中的旧有观念进行检验和反思，超越欧洲和西方，关注所有地区和时代的人类历史。这就是第二次世界大战后西方历史学的重新定向。实际上，受到二战直接的、强力的刺激，全球范围内的历史反思都在萌生。正如有学者指出，对全球史的兴趣并不仅限于西方，近些年来，许多穆斯林历史学家和印度历史学家，也在试图超越西方的范畴和方法，还有一些学术界人士甚至回到了宗教的视角。[2] 西方的这种史学潮流与其他国家和地区正在发生的

———————————

① James Belich, John Darwin, Margret Frenz and Chris Wickham, eds., *The Prospect of Global History*, p. 23.

② 〔美〕格奥尔格·伊格尔斯、王晴佳著，苏普里娅·穆赫吉参著《全球史学史——从18世纪至当代》，第405页。

史学反思或变革不断地互动融合，进入 21 世纪特别是最近十年以来，形成了"全球的"全球史，也就是广义的全球史。历史研究的客体不再是个别的国家、民族或地区，历史研究的单位逐渐向"全球"转变。广义的全球史已经不再为西方所独有，它受到来自各国、各地区史学传统的学术滋养，成为目前被国际史坛广泛接受的研究方法与编撰理论，成为不同领域的研究者达成一定程度的共识、进而共享共建的史学资源。这在中国表现得尤为明显。中国的世界史研究者一方面从史学理论的角度积极参与全球史的概念界定和方法论探讨，另一方面从自身历史出发努力推进全球史的各种实证研究。首都师范大学全球史研究中心、北京外国语大学全球史研究院、山东大学全球史与跨国史研究院等专业性机构相继设立。这些情况表明，全球史对中国学者来说，已经不仅仅是一种域外的史学流派或史学思潮，它与中国的通史传统、整体世界史观和马克思主义史学逐渐交融，内化为中国世界历史学自身学科建设、理论研究和实证研究的一部分。这正是中国的全球史，它与西方全球史都是广义全球史的组成部分。

又次，应当充分认识到西方全球史目前存在的问题。西方全球史在转换研究视角方面取得的成就，突出体现在通过探讨生物生态及环境的全球变化来理解世界史上的人类变迁，这也是西方全球史的研究热点之一，其中的两个重要术语是"哥伦布交流"和"生态帝国主义"。"哥伦布交流"描述的是对哥伦布航行美洲及其后果的研究。阿尔弗雷德·克罗斯比提出，在哥伦布航行带来的改变中，最重大的一项是属于生物性的改变；[1] 欧洲帝国主义的成功具有生物、生态的因素在内，[2] 所以称之为"生态帝国主义"。约翰·麦克尼尔评价其开启了"观看美洲、拉丁美洲、欧洲、非洲以及整个世界历史"的新视角，"成为近代史标准论

---

[1] 〔美〕艾尔弗雷德·W. 克罗斯比：《哥伦布大交换——1492 年以后的生物影响和文化冲击》，郑明萱译，中国环境科学出版社，2010，"初版作者序"，第 xvi 页。

[2] Alfred W. Crosby, *Ecological Imperialism: The Biological Expansion of Europe*, *900 - 1900*, Cambridge: Cambridge University Press, 2004, p. 7.

述的重要一环"。① 实际上，"哥伦布交流"描述的历史现象意味着欧洲人一系列的探险、商业、贸易和侵略活动，其生物生态影响施及全球，自不待言，但也无法掩饰其内在强烈的政治、经济甚至意识形态意图。正如有学者指出："哥伦布交流"与"西方历史中最悲惨、恐怖而重要的一个片段：跨大西洋奴隶贸易"紧密联系在一起；大约 1250 万非洲俘虏从非洲上船，1080 万人活着抵达美洲；而奴隶贸易和奴隶制度的结束也并未消灭其意识形态遗产：白人至上主义；现代美洲人、欧洲人和非洲人还在应付其后遗症。② 换言之，"生态帝国主义"的相关研究可以使人们更加了解历史发生的细节，但不足以改变对欧洲殖民主义和帝国主义的定性。这反映出西方全球史面临的三个核心问题：一是如何对参与跨文化互动的双方或多方主体的历史作用做出准确的界定与判断；二是如何把握历史叙述内在的平衡，不回避对重大互动进程的历史定性，避免滑入相对主义的泥潭；三是如何从全球层面提炼跨文化互动本身的动力和规律。

最后，作为全球化时代的世界史，全球史在现有基础上的新的主要增长点，应当是本体论上的创新。前述西方全球史所面临的问题，揭示的正是其在本体论上的瓶颈，即历史理论的停步不前。如何认识经济全球化时代的人类历史？有学者指出，全球化绝不会导致同质化，甚至经济领域也不例外，全球性的经济扩张使世界各地经历了消费模式的改变，而这种消费模式源于当地的传统、习俗和观念，正是在这一方面，历史学家的研究工作具有重要的意义，能把全球化进程产生的转变置于更宽广的历史背景中加以研究。③ 显然，史学有能力开启重大的理论探讨。④

---

① 〔美〕艾尔弗雷德·W. 克罗斯比：《哥伦布大交换——1492 年以后的生物影响和文化冲击》，"30 周年版前言"，第 iv 页。

② 〔美〕丽莎·A. 琳赛：《海上囚徒：奴隶贸易四百年》，杨志译，中国人民大学出版社，2014，"绪论"，第 1~5、231、204 页。

③ 〔美〕格奥尔格·伊格尔斯、王晴佳著，苏普里娅·穆赫吉参著《全球史学史——从 18 世纪至当代》，第 415 页。

④ 〔美〕乔·古尔迪、〔英〕大卫·阿米蒂奇：《历史学宣言》，第 94 页。

对于学术研究而言，全球化时代最突出的特征之一是量化数据的极大增加。正如有学者指出，在二战后的 60 年里，自然科学和人文科学都积累了大量的量化数据，然而迄今收集到的大量信息还很少被学者真正地解读；这实际上在推动研究者既要使用数字化工具对大量的数据予以分析，又同时回应长时段历史的大问题，并瞻望长远的未来。[①] 研究资料的丰富性和资料本身跨越时段的拓宽，无疑为史学家的宏观思考提供了积极的学术氛围与切实的研究基础。秉持着不断总结、归纳与反思的自我要求，历史学也许是最有能力在错综复杂的全球化时代探索人类整体发展趋向的学科之一。

事实上，生产与交往的高度发展，社会财富的高度集中，以及全球贫困、环境污染恶化、核安全等各种全球性问题，使得人类整体的历史日益清晰地显露面貌，"人类命运共同体"成为正在演进的现实，无人可以独善其身。未来取决于现在和过去，全球化时代正是为人类命运求解的时机。可以说，在全球化时代如何把握人类社会历史演变的性质和特点，这个史学本体论上的挑战是历史学研究者面临的一道全球性命题，保持研究者的主体性与克服各种"中心论"如何得以平衡，显然是其题中应有之义。包括中国在内的第三世界国家的历史，与西方国家的历史，彼此联系，互为他山之石，都是人类作为一个物种而言的整体历史的组成部分。人类的整体历史也就是人的生产和交往演变的历史。民族、部族、国家甚至整个世界都是人的生产和交往的集合形式，同时也构成世界历史发展的各种支点。在生产的时间延续和交往的空间扩展中，即使生产在某一个或某几个空间位置上表现出超越其他空间位置上的先进性，即出现领导时代发展潮流的力量中心，也不妨碍、不能抹杀各种支点的存在。人类社会的整体性和多样性在生产和交往的辩证统一基础上才能得以说明。这个变动剧烈的当今世界，对历史学提出了前所未有的挑战，同时也提供了前所未有的机遇。

---

① 〔美〕乔·古尔迪、〔英〕大卫·阿米蒂奇：《历史学宣言》，第 117~121 页。

第二章　西方全球史学：研究现状

第一节　国外研究现状

全球史是我们置身于其中的当今这个变动世界在历史学领域的反映。在当代国际史学思潮中，全球史是继社会史、文化史之后的热点和重点研究领域。如前所述，全球史的概念有狭义和广义之分，狭义的全球史就是指西方（主要为西欧北美地区）的全球史。西方全球史学则是探讨西方全球史的学术史，其中也包括西方全球史的编撰理论与研究方法。

西方史学界对全球史的发展状况已经进行了一定程度的总结与反思。例如，前述第一章中柯娇燕的《什么是全球史》、塞巴斯蒂安·康拉德的《什么是全球史》、布鲁斯·马兹利什和拉尔夫·布特詹斯主编的《概念化的全球史》、帕特里克·曼宁的《世界史导航：历史学家创造全球历史》、帕特里克·奥布莱恩的《全球史复兴的史学传统与现代必要性》、格奥尔格·伊格尔斯和王晴佳的《全球史学史——从18世纪至当代》（苏普里娅·穆赫吉参著）、多米尼克·萨克森迈尔的《全球视角中的全球史：连通世界中的理论与方法》、道格拉斯·诺斯罗普主编的《世界历史指南》、入江昭的《全球史与跨国史：过去、现在与未来》、杜赞奇等人主编的《全球史思想指南》、迪戈·奥尔斯坦的《全球性地思考历史》、詹姆斯·贝利奇和约翰·达尔文等人的《全球史的前景》、乔·古尔迪和大卫·阿米蒂奇的《历史学宣言》等，都从各自角度针对全球史的编撰理论与研究方法做出了相应的分析，此处便不再赘述。

西方全球史的学术发展表现出两个基本特点：一方面是从全球视野出发推进具体的实证研究，另一方面是对理论和方法论探讨表现出一定程度的重视。

就第一方面而言，例如，《全球史杂志》刊登论文的研究主题就十分具体。从这本面向全球学界的杂志的发展之中，可以管窥全球史学的演变。创刊之初，该杂志提倡克服史学的碎片化以体现更完整的历史知识图景，倾向于认为全球化是一个现实演变的过程，既认为西方史学家从其他史学传统中获取了思想和经验，也认为西方的历史仍然有助于构建全球对比和解释；杂志提倡研究物质生活与知识、宗教、政治和军事力量的关系，例如商品、消费文化、劳动文化及性别研究等问题；提倡对不同社会之间的互动区域的研究，关注相互联系、跨越传统地区界限的比较研究、跨学科交流，还从学术史的角度提倡挖掘各种研究领域的历史意义。

从2006年到2019年，《全球史杂志》刊发文章的主题覆盖了贸易史、经济史、商品史、金融史、帝国史、殖民史、冷战史、宗教传播史、世界人口史、国际移民史、国际组织机构史、食物史、植物学史、矿业史、教育史、概念史、知识传播史、电信发展史、性别史、体育史、时尚发展史等各种分支领域，以及社会政策及问题的全球动力研究、国际卫生法规研究、全球市民社会研究、1945年后的发展与全球不平等研究、生活标准研究、能源研究、船舶运输研究、海事研究、"大分流"研究等各种专题领域。全球史研究不仅对经济全球化本身的进程、核心技术、关键节点，对不同地区产生的影响进行了探讨，而且在全球化连通世界的背景下挖掘不同层次的历史空间内的人类历史，例如，作为全球史的伊斯兰历史、拉丁美洲史、大加勒比地区史、资本主义史，以及置于全球化进程中的非洲史、早期现代太平洋区域史、印度洋贸易网络史、法西斯帝国主义史，等等。从2012年开始，《全球史杂志》提出鼓励刊发社会文化史方面的论文，鼓励把研究时限推到 1800 年之前，历史研究的文化转向的核心主题如认同、表现、差异的构建等问题也受到关注。这是在切实拓展了历史研究的空间层次的基础上，进一步挖掘研究主题更深远的历史背景。这可以说是 21 世纪以来全球史的学术发展的基本特点。

再如，美国的世界史协会本特利图书奖（World History Association Bentley Book Prize）创建于 1999 年，以表彰世界史领域的杰出著作，2012 年，为纪念杰里·H. 本特利及其对世界史领域和世界史协会的突出贡献而改为现名。1999 年的获奖作品是贡德·弗兰克的《白银资本》。[①] 2000 年的获奖作品是詹姆斯·麦克莱伦三世和哈罗德·多恩的《世界历史中的科学与技术：导论》。[②] 2001 年获奖的是约翰·R. 麦克尼尔的《阳光下的新事物：20 世纪世界环境史》[③] 和彭慕兰的《大分流：欧洲、中国及现代世界经济的发展》。[④] 2002 年的获奖作品是迈克·戴维斯的《维多利亚时代晚期的浩劫：厄尔尼诺饥荒与第三世界的形成》。[⑤] 2003 年的获奖作品是劳伦·本顿的《法律与殖民地文化：1400~1900 年世界历史中的法律制度》。[⑥] 2004 年的获奖作品是维克托·利伯曼的《奇怪的平行：全球背景下的东南亚，800~1830 年》的第一卷《大陆上的一体化》。[⑦] 2005 年的获奖作品是大卫·克里斯蒂安的《时间地图：大历

---

① Andre Gunder Frank, *Re-Orient：Global Economy in the Asian Age*, Oakland：University of California Press, 1998.

② James E. McClellan III and Harold Dorn, *Science and Technology in World History：An Introduction*, Baltimore and London：The Johns Hopkins University Press, 1999.

③ John R. McNeill, *Something New under the Sun：An Environmental History of the Twentieth-Century World*, New York and London：W. W. Norton, 2000.

④ Kenneth Pomeranz, *The Great Divergence：China, Europe, and the Making of the Modern World Economy*, Princeton and Oxford：Princeton University Press, 2000.

⑤ Mike Davis, *Late Victorian Holocausts：El Niño Famines and the Making of the Third World*, London and New York：Verso, 2001.

⑥ Lauren Benton, *Law and Colonial Cultures：Legal Regimes in World History, 1400-1900*, Cambridge and New York：Cambridge University Press, 2002.

⑦ Victor Lieberman, *Strange Parallels：Southeast Asia in Global Context, c. 800 - 1830*, Vol. I, *Integration on the Mainland*, New York：Cambridge University Press, 2003.

史导论》。① 2007 年的获奖作品是菲利普·费尔南德兹-阿迈斯托的《探路者：全球探险史》。② 2008 年的获奖作品是斯图尔特·班纳的《控制太平洋：从澳大利亚到阿拉斯加的陆地、移居者和原住民》。③ 2009 年的获奖作品是亚当·M. 麦基翁的《忧郁的秩序：1834～1929 年亚洲的移徙与边界全球化》④ 和乔基姆·拉德考的《自然与权力：全球环境史》。⑤ 2010 年的获奖作品是约翰·R. 查维斯的《超越民族：1400～2000 年北大西洋世界不断演变的家园》。⑥ 2011 年的获奖作品是简·伯班克和弗雷德里克·库珀的《世界历史中的帝国：权力与政治差异》。⑦ 2012 年的获奖作品是普拉桑南·帕塔萨拉蒂的《为何欧洲变富而亚洲相反：1600～1850 年全球经济差异》。⑧ 2013 年的获奖作品是卡尔·H. 南丁格尔的《隔离：分离城市的全球史》⑨ 和约翰·K. 桑顿的《1250～1820 年大西洋世界的文化史》。⑩ 2014 年的获奖作品是乔治·里埃洛的《棉花：塑造现代世界的面料》。⑪ 2015 年的获奖作品是阿尔弗雷德·J. 里伯的《欧亚

① David Christian, *Maps of Time：An Introduction to Big History*, Berkeley：University of California Press, 2004.

② Felipe Fernández-Armesto, *Pathfinders：A Global History of Exploration*, New York and London：W. W. Norton, 2006.

③ Stuart Banner, *Possessing the Pacific：Land, Settlers, and Indigenous People from Australia to Alaska*, Cambridge：Harvard University Press, 2007.

④ Adam M. McKeown, *Melancholy Order：Asian Migration and the Globalization of Borders, 1834–1929*, New York：Columbia University Press, 2008.

⑤ Joachim Radkau, *Nature and Power：A Global History of the Environment*, first published in German, 2002, trans. Thomas Dunlap, Cambridge：Cambridge University Press, 2008.

⑥ John R. Chávez, *Beyond Nations：Evolving Homelands in the North Atlantic World, 1400–2000*, Cambridge：Cambridge University Press, 2009.

⑦ Jane Burbank and Frederick Cooper, *Empires in World History：Power and the Politics of Difference*, Princeton and Oxford：Princeton University Press, 2010.

⑧ Prasannan Parthasarathi, *Why Europe Grew Rich and Asia Did Not：Global Economic Divergence, 1600–1850*, Cambridge：Cambridge University Press, 2011.

⑨ Carl H. Nightingale, *Segregation：A Global History of Divided Cities*, Chicago and London：The University of Chicago Press, 2012.

⑩ John K. Thornton, *A Cultural History of the Atlantic World, 1250–1820*, New York：Cambridge University Press, 2012.

⑪ Giorgio Riello, *Cotton：The Fabric that Made the Modern World*, New York：Cambridge University Press, 2013.

边疆之争：从近代早期帝国的崛起到第一次世界大战的结束》。① 2016 年的获奖作品是罗伯特·S. 杜普莱西斯的《物质大西洋：1650~1800 年大西洋世界的服装、贸易和殖民》。② 2017 年的获奖作品是乔纳森·伊科特的《销售帝国：1600~1830 年英国和美国形成过程中的印度》③ 和基兰·克劳斯·帕特尔的《新政的全球史》。④ 2018 年的获奖作品是法赫德·艾哈迈德·比沙拉的《债务之海：1780~1950 年西印度洋的法律与经济生活》⑤ 和洛蕾尔·塞姆利的《自由和法国：法国大西洋帝国的公民身份》。⑥ 2019 年的获奖作品是爱德华·B. 鲁格默的《早期大西洋世界的奴隶法与反抗政治》。⑦ 2020 年的获奖作品是艾伦·斯特拉森的《超自然力量：世界历史上的宗教与政治变革》。⑧ 这些获奖作品中的大部分是专题性著作，体现出西方全球史建立在深入实证研究基础上的研究视角和方法的转变。

又如，西方全球史学者更加深入地挖掘日常生活史中的丰富内容，人类生活的精神和物质层面均有所涉及。相关作品包括：大卫·奇德斯特的《基督教的全球史》、⑨ 埃里克·塔利亚科佐的《最长的旅程：东南

---

① Alfred J. Rieber, *The Struggle for the Eurasian Borderlands: From the Rise of Early Modern Empires to the End of the First World War*, New York: Cambridge University Press, 2014.

② Robert S. DuPlessis, *The Material Atlantic: Clothing, Commerce, and Colonization in the Atlantic World, 1650–1800*, Cambridge: Cambridge University Press, 2015.

③ Jonathan Eacott, *Selling Empire: India in the Making of Britain and America, 1600–1830*, Chapel Hill: Omohundro Institute of Early American History and Culture and the University of North Carolina Press, 2016.

④ Kiran Klaus Patel, *The New Deal: A Global History*, Princeton and Oxford: Princeton University Press, 2016.

⑤ Fahad Ahmad Bishara, *A Sea of Debt: Law and Economic Life in the Western Indian Ocean, 1780–1950*, Cambridge: Cambridge University Press, 2017.

⑥ Lorelle Semley, *To be Free and French: Citizenship in France's Atlantic Empire*, Cambridge: Cambridge University Press, 2017.

⑦ Edward B. Rugemer, *Slave Law and the Politics of Resistance in the Early Atlantic World*, Cambridge, Massachusetts: Harvard University Press, 2018.

⑧ Alan Strathern, *Unearthly Powers: Religious and Political Change in World History*, Cambridge: Cambridge University Press, 2019.

⑨ David Chidester, *Christianity: A Global History*, Harmondsworth: Allen Lane The Penguin Press, 2000.

亚人与麦加朝圣》、① 丽莎·皮卡德的《恢复伦敦：1660~1670 年在伦敦
的日常生活》、② 吉尔·莱波雷的《在新世界相遇：文献中的历史》、③ 纳
扬·钱达的《彼此联系：商人、传教士、冒险家和战士如何塑造全球
化》、④ 塞布·大卫·艾斯拉尼的《从印度洋到地中海：新朱尔法亚美尼
亚商人的全球贸易网络》、⑤ 艾娜·巴格迪安茨·麦凯布的《全球消费
史：1500~1800》、⑥ 阿图罗·吉拉德斯的《贸易时代：马尼拉帆船和全
球经济的开端》、⑦ 肯尼思·蔡斯的《武器：到 1700 年的全球史》、⑧ 马
克·库兰斯基的《盐的世界史》、⑨ 大卫·戈德布拉特的《球是圆的：足
球的全球史》、⑩ 罗伯特·罗斯的《服装的全球史》、⑪ 玛丽·乔·梅恩斯
和安·沃尔特纳的《家庭：世界史》、⑫ 迈克尔·F. 苏亚雷斯和 H. R. 沃
德海森主编的《书籍的全球史》、⑬ 萨拉·奥格尔维的《世界之词：牛津

① Eric Tagliacozzo, *The Longest Journey*: *Southeast Asians and the Pilgrimage to Mecca*, New York: Oxford University Press, 2013.
② Liza Picard, *Restoration London*: *Everyday Life in London 1660-1670*, London: Phoenix, 2003.
③ Jill Lepore, *Encounters in the New World*: *A History in Documents*, New York and Oxford: Oxford University Press, 2000.
④ Nayan Chanda, *Bound Together*: *How Traders*, *Preachers*, *Adventurers*, *and Warriors Shaped Globalization*, New Haven and London: Yale University Press, 2007.
⑤ Sebouh David Aslanian, *From the Indian Ocean to the Mediterranean*: *The Global Trade Networks of Armenian Merchants from New Julfa*, Berkeley, New York and London: University of California Press, 2011.
⑥ Ina Baghdiantz McCabe, *A History of Global Consumption*: *1500-1800*, New York: Routledge, 2015.
⑦ Arturo Giraldez, *The Age of Trade*: *The Manila Galleons and the Dawn of the Global Economy*, Lanham, Boulder, New York and London: Rowman & Littlefield, 2015.
⑧ Kenneth Chase, *Firearms*: *A Global History to 1700*, New York: Cambridge University Press, 2003.
⑨ Mark Kurlansky, *Salt*: *A World History*, New York: Penguin Books, 2003.
⑩ David Goldblatt, *The Ball is Round*: *A Global History of Football*, London: Penguin Books, 2007.
⑪ Robert Ross, *Clothing*: *A Global History*, Cambridge: Polity Press, 2008.
⑫ Mary Jo Maynes and Ann Waltner, *The Family*: *A World History*, New York: Oxford University Press, 2012.
⑬ Michael F. Suarez and H. R. Woudhuysen, eds., *The Book*: *A Global History*, Oxford: Oxford University Press, 2013.

英语词典的全球史》、① 帕特里西娅·丹东尼奥等人主编的《劳特利奇全球护理史手册》、② 特马·卡普兰的《民主：世界史》、③ 大卫·戈德布拉特的《奥运会的全球史》、④ 斯蒂芬·哈普的《世界橡胶史：帝国、工业与日常生活》、⑤ 马克·库兰斯基的《纸：历史中的分页》、⑥ 莫琳·弗尼斯的《动画的全球史》、⑦ 雷蒙德·格鲁主编的《全球史中的食物》、⑧ 保罗·弗里德曼主编的《食物：味道的历史》、⑨ 基里·W.克拉夫林与彼得·斯科利尔斯主编的《书写食物史：全球的视野》、⑩ 罗安清的《世界末日的蘑菇：论资本主义废墟中生命的可能性》，⑪ 等等。英国文化学图书出版社瑞科图书公司（Reaktion Books Ltd.）还推出了系列饮食全球史丛书，已经出版了关于奶酪（Cheese）、蛋糕（Cake）、比萨饼（Pizza）、牛奶（Milk）、巧克力（Chocolate）、马铃薯（Potato）、鱼子酱（Caviar）、茶叶（Tea）、三明治（Sandwich）、龙虾（Lobster）、橄榄（Olive）、苹果（Apple）、面包（Bread）、香槟（Champagne）、柠檬（Lemon）、汤（Soup）、伏特加（Vodka）、咖喱（Curry）、汉堡包（Hamburger）、热狗

① Sarah Ogilvie, *Words of the World：A Global History of the Oxford English Dictionary*, New York：Cambridge University Press, 2013.
② Patricia D'Antonio, Julie A. Fairman and Jean C. Whelan, eds., *Routledge Handbook on the Global History of Nursing*, London and New York：Routledge, 2013.
③ Temma Kaplan, *Democracy：A World History*, New York：Oxford University Press, 2015.
④ David Goldblatt, *The Games：A Global History of the Olympics*, New York and London：W. W. Norton & Company, 2016.
⑤ Stephen L. Harp, *A World History of Rubber：Empire, Industry, and the Everyday*, Wiley Blackwell：John Wiley & Sons, 2016.
⑥ Mark Kurlansky, *Paper：Paging through History*, New York and London：W. W. Norton & Company, 2016.
⑦ Maureen Furniss, *Animation：The Global History*, New York：Thames & Hudson Inc., 2016.
⑧ Raymond Grew, ed., *Food in Global History*, New York and London：Routledge, 2018.
⑨ Paul Freedman, ed., *Food：The History of Taste*, Berkeley and Los Angeles：University of California Press, 2007.
⑩ Kyri W. Claflin and Peter Scholliers, eds., *Writing Food History：A Global Perspective*, New York：Berg, 2012.
⑪ Anna Lowenhaupt Tsing, *The Mushroom at the End of the World：On the Possibility of Life in Capitalist Ruins*, Princeton and Oxford：Princeton University Press, 2015.

（Hot Dog）、鸡尾酒（Cocktails）、朗姆酒（Rum）、草本植物（Herbs）、布丁（Pudding）、猪肉（Pork）、羊肉（Lamb）、香料（Spices）、糖（Sugar）、啤酒（Beer）、杜松子酒（Gin）、白兰地（Brandy）、龙舌兰酒（Tequila）、松露（Truffle）、水（Water）、饺子（Dumplings）、鸡蛋（Eggs）、通心粉和面条（Pasta and Noodles）、炸圈饼（Doughnut）、瓜（Melon）、辣椒（Chillies）、蜂蜜（Honey）等主题的全球史作品。

就第二方面而言，西方全球史学者在实证研究的基础上对理论和方法论的探讨也表现出相应的重视，大致可以归纳为五个方面。一是有些学者对全球史本身的概念与方法进行了分析。前述的柯娇燕、塞巴斯蒂安·康拉德、布鲁斯·马兹利什、帕特里克·曼宁、帕特里克·奥布莱恩、格奥尔格·伊格尔斯、多米尼克·萨克森迈尔、道格拉斯·诺斯罗普、入江昭、杜赞奇、迪戈·奥尔斯坦、詹姆斯·贝利奇、约翰·达尔文、大卫·阿米蒂奇等人的著作都对此进行了探讨。另外，皮特·N. 斯特恩斯等人主编的《了解、讲授和学习历史：国家和国际的视野》、[1] 诺埃尔·考恩的《全球史简述》、[2] 约翰·刘易斯·加迪斯的《历史的风景：历史学家如何描绘过去》、[3] 皮特·N. 斯特恩斯的《简明世界史：变化与连续性的主要模式》、[4] 于尔根·奥斯特哈梅尔和尼尔斯·P. 彼得森的《全球化简史》、[5] 布鲁斯·马兹利什和入江昭主编的《全球史读本》、[6] A. G. 霍普

---

[1]　Peter N. Stearns, Peter Seixas and Sam Wineburg, eds., *Knowing, Teaching, and Learning History: National and International Perspectives*, New York and London: New York University Press, 2000.

[2]　Noel Cowen, *Global History: A Short Overview*, Oxford: Polity Press, 2001.

[3]　John Lewis Gaddis, *The Landscape of History: How Historians Map the Past*, New York: Oxford University Press, 2002.

[4]　Peter N. Stearns, *World History in Brief: Major Patterns of Change and Continuity*, fourth edition, Vol. 2, Longman: Addison-Wesley Educational Publishers Inc., 2002.

[5]　Jürgen Osterhammel and Niels P. Petersson, *Globalization: A Short History*, first published in Germany, 2003, trans. Dona Geyer, Princeton and Oxford: Princeton University Press, 2005.

[6]　Bruce Mazlish and Akira Iriye, eds., *The Global History Reader*, New York and London: Routledge, 2005.

金斯主编的《全球史：世界与本土的互动》、① 布鲁斯·马兹利什的《新全球史》、② 巴里·K. 吉尔斯和威廉·R. 汤普森主编的《全球化与全球史》、③ 布鲁斯·马兹利什的《全球化时代的人性理念》、④ 安东尼·布莱克的《世界古代政治思想史》、⑤ 皮特·N. 斯特恩斯的《世界历史中的全球化》、⑥ 罗德尼·哈里森和约翰·斯科菲尔德的《现代性之后：当代史的考古学方法》、⑦ 查尔斯·H. 帕克的《近代早期的全球互动：1400~1800》、⑧ 贾斯廷·詹宁斯的《全球化与古代世界》、⑨ 塞缪尔·莫伊恩和安德鲁·萨托利主编的《全球思想史》、⑩ 乔纳森·柯里-马卡多主编的《全球史、帝国商品与地方互动》、⑪ 林恩·亨特的《在全球时代书写历史》、⑫ 罗斯·E. 邓恩等人主编的《新世界史：教师与研究者的领域指南》、⑬ 阿恩·贾里克等人主编的《世界历史中的方法：一种批判的方法》、⑭ 王晴

① A. G. Hopkins, ed., *Global History: Interactions between the Universal and the Local*, New York: Palgrave Macmillan, 2006.
② Bruce Mazlish, *The New Global History*, New York and London: Routledge, 2006.
③ Barry K. Gills and William R. Thompson, eds., *Globalization and Global History*, London and New York: Routledge, 2006.
④ Bruce Mazlish, *The Idea of Humanity in a Global Era*, New York: Palgrave Macmillan, 2009.
⑤ Antony Black, *A World History of Ancient Political Thought*, New York: Oxford University Press, 2009.
⑥ Peter N. Stearns, *Globalization in World History*, London and New York: Routledge, 2010.
⑦ Rodney Harrison and John Schofield, *After Modernity: Archaeological Approaches to the Contemporary Past*, Oxford: Oxford University Press, 2010.
⑧ Charles H. Parker, *Global Interactions in the Early Modern Age, 1400–1800*, Cambridge and New York: Cambridge University Press, 2010.
⑨ Justin Jennings, *Globalizations and the Ancient World*, Cambridge: Cambridge University Press, 2011.
⑩ Samuel Moyn and Andrew Sartori, eds., *Global Intellectual History*, New York: Columbia University Press, 2013.
⑪ Jonathan Curry-Machado, ed., *Global Histories, Imperial Commodities, Local Interactions*, New York: Palgrave Macmillan, 2013.
⑫ Lynn Hunt, *Writing History in the Global Era*, New York: W. W. Norton & Company, 2014.
⑬ Ross E. Dunn, Laura J. Mitchell and Kerry Ward, eds., *The New World History: A Field Guide for Teachers and Researchers*, Oakland: University of California Press, 2016.
⑭ Arne Jarrick, Janken Myrdal and Maria Wallenberg Bondesson, eds., *Methods in World History: A Critical Approach*, Sweden: Nordic Academic Press, 2016.

佳和伊格尔斯主编的《全球视野中的马克思主义史学》[1] 等著作也涉及此类相应的研究。纵向来看，21 世纪特别是最近十年以来，西方全球史对理论探讨的重视程度在逐渐提升。于尔根·奥斯特哈梅尔在《全球史与历史社会学》一文中甚至提出，就其本质而言，全球史是一项理论性的事业，不能满足于单纯的描述。[2]

二是有些学者努力克服西方历史学传统的"欧洲中心论"的束缚，试图更加全面地展现历史发展的真实图景。例如，2014 年旧金山州立大学的非洲史和世界史教授特雷弗·R. 盖茨主编的《全球史的非洲之声：1500 年至今》出版。盖茨指出：尽管那些影响世界各地的历史事件已经进入了世界历史的教程，但是非西方人民的经历及其对这些事件的理解，仍然被遮蔽，这在最近 1500 年的非洲历史中表现得非常明显，世界史学家在研究非洲人时，在很大程度上仍然将非洲人视作其他民族计划和行动的对象，而不是具有自己视野和能力来讲述自身历史的人类；作为首部此类教材，该书的重点便在于从非洲的视角重新讲述重要事件及趋势的全球意义，如大西洋奴隶制度、工业革命、殖民主义、一战、二战、非殖民化、争取妇女权利的斗争。[3] 另外，保罗·吉尔罗伊的《黑色大西洋：现代性和双重意识》、[4] 马克·费罗的《殖民的全球史》、[5] 史蒂文·米森的《冰河时代之后：全球人类史，公元前 20000 年至前 5000年》、[6] 威廉·H. 沃格等人的《非洲与西方：文献史》（第 2 卷《从殖民

[1] Q. Edward Wang and Georg G. Iggers, eds., *Marxist Historiographies: A Global Perspective*, New York: Routledge, 2016.

[2] James Belich, John Darwin, Margret Frenz and Chris Wickham, eds., *The Prospect of Global History*, p. 25.

[3] Trevor R. Getz, ed., *African Voices of the Global Past: 1500 to the Present*, Boulder: Westview Press, 2014.

[4] Paul Gilroy, *The Black Atlantic: Modernity and Double Consciousness*, Cambridge: Harvard University Press, 1993.

[5] Marc Ferro, *Colonization: A Global History*, original French edition, 1994, trans. K. D. Prithipaul, London and New York: Routledge, 1997.

[6] Steven Mithen, *After the Ice: A Global Human History, 20000 - 5000 BC*, Cambridge and Massachusetts: Harvard University Press, 2003.

主义到独立，1875 年至今》)、① 唐纳德·R. 赖特的《世界与非洲的一个很小的地方：冈比亚纽米的全球化史》、② 丹尼斯·劳曼的《非洲殖民地：1884～1994》、③ 托伊·法罗拉的《非洲散居者：奴隶制、现代性与全球化》、④ 阿尼娅·卢姆巴的《殖民主义/后殖民主义》，⑤ 等等，也从各自的角度做出了相应的分析。此处需要指出的是，2011 年萨米尔·阿明的《南方视角的全球史》结集出版。萨米尔·阿明指出：北美的全球史流派不区分商业关系与资本主义商业关系，只有从马克思主义出发才有可能摆脱经验的窠臼，而许多全球史研究者仍然陷于其中停滞不前，毫不犹豫地发展和丰富历史唯物主义的方法是推动全球史分析的唯一途径。⑥伊曼纽尔·沃勒斯坦评价说：阅读萨米尔·阿明的著作总是让人学到重要的东西，这本书也不例外，它充满了新颖的诠释，对所有真正对全球史感兴趣的人而言，这是一本必读之作。⑦

　　三是受国际金融危机影响，对金融危机史及资本主义本身、全球经济现状和未来发展趋势进行探讨。例如，保罗·W. 罗德和詹尼·托尼奥罗主编的《20 世纪 90 年代的全球经济：长远视角》、⑧ 罗伯特·C. 艾伦的《全球经济史》、⑨ 利奥·帕尼奇和萨姆·金丁撰写的《全球资本主

① William H. Worger, Nancy L. Clark and Edward A. Alpers, *Africa and the West: A Documentary History*, second edition, Volume 2, *From Colonialism to Independence, 1875 to the Present*, Oxford and New York: Oxford University Press, 2010.

② Donald R. Wright, *The World and a Very Small Place in Africa: A History of Globalization in Niumi, the Gambia*, third edition, London and New York: Routledge, 2010.

③ Dennis Laumann, *Colonial Africa: 1884-1994*, New York and Oxford: Oxford University Press, 2013.

④ Toyin Falola, *The African Diaspora: Slavery, Modernity, and Globalization*, Rochester: University of Rochester Press, 2013.

⑤ Ania Loomba, *Colonialism/Postcolonialism*, third edition, London and New York: Routledge, 2015.

⑥ Samir Amin, *Global History: A View from the South*, Cape Town, Dakar, Nairobi and Oxford: Pambazuka Press, 2011, pp. 8-10.

⑦ Samir Amin, *Global History: A View from the South*, back cover.

⑧ Paul W. Rhode and Gianni Toniolo, eds., *The Global Economy in the 1990s: A Long-Run Perspective*, Cambridge: Cambridge University Press, 2006.

⑨ Robert C. Allen, *Global Economic History*, Oxford and New York: Oxford University Press, 2011.

义的形成》、① 帕特里克·奥布莱恩等人编写的《财政国家的兴起：1500~1914 年的全球史》、② 罗杰·伯科威茨等人主编的《全球金融危机的思想根源》、③ 尼古拉斯·R. 拉迪撰写的《全球金融危机后中国经济的持续增长》、④ 莫罗·F. 吉伦和埃米利奥·昂蒂维罗斯的《全球转折点：理解 21 世纪的商业挑战》、⑤ 乔根·兰德斯的《2052 年：未来 40 年的全球预测》、⑥ 威廉·I. 鲁滨逊的《全球资本主义与人类危机》、⑦ 文森特·巴尼特主编的《劳特利奇全球经济思想史手册》、⑧ 等等。

四是受全球气候异常和突发重大灾难现象的推动，对全球气候、疾病、生物和环境史的研究也在深入。例如，约阿希姆·拉德考的《自然与权力：全球环境史》、⑨ 小詹姆斯·L. A. 韦布的《人类的负担：疟疾的全球史》、⑩ 詹姆斯·罗杰·弗莱明撰写的《修补天空：气象与气候控制的演变史》、⑪ 约翰·麦克尼尔和艾伦·罗伊主编的《全球环境史：入

① Leo Panitch and Sam Gindin, *The Making of Global Capitalism*, London and New York：Verso, 2012.

② Bartolomé Yun-Casalilla and Patrick K. O'Brien with Francisco Comín Comín, eds., *The Rise of Fiscal States：A Global History, 1500-1914*, Cambridge：Cambridge University Press, 2012.

③ Roger Berkowitz and Taun N. Toay, eds., *The Intellectual Origins of the Global Financial Crisis*, New York：Fordham University Press, 2012.

④ Nicholas R. Lardy, *Sustaining China's Economic Growth after the Global Financial Crisis*, Washington：Peterson Institute for International Economics, 2011.

⑤ Mauro F. Guillén and Emilio Ontiveros, *Global Turning Points：Understanding the Challenges for Business in the 21st Century*, Cambridge：Cambridge University Press, 2012.

⑥ Jorgen Randers, *2052：A Global Forecast for the Next Forty Years*, Vermont：Chelsea Green Publishing, 2012.

⑦ William I. Robinson, *Global Capitalism and the Crisis of Humanity*, New York：Cambridge University Press, 2014.

⑧ Vincent Barnett, ed., *Routledge Handbook of the History of Global Economic Thought*, London and New York：Routledge, 2015.

⑨ Joachim Radkau, *Nature and Power：A Global History of the Environment*, first published in German, 2002, trans. Thomas Dunlap, Cambridge：Cambridge University Press, 2008.

⑩ James L. A. Webb Jr., *Humanity's Burden：A Global History of Malaria*, Cambridge and New York：Cambridge University Press, 2009.

⑪ James Rodger Fleming, *Fixing the Sky：The Checkered History of Weather and Climate Control*, New York：Columbia University Press, 2010.

门读物》、① 马克·Z. 雅各布森的《空气污染与全球变暖：历史、科学
与对策》、② 简·布伊克斯特拉和夏洛特·罗伯茨主编的《古生物病理学
的全球史》、③ 蒂莫·米利尼托斯主编的《环境思考：全球史的绿色途
径》、④ 安德烈亚·伍尔夫的《自然的发明：亚历山大·冯·洪堡的新世
界》，⑤ 等等。

五是对各民族社会和国际关系的探讨。例如，迈克尔·阿达斯、皮
特·N. 斯特恩斯和斯图尔特·B. 施瓦茨的《动荡的历程：20 世纪全球
史》、⑥ 斯蒂芬·伯杰编辑的《书写国家：全球视野》、⑦ 彼得·杰克逊的
《蒙古人与西方，1221～1410 年》、⑧ 艾拉·M. 拉皮德斯的《至 19 世纪
的伊斯兰社会：全球史》、⑨ 乔舒亚·B. 弗里曼的《美国帝国：全球强
国的崛起，1945～2000 年国内民主革命》、⑩ 保罗·托马斯·钱伯林的
《全球攻势：美国、巴勒斯坦解放组织与后冷战秩序的形成》、⑪ 柯娇燕

① John R. McNeill and Alan Roe, eds., *Global Environmental History: An Introductory Reader*, London: Routledge, 2012.
② Mark Z. Jacobson, *Air Pollution and Global Warming: History, Science, and Solutions*, second edition, Cambridge and New York: Cambridge University Press, 2012.
③ Jane Buikstra and Charlotte Roberts, eds., *The Global History of Paleopathology: Pioneers and Prospects*, Oxford and New York: Oxford University Press, 2012.
④ Timo Myllyntaus, ed., *Thinking Through the Environment: Green Approaches to Global History*, Cambridge: The White Horse Press, 2011.
⑤ Andrea Wulf, *The Invention of Nature: Alexander von Humboldt´s New World*, New York: Alfred A. Knopf, 2015.
⑥ Michael Adas, Peter N. Stearns and Stuart B. Schwartz, *Turbulent Passage: A Global History of the Twentieth Century*, second edition, New York: Pearson Education, Inc., 2003.
⑦ Stefan Berger, ed., *Writing the Nation: A Global Perspective*, New York: Palgrave Macmillan, 2007.
⑧ Peter Jackson, *The Mongols and the West, 1221-1410*, New York: Pearson Longman, 2005.
⑨ Ira M. Lapidus, *Islamic Societies to the Nineteenth Century: A Global History*, Cambridge: Cambridge University Press, 2012.
⑩ Joshua B. Freeman, *American Empire: The Rise of a Global Power, the Democratic Revolution at Home 1945-2000*, New York: Penguin Books, 2012.
⑪ Paul Thomas Chamberlin, *The Global Offensive: The United States, the Palestine Liberation Organization, and the Making of the Post-Cold War Order*, Oxford: Oxford University Press, 2012.

等人撰写的《全球社会：1900 年以来的世界》、^① 小约瑟夫·S. 奈和戴维·A. 韦尔奇的《理解全球冲突与合作：理论与历史导论》、^② 罗比·希利亚姆主编的《国际关系与非西方思想：帝国主义、殖民主义与全球现代性的调查》、^③ 佩德罗·卡蒂姆等人主编的《多中心的君主制：早期现代西班牙与葡萄牙如何取得与维持全球霸权》、^④ 斯里纳特·拉加万的《1971 年：孟加拉国创建的全球史》、^⑤ 巴里·布赞和乔治·劳森的《全球转型：历史、现代性与国际关系的形成》、^⑥ 杰伦·杜因达姆的《王朝：1300~1800 年权力的全球史》、^⑦ 大卫·阿米蒂奇和珍妮弗·皮茨编辑的亚利桑德诺维奇的著作《全球史中的万民法》、^⑧ 保罗·S. 罗普的《世界历史中的中国》、^⑨ 彼得·B. 戈尔登的《世界历史中的中亚》，^⑩ 等等。

保罗·S. 罗普的《世界历史中的中国》和彼得·B. 戈尔登的《世界历史中的中亚》都是牛津大学出版社的牛津新世界史（The New Oxford World History）系列丛书的地理卷（Geographical Volumes）的组成部分。该卷还包含《世界历史中的日本》（*Japan in World History*）、《世界历史

---

① Pamela Kyle Crossley et al., *Global Society：The World Since 1900*, third edition, New York：Cengage Learning, 2012.

② Joseph S. Nye, Jr. and David A. Welch, *Understanding Global Conflict and Cooperation：An Introduction to Theory and History*, tenth edition, Boston：Pearson, 2017.

③ Robbie Shilliam, ed., *International Relations and Non-Western Thought：Imperialism, Colonialism and Investigations of Global Modernity*, New York：Routledge, 2011.

④ Pedro Cardim et al., eds., *Polycentric Monarchies：How Did Early Modern Spain and Portugal Achieve and Maintain a Global Hegemony?*, Eastbourne：Sussex Academic Press, 2012.

⑤ Srinath Raghavan, *1971：A Global History of the Creation of Bangladesh*, Cambridge and London：Harvard University Press, 2013.

⑥ Barry Buzan and George Lawson, *The Global Transformation：History, Modernity and the Making of International Relations*, Cambridge：Cambridge University Press, 2015.

⑦ Jeroen Duindam, *Dynasties：A Global History of Power, 1300 – 1800*, Cambridge：Cambridge University Press, 2016.

⑧ C. H. Alexandrowicz, *The Law of Nations in Global History*, edited by David Armitage and Jennifer Pitts, Oxford：Oxford University Press, 2017.

⑨ Paul S. Ropp, *China in World History*, New York：Oxford University Press, 2010.

⑩ Peter B. Golden, *Central Asia in World History*, Oxford：Oxford University Press, 2011.

中的俄罗斯》（*Russia in World History*）、《世界历史中的丝绸之路》（*The Silk Road in World History*）、《世界历史中的南非》（*South Africa in World History*）、《世界历史中的南亚》（*South Asia in World History*）、《世界历史中的东南亚》（*Southeast Asia in World History*）、《世界历史中的撒哈拉以南非洲》（*Trans-Saharan Africa in World History*）。牛津新世界史系列丛书还有一套编年卷（Chronological Volumes），作品涵盖时间从远古到 20 世纪（分别是：*The World from Beginnings to 4000 BCE*，*The World from 4000 to 1000 BCE*，*The World from 1000 BCE to 500 CE*，*The World from 300 to 1000 CE*，*The World from 1000 to 1500*，*The World from 1450 to 1700*，*The World in the Eighteenth Century*，*The World in the Nineteenth Century*，*The World in the Twentieth Century*）。

半个多世纪以来，西方史学界不仅涌现出众多的全球史论著，在组织机构等方面也有明显的发展。前述的美国的世界史协会（The World History Association，WHA）于 1982 年成立。这是一个通过鼓励教学、研究和出版来促进世界史发展的重要组织。2002 年，欧洲世界史和全球史网络（European Network in Universal and Global History）设立。2008 年 7 月，全球史与世界史组织联合会（Network of Global and World History Organizations）在德国的德累斯顿成立，这是一个意在涵盖全球的全球史与世界史学家的正式组织。到 2010 年，世界史和全球史学家通过全球史与世界史组织联合会获得了联合国教科文组织的席位，获准加入联合国教科文组织附属的国际历史科学委员会（CISH）。[1] 2013 年底，国际大历史协会加入了全球史与世界史组织联合会。2008~2013 年，亚洲世界史协会、非洲全球史学家联盟和拉丁美洲全球史网络也相应设立。有学者认为，全球史研究在史学界取得了前所未有的巨大成功。[2]

欧美大学纷纷成立了全球史的相关研究中心。例如，2001 年成立的

---

[1] 〔美〕帕特里克·曼宁：《世界史学家、联合国教科文组织与全球研究机构的未来》，陈欣言译，载刘新成主编《全球史评论》第 5 辑，中国社会科学出版社，2012，第 8~25 页。

[2] 孙岳：《国际全球史与世界史组织联合会会议在德国举行》，《世界历史》2014 年第 6 期。

美国哈佛大学全球史与国际史研究中心、2007 年成立的英国华威大学全球史与文化中心、2008 年成立的美国匹兹堡大学世界史中心、2011 年成立的英国牛津大学全球史中心、2012 年成立的德国哥廷根大学现代东亚研究中心，等等。另外，正如有学者归纳指出，至 2005 年，美国已有近70% 的公立大学开设了全球史课程，加利福尼亚州政府甚至颁布法律，要求所有中学讲授全球史；加拿大目前半数以上的研究型大学面向研究生开设了"全球史导论"，并有越来越多的大学把全球史列入本科生的教学计划，不列颠哥伦比亚和魁北克两省的中小学中有 75% 讲授全球史。① 希瑟·斯特里茨-索尔特在 2012 年统计指出，在美国、加拿大和欧洲，有 58 个分立的机构提供世界史（或与之类似的全球史）专业的硕士或博士学位，这种快速增长本身表明，在所有历史领域似乎都朝着跨国、全球化和比较的角度迈进的时期，世界历史越来越被认为是对研究生课程的有益和宝贵的补充。②

前述的《全球史杂志》于 2006 年 3 月正式创刊，主办方为伦敦政治经济学院，出版方为剑桥大学出版社，其编委会汇集了一批有影响的西方全球史研究者。除了这本专门的全球史杂志，在西方，正如《全球史学史——从 18 世纪至当代》一书指出的，美国和英国所有重要的社会科学杂志以及法国的《年鉴》和《社会运动》、俄国的《奥德修斯》、意大利的《过去和现在》和德国的《历史与社会》，都转向跨国的历史研究，甚至有时还转向全球史的研究。③

2005 年，"欧洲全球史学大会"在德国召开，600 多名与会者一致倡导，要用全球史观改造或取代传统的世界史教育体系。④ 2008 年，该

---

① 刘新成主编《全球史评论》第 1 辑，"发刊词"，第 1 页。
② Heather Streets-Salter, "Becoming a World Historian: The State of Graduate Training in World History and Placement in the Academic World", in Douglas Northrop, ed., *A Companion to World History*, pp. 45-62.
③ 〔美〕格奥尔格·伊格尔斯、王晴佳著，苏普里娅·穆赫吉参著《全球史学史——从 18 世纪至当代》，第 404 页。
④ 刘新成主编《全球史评论》第 1 辑，"发刊词"，第 1 页。

大会又在德国举行了第二届会议。这次会议的主题是"世界秩序"，由世界秩序引申出全球史的一种解读方式，这个题目的意义在于提请人们注意，不要把全球史作为无止境的文化相遇的历史来研究，而是把它作为一种由争夺权力、利益、影响和威望而产生冲突的进程来研究；这同时也意味着以一种批判的目光看待历史上已经发生的、目前正在发生的以及未来将要发生的全球化。①

国际历史科学大会对全球史进行了关注和探讨。2000 年 8 月，第 19 届国际历史科学大会把"全球史的前景：概念和方法论"作为大会的三大主题之一，与会的众多学者对这个问题给予了充分的关注；英国历史学家 P. 奥布莱恩所做的主题报告回顾了从古希腊开始历代史学家为撰写全球史所做的努力和存在的问题；加拿大学者 N.Z. 戴维斯、新西兰学者 N.D. 科斯莫、澳大利亚学者 G.R. 斯努克斯、美国学者 J.H. 本特利等人分别就历史规律性问题、文化冲突与交融、国别史与全球史的关系等问题进行了探讨。② 2005 年 7 月，第 20 届国际历史科学大会开幕式的主题就是"历史的全球化与它的局限"，本届国际历史科学委员会主席科卡（Kocka）做了题为"悉尼、国际历史科学委员会和世界史的乌托邦"的报告。科卡认为，历史研究和写作已经发展成一种推进全球化的力量；由于每一个历史学家都存在着只是研究某一国别或是某一时期历史的局限，所以"历史的全球化"目标只是一种渴望，是不可能完全实现的乌托邦；他认为这样一个目标会对历史研究产生影响，历史学家可以朝着这一方向努力；尽管绝大多数历史学家都只是某一国家、某一时段或某一事件的专家，但是全球视野的趋向要求人们重视历史事件广泛的内部联系和较长时段历史背景的研究。③ 2015 年 8 月在中国山东济南召开的第 22 届国际历史科学大会，第一个主议题就是"全球视野下的

---

① 何涛：《跨民族史学研究：缘起、方法与进程——马蒂亚斯·米德尔教授访谈录》，载刘新成主编《全球史评论》第 2 辑，第 210 页。

② The 19ᵗʰ International Congress of Historical Sciences, OSLO, 2000.

③ 姜芃等：《第 20 届国际历史科学大会纪实》，《史学理论研究》2005 年第 4 期。

中国"；同时，第 22 届大会也是这一被誉为史学界"奥林匹克"的盛会首次在亚洲地区召开；来自全世界 76 个国家和地区的 2000 多位史学研究者参会，使得本届大会创造了到会人数之最、发展中国家历史学家参会之最和青年学者参会之最的纪录；可以说，全球各地区都有代表出席这次大会，而这次大会的议题也覆盖了全球所有地区。①

纵观 20 世纪下半叶，美国是西方全球史发展的重要推动力量。为什么全球史在美国获得显著发展？多米尼克·萨克森迈尔对此进行了分析。他指出，二战之后，在美国，由地理政治学激发的非西方地区研究的扩展和普通高等教育的开展，使获得高等教育的学生数量在几十年中增长显著；20 世纪 60 年代民权运动中争取包容性的政治斗争使得研究性大学中的学生和教师群体的多样化不断发展，用以往那种以居高临下的视野来撰写大部分民族史和世界史的做法受到了更高层次的批评；从 20 世纪 70 年代以来，新的历史学家群体已经更加关注妇女史、非裔美国人史和其他群体的历史，从 20 世纪 80 年代末 90 年代初开始，跨边界研究发展迅速，研究两个或更多地区历史的学者数量不断增长，他们考察地区间的空间、变革和互动；在动态的研究环境中，不断发展的"全球史"是新趋势的多种表现之一。②

另外，多米尼克·萨克森迈尔也分析了全球史在德国获得发展的原因。他总结指出，德国 20 世纪 60 年代大学部门的扩充促使新的社会群体获得更多机会进入大学，但其教师群体中知识移民的比例仍然远远低于美国；而且，尽管存在 20 世纪上半叶的创伤性全球联系和 20 世纪下半叶的多极性全球关系，德国的学术体系仍然长期忽视非西方的和跨文化的历史，其地区研究力量的分布从 20 世纪 20 年代起就没有根本性的变化，二战后德国"倒向西方"的政治倾向是使德国历史学受到民族的

---

① 《第 22 届国际历史科学大会在山东大学成功召开》，《山东大学学报》（哲学社会科学版）
　 2015 年第 5 期。

② Dominic Sachsenmaier, *Global Perspectives on Global History：Theories and Approaches in a Connected World*, pp. 59-109.

和欧洲导向限制的主要力量；20 世纪 80 年代晚期，德国史学家团体开始注意到跨国的和全球史的主题，但没有像德国统一那样使其变成一种有力的趋势；从 20 世纪 90 年代晚期开始，受到德国捐助充裕的基金会的支持，数量日益增长的跨学科研究中心和学术网络，创造了更多使历史学家接触地区研究的机会，同时受到母语是英语者的学术影响，全球的和跨国的史学研究形势在德国开始变得更强，也更明显，个别研究领域（如移民史和殖民史）在促进跨边界史学研究发展上非常活跃。[1]

第二节　国内研究现状

这里首先需要指出的是，以"全球史"之名在西方史学界发生的这种对世界史的新探索和新发展，同一时期同样也在中国进行着。例如，周谷城 1949 年的《世界通史》，雷海宗的《世界上古史讲义》，[2] 等等。赵文亮在《整体史观与中国的世界通史编纂学》一文中指出，周谷城于 1949 年出版的三卷本《世界通史》，堪称专业历史学家写的第一部综合世界史；周谷城认为，整个世界历史是互动与交往的历史，在互动和交往中构成一个整体，每一个民族或区域的历史和进步都得益于此，欧洲也不例外；西方史家写历史把他们在近代以后取得的主导地位延及到古代和中世纪，是违背历史事实的；他提出，写世界史著作，要诸区并立，同时叙述，但又不排斥某一时期某一区域成为重点。[3] 吴于廑关于世界历史的思想成为中国世界史学界的主流理论。他认为，世界历史学科的主要任务是以世界全局的观点，综合考察各地区、各国、各民族的历史；

---

[1] Dominic Sachsenmaier, *Global Perspectives on Global History*: *Theories and Approaches in a Connected World*, pp. 110~171.

[2] 雷海宗于 1952 年秋调任南开大学历史学系，开设和讲授世界上古史课程，该课程为时一学年，由雷海宗主讲，该书则是由南开大学历史系王敦书教授对该讲义整理而成，中华书局 2012 年版。

[3] 赵文亮：《整体史观与中国的世界通史编纂学》，载刘新成主编《全球史评论》第 1 辑，第 77~78、80 页。

人类历史发展为世界历史，经历了纵向发展和横向发展漫长的过程；纵向发展是指人类物质生产史上不同生产方式的演变和由此引起的不同社会形态的更迭；横向发展是指历史由各地区间的相互闭塞到逐步开放，由彼此分散到逐步联系密切，终于发展成为整体的世界历史这一客观过程；历史正是在不断地纵向发展、横向发展中在越来越大的程度上成为世界历史，研究世界历史就必须以世界为全局，考察它怎样由相互闭塞发展为密切联系，由分散演变为整体的全部历程，这个全部历程就是世界历史。[1]

　　依据笔者收集到的资料来看，我国最早对西方全球史展开研究的学者是吴于廑先生。1959 年，吴于廑依据 1955 年英文版《变动世界中的历史学》一书撰写了《巴拉克劳夫的史学观点与欧洲历史末世感》一文，[2]对巴勒克拉夫的学说进行了评介。吴于廑认为，巴勒克拉夫作为西方资产阶级历史学家，不可能完全摆脱西方传统史学的影响，但是他对传统史学的异议确实具有全面否定的性质；巴勒克拉夫否认物质进步是衡量历史发展的标准，也就不能理解历史是各个社会形态由低级到高级的发展，因之他也不可能正确批判西方传统史学中的一线发展论；西方传统史学把整个人类的历史视为一线发展并最后达于西欧近代文明的顶峰，这当然是荒谬的、充满自大的，但是这一思想承认历史不断发展、承认后一阶段的历史总是在前一阶段的基础上继续前进，这就说明其中有可以肯定的合理的因素；巴勒克拉夫不但看不见这些合理的因素，以唯心主义的论点把一线发展论全盘否定，而且还抬出历史周期论，说历史有始有终，像有机体一样无法逃脱生命的周期，这就不难看出，他的学说比传统西方史学更多一层宿命论的色彩，在本质上是一丘之貉；之所以这样说，是因为巴勒克拉夫看不到社会阶级力量发生了变化，西方

---

① 吴于廑：《世界历史》，载《中国大百科全书·外国历史》，中国大百科全书出版社，1990，第 1~15 页。

② 吴于廑：《巴拉克劳夫的史学观点与欧洲历史末世感》，载《吴于廑学术论著自选集》，首都师范大学出版社，1995，第 231~254 页。

资产阶级史学界显然已染上一种对欧洲历史前途无望的时疫，而且看来这个症候还无药可医，巴勒克拉夫的阶级意识和感情，支配他看不出未来历史的方向，因而也就不能为欧洲历史寻求出路，从他的笔下就可以随处看到一种茫然的末世之感；他"重新定向"的结果，却是承认历史是相对主义的。①

在改革开放的时代背景下，中国史学界对世界通史研究、编撰及教学的探讨迎来了热潮。正如有学者指出，从 1978 年起，包括陈翰笙、吴于廑、李显荣、罗荣渠、何兹全、齐世荣、庞卓恒、王绳祖、郭圣铭、刘远图、李纯武、王也扬等人在内的研究者对编撰世界通史进行了探讨。② 例如，1984 年，何兹全撰文指出：现在中学和高等院校都有世界史课程，无论加不加一个"通"字，都是讲的通史，中学历史课和高等院校的基础课应该讲包括中国史在内的世界史，这样才能改变我们头脑中忽视历史的全面性和整体性的思想，从基础上给学生以历史的全面性、整体性的思想训练和方法训练。③ 罗荣渠也在 1984 年撰文指出：把世界历史作为全球性的历史活动与经验来进行研究，是近代资本主义兴起之后才逐步开展起来的，因为人类活动的范围是逐步扩大及于整个地球的，而把全球视为一个整体的新的世界观，也只能在资本主义冲破一切旧的区域性藩篱并把世界逐步连成一体的条件下才可能产生。④ 罗荣渠进一步指出：全球性世界史（不是指作为国别史的外国史），不论在中国还是在别的国家，都是一个新兴的研究领域，世界史研究的对象是整个世界，上下五千年，纵横数万里，内容包罗万象，无限丰富，不能没有一定的限界和主要的研究任务；要写出包含人类整体发展过程的世界史，并不是要把没有内在联系的历史条件和过程随便纳入一个统一的世界史

---

① 吴于廑：《巴拉克劳夫的史学观点与欧洲历史末世感》，载《吴于廑学术论著自选集》，第 233~252 页。
② 赵文亮：《整体史观与中国的世界通史编纂学》，载刘新成主编《全球史评论》第 1 辑，第 75~111 页。
③ 何兹全：《我们需要包括中国史的世界史》，《光明日报》1984 年 3 月 14 日，第 3 版。
④ 罗荣渠：《史学求索》，"开创世界史研究的新局面"，第 94 页。

结构，而是要写出人类历史如何随着生产斗争、阶级斗争和科学实践的发展，形成内在的有机联系，逐步汇合成为全世界的历史进程。[①] 他判断：就世界史这门学科来论，世界愈是卷入统一的历史进程，对这种统一进程的整体研究，对世界不同地区、不同国家所展现的共同历史规律的共性与特殊性的相关研究，以及对全球性相互关系的研究，必然会日益加强。[②] 1985 年，罗荣渠作为国务院学科评议组成员为制定国家"七五"社科发展规划写了高校"七五"科研规划咨询报告世界史部分《积极推进中国的世界史研究》一文，指出国外世界史学科发展的趋势：1955 年以后的 25 年间，是历史研究发生急剧变化和重新估价的新时期，变化的原因则是历史学家的工作环境较之 20 世纪上半叶发生了急剧变化，世界各部分的相互关联与影响加强，历史成为真正意义上的世界史；科学技术突飞猛进，到处形成新的社会模式和知识模式；欧洲重要性降低，苏美崛起形成压倒优势，亚洲和非洲兴起；传统的自由民主体制解体，与 19 世纪迥然不同的社会政治形势出现；在这一形势下，西方历史学出现许多新趋向，其中就包括从以欧洲为中心的历史扩大到以亚、非、拉美以及整个第三世界为研究对象、把世界视为整体从全球角度研究"世界社会"的宏观史学。[③] 正是在这样的学术氛围之中，西方全球史被中国学者纳入考察的视野，并与中国学者正在开展的世界史学科建设、世界通史编撰研究发生了一定程度的共鸣。

1985 年张宏毅在《世界历史》上发表的《世界史学科建设中一项紧迫的战略任务——编写战后世界史教科书》一文，可能是国内最早使用"全球史"一词的论文。该文已经注意到美国的全球史著作关注现实的特点，他认为，把编写战后世界史教科书当作世界史学科建设中一项刻不容缓的战略任务，绝不是危言耸听，而是客观形势的发展逼迫我们非那样提出问题不可；最有效可靠的办法就是尽快编写出相应的教材或通

---

① 罗荣渠：《史学求索》，"开创世界史研究的新局面"，第 96~97 页。
② 罗荣渠：《史学求索》，"开创世界史研究的新局面"，第 102~103 页。
③ 罗荣渠：《史学求索》，"积极推进中国的世界史研究"，第 120 页。

史来，只有这样的教材或通史（当然不是粗制滥造的）才能帮助学生去把握现代历史的基本联系；在美国没有全国通用的大中学历史教材，一般较为著名的世界历史著作都可能被指定为参考书籍，而这些书籍一般写到当代，例如，1976 年出版的由 J. M. 罗伯茨编写的《世界历史》一直写到 70 年代，并在最后一章对世界发展趋势做了考察，1983 年出版的理查德·高非等人合写的《二十世纪——简明全球史》一直写到 80 年代初期。① 中文的"全球史观"一词则出现于 1987 年中文版的巴勒克拉夫的《当代史学主要趋势》，在这本书里面，1978 年英文版里面的 universal view of history 被译为"全球的历史观"。②

1993 年 6 月，商务印书馆出版了斯塔夫里阿诺斯 1981 年《全球分裂：第三世界的历史进程》的中文版。③ 围绕着这本著作，周谷城、罗荣渠与斯塔夫里阿诺斯进行过学术交流。《周谷城文选》中提到，美国有一位女教授读到周谷城的史学著作，对他的"世界是有机整体"的观点表示赞成，她把周谷城的著作向加利福尼亚大学史学系教授斯塔夫里阿诺斯介绍，这位教授对周谷城的观点表示支持，并寄来《全球分裂：第三世界的历史进程》一书请教周谷城。④ 罗荣渠在《全球分裂：第三世界的历史进程》中译本序中说道："我是因为一个偶然的机会收到作者寄来的这部新著的，仅读数页，就被深深地吸引住了。"⑤ 罗荣渠指出：斯塔夫里阿诺斯的《全球通史》是西方近年来以全球史观来重写世界通史的几部有数的巨著之一，《全球分裂：第三世界的历史进程》是作者向纵深的发挥；关于第三世界这个迫切的世界主题的通史性著作，

① 张宏毅：《世界史学科建设中一项紧迫的战略任务——编写战后世界史教科书》，《世界历史》1985 年第 10 期。

② 〔英〕杰弗里·巴勒克拉夫：《当代史学主要趋势》，杨豫译，上海译文出版社，1987，第 242 页。

③ 〔美〕斯塔夫里亚诺斯：《全球分裂：第三世界的历史进程》，迟越等译，黄席群等校，商务印书馆，1993。

④ 周谷城：《周谷城文选》，辽宁教育出版社，1990，第 9 页。

⑤ 罗荣渠：《世界史的新视野：第三世界的历史进程——〈全球分裂〉中译本序》，载罗荣渠《史学求索》，第 129 页。

长期以来，即使在西方学术界也是一个大空白，这部著作正好填补了这一空白，作者致力于写一部"合成一体的第三世界史"，提出今天的第三世界并不是过去西方人认为的只与西方有偶然联系的遥远的异域，而是西方自己的历史的一个组成部分，这就一扫长期以来弥漫在西方人所写的非西方世界史著作中的殖民主义阴霾，这对一个西方人的著作来说是难能可贵的。①

其后，西方全球史在我国引起了学界日益广泛的关注，我国学者在介绍、翻译其论著的同时，逐渐对其进行了日趋细致的考察。世界通史的研究编撰教学、全球史的性质、全球史观、全球史与世界史的关系、跨文化互动研究、西方全球史学者的研究实践等诸多问题，都受到了关注与探讨。

在世界通史领域，罗荣渠在 1993 年撰文指出，在世界历史上，伟大的时代需要有伟大的理论思维，伟大的变革时代也必然引起并召唤学术思想与学科的大变革，历史学作为每个时代所需要的一门基础社会科学，历史学家应有鲜明的时代感与责任感，那就是面向未来，关心民族和人类的命运；目前，我们的世界史教科书在这方面却远远落后于现实生活，20 世纪就快要过去了，在这个世纪中资本主义与社会主义都发生着巨大的变化，一想到我们还没有写出一批反映时代变化的新著作来代替一些早已过时的教科书，用新的发展的世界观来教育青年迎接 21 世纪挑战，就感到很大的不安；历史作为客观的存在是任何人也改变不了的，但历史研究的方法、角度、理论及其关注的中心问题与重点、与现实的联系程度，等等，这些总是随着时代的需求而变化。② 张象也在 1993 年提出，世界一体化趋势的发展使地球变得越来越小，世界是多样的又是统一的，这就要求每一位改革者特别是年轻一代具有全球观念，把目光投向全世界，美国的世界史工作者特别重视这一点，他们批评美国高校的世界史

---

① 罗荣渠：《世界史的新视野：第三世界的历史进程——〈全球分裂〉中译本序》，载罗荣渠《史学求索》，第 128～129 页。

② 罗荣渠：《历史学要关心民族和人类的命运》，《世界历史》1993 年第 3 期。

教学过分重视地区国别史而对全球史有所忽略，这不利于培养青年人的全球观念；我国青年也面临着同样的问题，我国的世界史教学虽然一向重视世界通史的教学与研究，但我们的通史体系至今还不完善，存在着国别史拼凑等问题，如何加强世界历史的整体化研究是我们面临的另一重大课题。① 张宏毅指出，一部坚持以马克思主义唯物史观为指导、以长时段和整体视角撰写的世界通史，除具有一般历史学的价值和功能，还因其贯通古今和整体性而具有相对特殊的价值和功能。② 于文杰指出，中国世界史编撰体系的发展与建设已经有百年历史，不同时期的学人各有建树，为中国世界史编撰体系的发展与完善做出了贡献，厘清这一百年进程，珍惜中国世界史研究的传统，努力建设具有中国特色的世界史编撰体系，具有学术研究上的紧迫性。③ 徐浩提出，目前本科教学中世界通史课程体量过大，地区史、国别史和专门史等相对较弱，关系不甚合理；应考虑调整世界史、地区史、国别史和专门史等现有布局，压缩世界通史，增加地区史、国别史和专门史的比例，形成本科教学中世界通史、地区史、国别史和专门史内容相互衔接、水平渐次递进的课程体系；应当采取措施改变目前我国外国史研究中各种各样的外国语言制约、地区史和国别史中有些地方或时段无人问津等状况，为宏观世界史或新世界史和全球史提供空间更广、时间更长的高水平地区史、国别史和专门史的研究成果。④ 李剑鸣认为，一部理想的世界通史教科书应在遵循专业规范、符合专业标准的前提下，力求兼具学术性、前沿性、开放性和可读性；世界史教学的目的在于引导学生用变化的、多重的和历史主义的眼光来看待过去，培养学生对不同时代、不同人群的信仰和生活具有"了解之同情"，因而世界史教科书要处理好整体与局部、宏观与微

---

① 张象：《通过多种途径发挥世界史学科的社会功能》，《世界历史》1993 年第 3 期。
② 张宏毅：《世界通史的价值与功能》，《历史教学》（高校版）2009 年第 6 期。
③ 于文杰：《百年中国世界史编撰体系及其相关问题辩证》，《贵州社会科学》2014 年第 4 期。
④ 徐浩：《什么是世界史？——欧美与我国世界史学科建设诌议》，《经济社会史评论》2015 年第 1 期。

观、整齐的系统和丰富的多样性之间的关系，以呈现一种立体多维、丰富多彩和知识可靠的世界历史叙事。[①] 施诚提出，美国的世界史教学具有长期的传统，从"通史"到"西方文明史"，再到"全球史"，全球史教学在美国经历了一个漫长而曲折的过程，第二次世界大战以及战后国内外形势的变化，特别是 20 世纪后半期的全球化浪潮导致美国对全球史课程的需求加大，而长期的世界历史教学和研究成果为全球史课程的设置铺平了道路；全球史的兴起对美国的世界史教学产生了重大影响，全球史或世界史的课程迅速进入美国的许多大学，美国中学的世界史教学也取得了重大进展，"世界历史上的跨文化交流"变成了教材的核心主题。[②]

关于全球史的性质，于沛从民族历史记忆的角度指出，就如同不存在"文化全球化"一样，也不存在"全球化"的全球史，文化多样性决定了全球史的多样性，即每个国家和民族都有自己心灵中的全球史；历史是一种记忆的形式，在任何一个国家或民族中，历史研究和历史著述的基本功能是保存和传承自己的历史记忆；全球化和"全球史"并没有中断每一个民族自己的历史记忆的延续，任何一个独立的民族，都有自己独立的历史记忆，这种记忆既包括对本民族历史，也包括对其他民族及整个世界历史—全球史的认知和判断；全球史的内容毫无疑义以全球性为基本内容，但对这些内容，却不存在全球统一或唯一的认识。[③] 王加丰认为，20 世纪西方的宏大叙事出现了打破西方中心论、人类中心论及撰写总体史和全球史的种种努力，反映了 20 世纪世界形势的变化，这些主张颇有意义，值得我们高度关注；但其实践成果不应估计过高，因为某种程度上西方学者主要还是站在自己的立场上看这个世界。[④] 何平认为，全球史观是近年来由国外史学界首先提出的一种研究世界历史的

①　李剑鸣：《世界通史教科书编纂刍议》，《史学月刊》2009 年第 10 期。
②　施诚：《美国的世界历史教学与全球史的兴起》，《史学理论研究》2010 年第 4 期。
③　于沛：《全球史：民族历史记忆中的全球史》，《史学理论研究》2006 年第 1 期。
④　王加丰：《从西方宏大叙事变迁看当代宏大叙事走向》，《世界历史》2013 年第 1 期。

新观点，在这种新视野影响下形成的全球史史学显示出新的世界史编撰模式，全球史史学与传统世界史相比，无论在视角、编撰范围、意识形态、研究方法、历史分期和话语特征诸方面都有新的突破，全球史史学尚不能代替国别史的传统研究领域，但它开创了新的领域，研究国家或区域间的互动交流和全球文明在其他方面的整体关联，全球史史学所带来的方法论意义以及它对带有强烈欧洲中心论意识形态的旧世界史体系的解构具有进步意义。① 孟广林指出，以文明史、生态史尤其是全球史彰显的新世界史的研究范式，以其对人类历史的横向整体考察极大地开拓了历史探索的空间，但往往流于空泛，且常以西方眼光来考量世界。② 张旭鹏认为，作为世界史编撰方式之一的全球史，因其对人类过往所持的全球视角，以及对世界不同国家和地区彼此联系与交相互动的重视，极大丰富和深化了当今的世界史研究，使之更能满足全球化时代人们对一种新的全球叙事的需要，迄今为止，全球史在表现人类历史的多样性和差异性上做得并不成功，甚至有一种以单一叙事来取代多元叙事的危险，而漠视人类历史的多样性和不同地区之间的差异，只能让这种全球叙事成为带有某种种族中心主义倾向的主导叙事，不但拒斥其他来自地方经验的叙事，而且无助于认识和理解人们的生活世界。③

关于对全球史观的认识，王林聪认为，从史学思维的角度看，全球历史观属于宏观历史思维范畴，具有整体性和系统性思维的特点，它是当代史学家们根据历史思维的发展规律和历史演变的实际情况，在理论上进行的反思与概括；全球历史观不仅打破了19世纪以来以"欧洲中心论"为代表的思维定式和历史观，而且为史学思维的创新和发展开辟了道路，是当代历史思维的体现和反映。④ 程美宝指出，全球史是近十多年来针对以往的世界史体系的弊端兴起的概念，如果全球史观最重要的

① 何平：《全球史对世界史编纂理论和方法的发展》，《世界历史》2006年第4期。
② 孟广林：《世界史研究的视域与路向》，《社会科学战线》2016年第1期。
③ 张旭鹏：《超越全球史与世界史编纂的其他可能》，《历史研究》2013年第1期。
④ 王林聪：《略论"全球历史观"》，《史学理论研究》2002年第3期。

两个方面是强调文化间的联系和扬弃国家本位的视角的话，中国史学似乎早就有研究者以今天"全球史观"的眼光研究中国的历史了。[①] 刘新成的《全球史观在中国》一文，梳理了"全球史观"在西方的发展，并对中国学者如何解读全球史观进行了分析，指出不能忘记宏观世界史学的本初指向，即探讨人类历史的统一性，这种探讨是该分支学科的存在前提，放弃这种探讨无异于学科的自我取缔；比较现实的做法是在现有的话语体系基础上（即使有浓重的西方色彩）不断修正和补充，以逐渐接近共识。[②] 刘新成还指出，当今世界的全球化趋势、后现代学术的发展、东西方之间日益紧密的学术交流，是全球史产生的国际环境和学术背景。[③] 陈恒、洪庆明撰文提出，全球史观这种新型史学撰述视角的出现，是 20 世纪中期之后世界格局转变和全球一体化急剧加速的结果，但是促成这种史学观念形成和发展的动力并非仅止于此，从相互联系的观点撰写世界史或从整体上探索人类文明的演进规律和发展动力，在人类漫长的史学实践中时有所现，它们构成了当今重新审视世界或人类不可或缺的智识资源。[④] 郭小凌认为，全球历史观是一种借用历史哲学和历史学已有成果的新提法，而不是解释世界历史的新方法，更不是一种博大周密的理论体系。[⑤] 吴晓群认为，"全球化"或"全球史观"都是西方的命题，而非中性的概念，与其说"全球史观"的产生与发展是和人类社会的全球化进程密切相关，不如更为确切地说，它是为西方工业文明向全球拓展寻求理论支撑；"全球史观"之所以要强调"全球"，就是试图以西方文化的基本价值观为中心，以经济为手段，通过消除不同文化的差异性来实现全球文化的一致性。[⑥] 刘德斌归纳指出，十年来中国学界在全球史研究方面的成就显著，可以说中国学界正在使中国成为美国

---

① 程美宝：《全球化、全球史与中国史学》，《学术研究》2005 年第 1 期。
② 刘新成：《全球史观在中国》，《历史研究》2011 年第 6 期。
③ 刘新成：《全球史观与近代早期世界史编纂》，《世界历史》2006 年第 1 期。
④ 陈恒、洪庆明：《西方"世界历史"观念的源流与变迁》，《学术研究》2011 年第 4 期。
⑤ 郭小凌：《从全球史观及其影响所想到的》，《学术研究》2005 年第 1 期。
⑥ 吴晓群：《我们真的需要"全球史观"吗?》，《学术研究》2005 年第 1 期。

以外对全球史研究最为青睐的国家，中国学界译介了许多西方特别是美国学界全球史研究的经典著作和重要论文，使全球史研究迅速成为中国学术界与国际学术界交流和对话的一个窗口；但是，全球史研究的专著依然少见，全球史研究与全球化理论的探索并没有交融到一起，全球历史观更是展现出多重见仁见智的局面；无疑，全球史研究包括对全球史观的探索，依然徘徊在理想和现实之间。① 李世安认为，全球史观存在的问题，不是谁是中心的问题，而是如何看待非中心国家的作用和地位的问题；在研究欧美国家在资本主义发生、发展中的作用时，要批判欧洲在发展资本主义中对世界的剥削、掠夺和压迫，要肯定其他地区和国家对资本主义发展的贡献，例如资本主义的发展得益于其他文明的先进文化，而没有殖民地、半殖民地国家，资本主义的原始积累和世界市场就不可能形成，因此要承认欧洲是这一时期的中心，但不能唯"欧洲中心论"。②

在全球史与世界史的关系问题上，钱乘旦指出，在不同时期、不同地域，人们对"世界史"的理解是不同的，而 20 世纪 60 年代西方史学界又兴起一种更加不同的"世界史"，这种"世界史"的最大特点就是摆脱自兰克以来西方史学传统中占主导地位的民族国家史的纵向观察角度，提倡用横向视野来观察整个世界的历史发展，它注重地区、文明、国家之间的互动和联系，揭示遥远空间范围内各种事件之间的相互影响，在这个意义上，"世界史"和"全球史"基本上同义。③ 梁占军对全球史与世界史在研究对象、观察视角、研究方法以及治史观念上的异同进行了分析，认为全球史与世界史虽有联系但也有明显差异，二者不能等同视之，从学科发展的角度来看，可以把全球史界定为历史学门类下一个

---

① 刘德斌：《全球历史观：理想与现实之间的徘徊》，《史学集刊》2015 年第 5 期。
② 李世安：《全球化与全球史观》，《史学理论研究》2005 年第 1 期。
③ 钱乘旦：《"世界史"的理论、方法和内容》，《光明日报》2015 年 1 月 10 日，第 11 版。

正在形成中的新的学科分支。① 杨巨平认为，全球史的概念是人类活动范围逐渐扩大、世界日益成为一个整体的产物，第二次世界大战后经济全球化的到来推动了全球史研究的兴起，全球化进程和全球性问题成为新全球史学者关注的对象，但无论如何全球史仍然属于世界史的范畴，全球史观只是世界史研究的一种新的视角和方法而已。② 张文伟认为，从世界史到全球史的演变是人们对人类社会历史发展的认识不断深入的结果，也是史学研究不断扩展并克服自身发展危机的必然产物，全球史克服了世界史存在的弊端，为史学发展增添了新思维、新内容和新方法，全球史可以视为广义世界史的补充和重要组成部分。③ 另外，王立新对全球史和跨国史的概念进行了辨析，指出二者虽然都是在全球化的背景下兴起的，但二者出现的学术语境、关注对象和研究旨趣有很大不同，全球史是历史学家对经济全球化的反应，以跨地区和跨文化的全球性现象为研究对象，而跨国史起源于对以民族国家为中心的传统史学范式的不满，以历史的跨国现象为研究对象，这些跨国现象可能是全球性的，也可能不是全球性的，很多跨国现象并不在全球史关注的范畴，同时又无法放在民族国家框架内进行研究，在某种意义上，跨国史的研究范围实际上包含全球史。④

关于西方全球史中的跨文化互动研究，夏继果认为，作为研究方法的互动大致包括扩大研究单位的地理规模、关注研究单位之间的历史联系、研究那些本身就跨越边界的单位或主题三种类型，应当把互动研究与比较研究有机地结合起来，把被比较的单位放入各自的大背景中，注重它们与各自环境的互动，比较不同国家和地区对于同样背景的反应有

---

① 梁占军：《"全球史"与"世界史"异同刍议》，《首都师范大学学报》（社会科学版）2006 年第 3 期。

② 杨巨平：《"全球史"概念的历史演进》，《世界历史》2009 年第 5 期。

③ 张文伟：《从"世界史"到"全球史"的演变》，《上饶师范学院学报》2008 年第 2 期。

④ 王立新：《在国家之外发现历史：美国史研究的国际化与跨国史的兴起》，《历史研究》2014 年第 1 期。

何异同，比较同一主体传播到不同地区后与当地社会的具体结合及其影响。① 董正华认为，宏观的世界历史研究强调跳出地区和国家的藩篱，挖掘和书写跨地域、跨民族的文化和经济关联与互动，这样的研究成果可以称为严格意义上的全球史或"狭义的全球史"，但是，撰写这种狭义的或者严格意义上的全球史，如果不能充分占有一手资料，而是众口一词地"从月球上观察地球"，则很容易蜕变为某种千篇一律的新的"一般历史哲学"。②

在西方全球史学家研究方面，刘文明分析了美国著名全球史学家克罗斯比的研究实践，指出克罗斯比的《哥伦布交流：1492 年的生物和文化后果》《生态帝国主义：900~1900 年欧洲的生物扩张》《病菌、种子和动物：生态史的研究》等著作从全球视野与生态视角来理解欧洲的兴起及扩张，并试图构建一种具有普遍解释力的历史研究的"脚本"，这一"脚本"的基本内涵包括：将人当作一个生物体来理解；关注传染病对人类历史的影响；从全球生态系统来理解欧洲的扩张；借用地理学、生物学、生态学等其他学科的方法来研究历史，克罗斯比的研究具有开创性，其治史思路与方法值得借鉴。③ 刘文明还分析了麦克尼尔和克罗斯比等全球史学家对传染病的研究，指出其从疾病传播来理解人类文明变迁及欧洲扩张，为理解跨文化接触中的重大历史现象提供了一个新视角；麦克尼尔和克罗斯比的研究表明，在欧洲人向美洲扩张与移民过程中，传染病成了殖民者的"生物武器"，造成了印第安人口急剧下降和欧洲人对美洲的迅速征服，但我们要警惕这种历史解释中以疾病传播来掩盖武力征服的倾向。④ 刘耀辉指出，威廉·H. 麦克尼尔是世界史研究

① 夏继果：《全球史研究：互动、比较、建构》，《史学理论研究》2016 年第 3 期。
② 董正华：《论全球史的多层级结构》，《贵州社会科学》2011 年第 11 期。
③ 刘文明：《从全球视野与生态视角来考察历史——克罗斯比治史方法初探》，《史学理论研究》2011 年第 1 期。
④ 刘文明：《全球史视野中的传染病研究——以麦克尼尔和克罗斯比的研究为例》，《上海师范大学学报》（哲学社会科学版）2011 年第 1 期。

的有力倡导者之一，他关注超越民族和地域的问题，强调互动和交流的重要性，他不但编写世界史教程，也致力于宏观史学的著述，尽管麦克尼尔的观点发生过变化，不过他对历史研究的目标一如既往：从全球视角探究历史问题，强调世界的联系性和整体性。他的这些努力促进了世界史的复兴和发展。① 刘新成撰文介绍了唐纳德·怀特的全球史研究实践，怀特几乎每年都要给学生讲授全球史课程，已坚持近 30 年，他的全球史课程是学年课，以 1500 年为界分两个学期讲授，怀特的教学效果显著；全球史是包含大量个案研究在内的宏观研究与微观研究的有机结合，怀特在这方面的科研实践也颇为典型，他没有像麦克尼尔或斯塔夫里阿诺斯那样撰写通史，而是在全球视野下研究具体的问题，既深化对全球史的解释，又细化对全球史的描述。② 任东波撰文指出，斯塔夫里阿诺斯教授学术成就斐然，生前共出版了 18 部著作，其中《全球通史》给他带来世界性的学术声誉；《全球通史》的全球视角是一种对世界史编撰方法的继承和创新，既是对过去以帝国、上帝以及民族国家为中心的世界历史叙事的超越，也是对黑格尔、孔德、兰克等人所持的"欧洲中心论"的世界历史叙事的批判，斯塔夫里阿诺斯继承了伏尔泰、维科、杜尔阁、孔多塞、赫尔德、康德等先贤的宏观视野。③

近年来，中国学者在全球史实证研究方面颇有进展。探讨领域涉及明代白银货币化、晚清时期的中外关系史、古代丝绸之路、郑和下西洋、茶向西方的传播、宗教改革运动、全球史视野下的翻译史、土耳其革命与变革、英国经济社会史、英国咖啡贸易等内容。全球史理论方面的研究也一直在发展。其中，民族史与世界史的关系、中国特色世界史学科体系建设、全球史视野下的改革开放及其历史书写、全球史观下如何构

---

① 刘耀辉：《历史上的交流与互动：威廉·麦克尼尔的世界史理论与实践》，《人文杂志》2015 年第 7 期。

② 刘新成：《从怀特透视全球史》，《史学理论研究》2006 年第 3 期。

③ 任东波：《范例与超越：全球史观的实践和全球化时代的批判——评〈全球通史——从史前史到 21 世纪〉》，《北京大学学报》（哲学社会科学版）2007 年第 1 期。

建民族史学话语体系、西方全球史写作对中国世界史学的启示、全球史写作中的时空结构、什么是体育全球史、思想史的全球转向、东南亚史编撰中的全球史观、全球视野下的环境史、全球史研究的动物转向、大数据技术在全球史研究中的应用、全球史的史料问题等，均有学者探讨。

包括《史学理论研究》《世界历史》《历史研究》在内的众多学术期刊，都刊登了有关全球史的研究论文。国内第一份专门的全球史研究刊物则是首都师范大学全球史研究中心从 2008 年开始出版的《全球史评论》。《全球史评论》提倡开展跨文化、跨国家、长时段的历史现象的研究，探索全球视野中的文明互动与交往。其第一辑与第二辑的主题基本相同，分别为全球史的理论与方法、个案研究/专题研究、世界通史教学。① 从 2010 年第三辑开始，在前述分类基础上，专题研究开始细化。第三辑的专题研究包含中外文明互动、宗教传播和贸易往来。② 2011 年第四辑的主题除了综述、理论与方法之外，还有实证研究与环境史教学。③ 2012 年第五辑的主题是世界历史进程中多元文明的互动与共生。④ 2013 年第六辑的主题是大历史与全球史，收录了大历史理论与反思、小大历史研究、大历史教学方面的论文。⑤ 2014 年第七辑的主题是多维视野下的地方与全球。⑥ 2015 年 6 月第八辑的主题是民族国家弱化时代的历史学。⑦ 2015 年12 月第九辑的主题是地中海史。⑧ 2016 年 6 月第十辑的主题是新帝国史。⑨ 2016 年 12 月第 11 辑的主题是欧亚大陆的联系与交流。⑩ 另外，《全球史评论》还刊登了大量的评论、书评、会议等信息。

① 刘新成主编《全球史评论》第 1 辑，商务印书馆，2008；刘新成主编《全球史评论》第 2 辑，中国社会科学出版社，2009。
② 刘新成主编《全球史评论》第 3 辑，中国社会科学出版社，2010。
③ 刘新成主编《全球史评论》第 4 辑，中国社会科学出版社，2011。
④ 刘新成主编《全球史评论》第 5 辑，中国社会科学出版社，2012。
⑤ 刘新成主编《全球史评论》第 6 辑，中国社会科学出版社，2013。
⑥ 刘新成主编《全球史评论》第 7 辑，中国社会科学出版社，2014。
⑦ 刘新成主编《全球史评论》第 8 辑，中国社会科学出版社，2015。
⑧ 刘新成主编《全球史评论》第 9 辑，中国社会科学出版社，2015。
⑨ 刘新成主编《全球史评论》第 10 辑，中国社会科学出版社，2016。
⑩ 刘新成主编《全球史评论》第 11 辑，中国社会科学出版社，2016。

　　还有一些论文集或著作对全球史进行相关的阐述。例如，于沛主编的旨在探讨全球化和全球史理论的《全球化和全球史》、[①] 董欣洁的《巴勒克拉夫全球史研究》、[②] 张一平的《全球史导论》、[③] 蒋竹山的《当代史学研究的趋势、方法与实践：从新文化史到全球史》、[④] 清华国学院编辑的《全球史中的文化中国》、[⑤] 孙隆基的《新世界史》、[⑥] 刘新成主编的《全球史论集》、[⑦] 刘文明的《全球史理论与文明互动研究》、[⑧] 蒋竹山的《人参帝国：清代人参的生产、消费与医疗》、[⑨] 刘禾主编的《世界秩序与文明等级：全球史研究的新路径》，[⑩] 等等。

　　科研机构和各大高校纷纷以全球史为主题或重点组织学术会议。通过中国社会科学院历史研究所、近代史研究所、世界历史研究所联合成立的全国历史学规划小组史学理论分组的积极筹划和组织，全国史学理论研讨会从 20 世纪 80 年代中期开始举办。2000 年以来，全国史学理论研讨会对全球史的重视日益明显。2006 年 11 月在浙江杭州举行的第 13 届会议主题就是中外马克思主义史学思想研究、全球化和全球史。在此后的历届会议上，全球史都是研究者关注的热点问题之一。另外，包括首都师范大学全球史研究中心、北京外国语大学全球史研究院、山东大学全球史与跨国史研究院等专业性机构在内的各大高校，组织了多次关于全球史的工作坊、论坛、讲座，并邀请西方的全球史研究者来华交流。例如，美国全球史学家杰里·本特利曾经担任首都师范大学《全球史评

① 于沛主编《全球化和全球史》，社会科学文献出版社，2007。
② 董欣洁：《巴勒克拉夫全球史研究》，中国社会科学出版社，2017。
③ 张一平：《全球史导论》，人民出版社，2012。
④ 蒋竹山：《当代史学研究的趋势、方法与实践：从新文化史到全球史》，五南图书出版股份有限公司，2012。
⑤ 清华国学院编《全球史中的文化中国》，北京大学出版社，2014。
⑥ 孙隆基：《新世界史》第 1 卷，中信出版社，2015。
⑦ 刘新成主编《全球史论集》，中国社会科学出版社，2015。
⑧ 刘文明：《全球史理论与文明互动研究》，中国社会科学出版社，2015。
⑨ 蒋竹山：《人参帝国：清代人参的生产、消费与医疗》，浙江大学出版社，2015。
⑩ 刘禾主编《世界秩序与文明等级：全球史研究的新路径》，生活·读书·新知三联书店，2016。

论》的学术顾问。再如，获得"国际历史学会—积家历史学奖"的法国全球史学家格鲁津斯基，被山东大学全球史与跨国史研究院聘请为名誉院长。

中外史学界有关全球史的学术交流愈来愈频繁。此处仅以翻译一项为例。近年来，多种全球史的论著都得以译为中文出版。在通史类著作方面，包括菲利普·费尔南德兹-阿迈斯托编著的《世界：一部历史》、① 威廉·H. 麦克尼尔和约翰·R. 麦克尼尔的《人类之网：鸟瞰世界历史》、② 坎迪斯·古切尔和琳达·沃尔顿的《全球文明史——人类自古至今的历程》、③ 安东尼·N. 彭纳的《人类的足迹：一部地球环境的历史》、④ J. 唐纳德·休斯的《世界环境史：人类在地球生命中的角色转变》、⑤ 威廉·H. 麦克尼尔的《世界史：从史前到21世纪全球文明的互动》、⑥ 威廉·H. 麦克尼尔的《西方的兴起：人类共同体史》、⑦ 杰里·本特利和赫伯特·齐格勒的《新全球史：文明的传承与交流》、⑧ 埃里克·范豪特的《世界史导论》、⑨ 伊恩·莫里斯的《人类的演变：采集者、农夫与大

① 〔美〕菲利普·费尔南德兹-阿迈斯托编著《世界：一部历史》第2版，叶建军等译，钱乘旦审读，北京大学出版社，2010。
② 〔美〕约翰·R. 麦克尼尔、〔美〕威廉·H. 麦克尼尔：《人类之网：鸟瞰世界历史》，王晋新、宋保军等译，北京大学出版社，2011。2017年3月，北京大学出版社推出了新版，书名变更为《麦克尼尔全球史：从史前到21世纪的人类网络》。
③ 〔美〕坎迪斯·古切尔、〔美〕琳达·沃尔顿：《全球文明史——人类自古至今的历程》，陈恒等译，格致出版社、上海人民出版社，2013。
④ 〔美〕安东尼·N. 彭纳：《人类的足迹：一部地球环境的历史》，张新、王兆润译，电子工业出版社，2013。
⑤ 〔美〕J. 唐纳德·休斯：《世界环境史：人类在地球生命中的角色转变》，赵长凤等译，电子工业出版社，2014。
⑥ 〔美〕威廉·麦克尼尔：《世界史：从史前到21世纪全球文明的互动》，施诚、赵婧译，中信出版社，2013。
⑦ 〔美〕威廉·麦克尼尔：《西方的兴起：人类共同体史》，孙岳等译，郭方、李永斌译校，中信出版社，2015。
⑧ 〔美〕杰里·本特利、〔美〕赫伯特·齐格勒：《新全球史：文明的传承与交流（公元1000年之前）》第5版，魏凤莲译，北京大学出版社，2014。
⑨ 〔比〕埃里克·范豪特：《世界史导论》，沈贤元译，新华出版社，2015。

工业时代》，① 等等。在专题类研究方面，包括约翰·麦克尼尔的《阳光
下的新事物：20 世纪世界环境史》、② 尼克·雅普的《照片里的 20 世纪
全球史》、③ 尤金·N. 安德森的《中国食物》、④ 威廉·H. 麦克尼尔的
《瘟疫与人》、⑤ 卜正民的《维梅尔的帽子——从一幅画看全球化贸易的
兴起》、⑥ 艾尔弗雷德·W. 克罗斯比的《哥伦布大交换——1492 年以后
的生物影响和文化冲击》、⑦ 米歇尔·波德的《资本主义的历史——从
1500 年至 2010 年》、⑧ 菲利普·费尔南多-阿梅斯托（即上文提到的菲利
普·费尔南德兹-阿迈斯托）的《1492：世界的开端》、⑨ 艾伦·麦克法
兰的《现代世界的诞生》、⑩ C. A. 贝利的《现代世界的诞生：1780—
1914》、⑪ 丽莎·A. 琳赛的《海上囚徒：奴隶贸易四百年》、⑫ 钦努阿·
阿契贝的《非洲的污名》、⑬ 大卫·阿米蒂奇的《独立宣言：一种全球
史》、⑭ 珍妮特·L. 阿布-卢格霍德的《欧洲霸权之前：1250—1350 年的

---

① 〔美〕伊恩·莫里斯：《人类的演变：采集者、农夫与大工业时代》，马睿译，中信出版社，2016。
② 〔美〕J. R. 麦克尼尔：《阳光下的新事物：20 世纪世界环境史》，韩莉、韩晓雯译，商务印书馆，2013。
③ 〔英〕尼克·雅普：《照片里的 20 世纪全球史》，赵思婷等译，海峡书局，2015。
④ 〔美〕尤金·N. 安德森：《中国食物》，马孆、刘东译，刘东审校，江苏人民出版社，2003。
⑤ 〔美〕威廉·H. 麦克尼尔：《瘟疫与人》，余新忠、毕会成译，中国环境科学出版社，2010。
⑥ 〔加〕卜正民：《维梅尔的帽子——从一幅画看全球化贸易的兴起》，刘彬译，文汇出版社，2010。
⑦ 〔美〕艾尔弗雷德·W. 克罗斯比：《哥伦布大交换——1492 年以后的生物影响和文化冲击》，郑明萱译，中国环境科学出版社，2010。
⑧ 〔法〕米歇尔·波德：《资本主义的历史——从 1500 年至 2010 年》，郑方磊、任轶译，上海辞书出版社，2011。
⑨ 〔英〕菲利普·费尔南多-阿梅斯托：《1492：世界的开端》，赵俊、李明英译，东方出版中心，2013。
⑩ 〔英〕艾伦·麦克法兰主讲《现代世界的诞生》，刘北成评议，上海人民出版社，2013。
⑪ 〔英〕C. A. 贝利：《现代世界的诞生：1780—1914》，于展、何美兰译，商务印书馆，2013。
⑫ 〔美〕丽莎·A. 琳赛：《海上囚徒：奴隶贸易四百年》，杨志译，中国人民大学出版社，2014。
⑬ 〔尼日利亚〕钦努阿·阿契贝：《非洲的污名》，张春美译，南海出版公司，2014。
⑭ 〔美〕大卫·阿米蒂奇：《独立宣言：一种全球史》，孙岳译，商务印书馆，2014。

世界体系》、① 西敏司的《饮食人类学：漫话餐桌上的权力和影响力》、②
查尔斯·曼恩的《1491：前哥伦布时代美洲启示录》、③ 康灿雄的《西方
之前的东亚：朝贡贸易五百年》、④ 彼得·弗兰科潘的《丝绸之路：一部
全新的世界史》、⑤ 布尔努瓦的《丝绸之路》、⑥ 艾约博的《以竹为生：
一个四川手工造纸村的 20 世纪社会史》、⑦ 大卫·霍克尼和马丁·盖福
德的《图画史——从洞穴石壁到电脑屏幕》,⑧ 等等。另外，商务印书馆
在 2015~2016 年将劳特利奇出版社出版的世界历史专题研究（Themes in
World History）系列丛书中的多本著作译为中文出版，包括《世界历史
上的移民》《世界历史上的食物》《世界历史上的革命》《世界历史上的
科学》《世界历史上的农业》《世界历史上的性别》《世界历史上的宗
教》《世界历史上的人权》《世界历史上的贫困》《世界历史上的消费主
义》《世界历史上的西方文明》《世界历史上的疾病与医学》《世界历史
上的前近代旅行》等作品。

第三节　本书的研究宗旨

在总体上，上述国内外学者对西方全球史的认识与分析，是进一步
定位西方全球史学的重要参照。从史学理论及史学史角度来看，目前国

---

① 〔美〕珍妮特·L. 阿布-卢格霍德：《欧洲霸权之前：1250—1350 年的世界体系》，杜宪兵
　　等译，商务印书馆，2015。
② 〔美〕西敏司：《饮食人类学：漫话餐桌上的权力和影响力》，林为正译，电子工业出版社，
　　2015。
③ 〔美〕查尔斯·曼恩：《1491：前哥伦布时代美洲启示录》，胡亦南译，中信出版社，2016。
④ 〔美〕康灿雄：《西方之前的东亚：朝贡贸易五百年》，陈昌煦译，社会科学文献出版社，
　　2016。
⑤ 〔英〕彼得·弗兰科潘：《丝绸之路：一部全新的世界史》，邵旭东、孙芳译，徐文堪审校，
　　浙江大学出版社，2016。
⑥ 〔法〕布尔努瓦：《丝绸之路》，耿昇译，中国藏学出版社，2016。
⑦ 〔德〕艾约博：《以竹为生：一个四川手工造纸村的 20 世纪社会史》，韩巍译，吴秀杰校，
　　江苏人民出版社，2016。
⑧ 〔英〕大卫·霍克尼、〔英〕马丁·盖福德：《图画史——从洞穴石壁到电脑屏幕》，万木
　　春等译，浙江人民美术出版社，2017。

内外学术界对西方全球史的总结和反思性研究还需要更加充分地展开，需要进一步的细节性的、系统的研究。本书的研究宗旨是努力对西方全球史进行科学的考察、归纳与理论分析，进而把握当代西方世界史研究和编撰的总体特点，为我们自身的世界史研究和建设提供成果支持。

　　从中西方的全球史发展状况来看，也可以说，中西方的世界史研究实际上面临着同样的问题。世界史或全球史研究和编撰的核心难题在于，如何克服"欧洲中心论"的局限，在"世界"或"全球"的广泛的时空框架内构建一个能够充分说明人类历史发展、演变及其性质的系统、科学的阐释体系。近年来在欧美国家不断发展的"大历史"研究，是一种把人类历史纳入宇宙自然史的范围并尽可能在最大范围内考察人类历史的研究取向，[①] 同样不能回避这一核心问题。

　　全球史的发展表明西方世界史研究的包容性不断扩大，在此过程中，西方对自身的界定更加明确，对自身历史的阐述与认同更加清晰，同时也显露出其自身的问题，即如何把握历史叙述内在的平衡，怎样对发生交往的各方主体的历史作用做出准确的判断。全球史研究能够为我们解释和反思人类历史提供一种可能的路径。在这个意义上，西方全球史在挑战西方传统历史学的同时，无疑为中国的世界史研究提供了积极的参照和借鉴。

　　目前，国际史坛上有影响的全球史著作主要是欧美史学家的作品，我们所面临的一个实际问题，就是如何科学地分析、借鉴西方全球史的研究成果。事实上，对半个多世纪以来西方全球史的发展进行必要的归纳与分析，有助于我们在构建自身世界史研究体系的过程中更好地吸收西方当代史学发展的有益营养，同时也更加清醒地观照世界与自身。笔者认为，把西方全球史放在深远的经济全球化进程和当代纷繁复杂的国际政治现实中进行研究，可以避免在狭隘的范围内就全球史本身进

---

① 〔美〕大卫·克里斯蒂安：《时间地图：大历史导论》，晏可佳等译，上海社会科学院出版社，2007，"序"，"导论"。

行抽象的"纯学术"的探究，这对真正理解和把握西方全球史具有直接的意义。

从事外国史学理论研究，是为了加强当代中国史学理论自身的建设，应当带着强烈的时代意识和问题意识去进行，而不是为了研究而研究，更不是食洋不化，用西方的史学理论"改造"中国的史学。所以，对西方全球史的研究不能一味地使用西方史学的理论、原则和方法，而应当从我们自身深厚的历史经验和通史编撰实践出发，切实坚持马克思"世界历史"理论的指导，吸收西方全球史中的有益成果，为构建有民族特色的中国世界史研究理论体系服务。

围绕这一核心目标，并且鉴于西方全球史的著述宏富，本书对西方全球史中最具特色的历史分期研究、文明研究、帝国主义研究、方法论研究、全球史学史研究等内容进行了归纳与剖析，从而探讨了什么是全球史及其兴起与发展、特点与局限、对我们中国的世界史研究有哪些学术借鉴价值等问题，以便能够科学认识、把握西方全球史并给予其合理的历史定位。在当今的经济全球化时代，从马克思"世界历史"理论出发，借鉴吸收前述中西方世界史研究与编撰的理论、方法论成果，笔者认为，可以考虑构建一种双主线、多支线的中国世界史编撰线索体系，以便更加深入地从历史发展动力的角度来探讨世界历史的纵向发展与横向发展的关系。

第三章　西方全球史中的历史分期研究

　　历史分期是历史编撰的核心理论问题之一。人们对历史分期问题的关注因为对世界历史的兴趣而日益增长。[①]　在构建世界历史体系的过程中，"历史分期是为古往今来的历史进程，确定什么构成主要延续和什么构成主要变化定义标准"。[②]　如前所述，从 20 世纪中期杰弗里·巴勒克拉夫首倡全球史观以来，西方全球史在实践中表现出两种路数：一是宏观性的通史类全球史研究，二是全球视野下的微观性个案研究。西方通史类全球史著作对历史分期这一问题均给予了相当程度的关注。对比而言，正如有学者指出，西方传统世界史把欧洲历史看作人类文明发展的经典阶段，并以欧洲历史为范型来划分世界历史的阶段性，而一些新的全球史著作尝试以全球各文明发展的总形势的概括为依据来划分历史阶段。[③]　此处将选取一些西方学者的通史类全球史著作，对其历史分期问题进行考察和分析。梳理西方全球史编撰中的历史分期，有助于我们更加深入地理解西方全球史研究的特点，深化对其研究框架的基本认识，进而更加深刻地把握世界历史的内在发展。

　　从时间上来看，威廉·H. 麦克尼尔的《西方的兴起：人类共同体史》出版于 1963 年、《世界史》出版于 1967 年。L. S. 斯塔夫里阿诺斯的《全

[①]　Jerry H. Bentley, "Cross-Cultural Interaction and Periodization in World History", *The American Historical Review*, Vol. 101, No. 3, 1996, pp. 749-770.

[②]　〔英〕巴里·布赞、〔英〕理查德·利特尔:《世界历史中的国际体系——国际关系研究的再构建》，刘德斌主译，高等教育出版社，2004，第 341 页。

[③]　何平:《全球史对世界史编纂理论和方法的发展》，《史学理论研究》2006 年第 4 期。

球通史》（两卷本）出版于 1970 年和 1971 年。杰弗里·巴勒克拉夫主编的《泰晤士世界历史地图集》出版于 1978 年。20 世纪 90 年代，皮特·N. 斯特恩斯等人的《全球文明史》出版。2000 年，杰里·本特利与赫伯特·齐格勒的《新全球史：文明的传承与交流》出版。笔者拟对巴勒克拉夫、麦克尼尔、斯塔夫里阿诺斯、斯特恩斯、本特利等学者在通史编撰实践中对历史分期问题的研究进行较为系统的考察和梳理，指出其学术价值与局限。从其著作对世界历史的分期可以看出，20 世纪中期以来，与西方传统世界史研究相比，上述学者对人类历史整体及阶段发展的理解和认识更加科学，对世界史编撰中根深蒂固的"欧洲中心论"传统做出了一定程度的突破，但仍未能完全摆脱其束缚。目前，西方通史类全球史对各文明社会内部发展的考察特别是在发展动力方面的研究暴露出明显的不足，这已经成为西方通史类全球史进一步发展的瓶颈。

第一节　西方全球史中的历史分期

有学者归纳指出，西方传统的世界史叙述认为，人类历史肇始于古希腊，在中世纪早期的欧洲农业革命中得以发展，之后一直延伸到千年之交意大利主导的商业崛起；这一过程继续发展，直到中世纪鼎盛之时欧洲在文艺复兴中重新发现了完美的希腊思想，当时伴随着科学革命、启蒙运动和民主精神的兴起，从而将欧洲推向工业化和近代资本主义；西方常常被描绘成主流文明，尽管东方社会有时也被提及，但显然被置于主流历史之外；在这一叙述中，西方从一开始就是优越的，其胜利和崛起的历史是在撇开东方或"非西方"的情况下叙述的，因此，资本主义（以及全球化）的起源与西方的崛起合二为一，对近代资本主义和文明兴起的描述就是西方历史。① 欧美学界涌现了众多以西方文明为主体、

---

① 〔英〕约翰·霍布森：《西方文明的东方起源》，孙建党译，于向东、王琛校，山东画报出版社，2009，第 10 页。

带有浓厚"欧洲中心论"色彩的世界史著作。① 例如，威廉·斯温顿（William Swinton）于 1874 年出版了《世界史纲要》一书，他认为，"我们完全有权利说雅利安人是'进步'的特殊种族，大部分世界历史必须叙述雅利安人各国家对共同文明所做的贡献"，他这部《世界史纲要》的索引都没有列出印度和中国。② 在西方国家的历史学教学实践中，欧美的历史占据绝对中心地位。例如，1910 年美国大学的历史学课程中 45% 是欧洲史，37% 是美国史，只有 2% 是关于世界其他地区和国家的历史。③

历史分期是史学家对世界历史总体观点的直接及突出反映。在"欧洲中心论"的影响下，西方传统史学在历史分期的问题上沿用的是"古代—中世纪—近代"的分期方法，或者是其变种"地中海时代—欧洲时代—大西洋时代"的分期方法。"古代—中世纪—近代"这种三分法，最早是 18 世纪前德国学者凯勒尔（Christopher Cellarius）在其《古代、中世纪和新时期世界通史》一书中提出的。④ 18 世纪以来，这种三阶段分期法在西方史学界的世界史编撰中被普遍采用，受到很多西方学者的青睐。⑤

巴勒克拉夫、麦克尼尔、斯塔夫里阿诺斯、斯特恩斯、本特利等全球史学者在对世界历史进行分期时，较为普遍地抛弃了以欧洲历史为参照的做法。全球史实际上没有把民族国家预设为学术研究的基本单位，⑥

---

① K. M. Panikkar, *Asia and Western Dominance*, London: George Allen & Unwin Ltd., 1953; David S. Landes, *The Unbound Prometheus*, Cambridge: Cambridge University Press, 1969; Joseph R. Strayer, Hans W. Gatzke and E. Harris Harbison, *The Mainstream of Civilization*, New York: Harcourt Brace Jovanovich, 1974; John M. Roberts, *The Triumph of the West*, Boston: Little Brown, 1985.

② Gilbert Allardyce, "Toward World History: American Historians and the Coming of the World History Course", *Journal of World History*, Vol. 1, No. 1, 1990, pp. 23-76.

③ Peter N. Stearns, *Western Civilization in World History*, New York and London: Routledge, 2003, pp. 10-11.

④ 张广智、张广勇：《史学：文化中的文化——西方史学文化的历程》，第 29 页。

⑤ William A. Green, "Periodization in European and World History", *Journal of World History*, Vol. 3, No. 1, 1992, pp. 13-53.

⑥ Dominic Sachsenmaier, "Global History: Challenges and Constraints", in Donald A. Yerxa, ed., *Recent Themes in World History and the History of the West*, Columbia, South Carolina: The University of South Carolina Press, 2009, p. 55.

而是往往从文明角度出发，试图对各文明自身发展及其交流互动进行比较分析，努力把各个地区的人类经历整合到一个具有内在联系的体系中去，从而在"全球"的时空范围内展现世界历史进程的整体画卷。

麦克尼尔在《西方的兴起：人类共同体史》中把人类文明发生后的历史分为三个阶段：

第一阶段，中东统治时代，大约公元前 1700~前 500 年；

第二阶段，欧亚文化均势时代，公元前 500~1500 年；

第三阶段，西方统治时代，公元 1500 年至今。

至于"西方的兴起"这样一个敏感的题目，麦克尼尔认为，西方的兴起只是在人类漫长文明史进程中经历了各文明的交替兴衰之后，在近五百年才出现的一个时段的历史现象。对于公元 1500 年至今的历史，麦克尼尔认为，欧洲在新航路开辟之后逐渐改变了原本平衡的世界格局，大约从 1850 年开始西方向全世界急剧扩张。由中国、印度、希腊和中东四个主要文明中心构成的欧亚大陆生存圈是麦克尼尔关注的中心，他认为，在各主要文明力量的对比中，欧洲的地位经历了从最初的弱势、中期的均势到后期优势的变化过程。

麦克尼尔的历史分期在他的《世界史》一书中阐述得更为具体。《世界史》一书包括四个阶段共 30 章。四个阶段分别是：

第一阶段，世界主要古老文明的形成及概况，远古~公元前 500 年；

第二阶段，各文明的平衡发展，公元前 500~1500 年；

第三阶段，西方主宰世界，1500~1789 年；

第四阶段，走向全球大一体，1789 年至今。

斯塔夫里阿诺斯在《全球通史》早期版本的上下两册中虽然以 1500 年为界，把从文明之前的人类到 20 世纪 70 年代的历史分为两大部分，但实际上可分为七个阶段：

第一阶段，文明之前的人类；

第二阶段，欧亚大陆的古代文明，公元前 3500~前 1000 年；

第三阶段，欧亚大陆的古典文明，公元前 1000~500 年；

第四阶段，欧亚大陆中世纪的文明，公元 500~1500 年；

第五阶段，新兴西方的世界，1500~1763 年；

第六阶段，西方据优势地位时的世界，1763~1914 年；

第七阶段，1914 年以来西方衰落和成功的世界。

《全球通史》出版后曾多次再版，1999 年的第七版将时间范围扩展到 20 世纪 90 年代末期，作者把全书的副标题改为"从史前史到 21 世纪"，以便强调全书的整体性，但其历史分期没有变化。斯塔夫里阿诺斯在《全球通史》中没有提出统一的分期标准以衡量世界不同地区的发展状况。他指出，在今天这个世界上，传统的西方导向的历史观是落后于时代潮流并有误导性的，新世界需要新史学；20 世纪 60 年代的后殖民世界使一种新的全球历史成为必需，今天，20 世纪 90 年代以及 21 世纪的世界同样要求我们有新的史学方法。[1]

巴勒克拉夫在其主编的《泰晤士世界历史地图集》中把公元前 9000 年至 1975 年的人类历史划分为七个阶段：

第一阶段，早期人类的世界，公元前约 9000~前约 4000 年；

第二阶段，最初的文明，公元前约 4000 年代中期至前 1000 年

---

[1] 〔美〕斯塔夫里阿诺斯：《全球通史：从史前史到 21 世纪》第 7 版上册，董书慧等译，北京大学出版社，2005，"致读者：为什么需要一部 21 世纪的全球通史？"，第 17~18 页。

左右；

第三阶段，欧亚的古典文明，公元前 1000~500 年；

第四阶段，划分为地区的世界，公元 500 年左右至 1500 年前后；

第五阶段，新兴的西方世界，1500~1815 年；

第六阶段，欧洲统治时代，1815~1914 年；

第七阶段，全球文明时代，19 世纪末 20 世纪初至今。

他还指出，"今天我们显然处在欧洲时代之后的时代"。[1] 他认为第六个阶段也就是"欧洲统治时代"的终结可以看作在 1914 年。1914 年爆发于欧洲的第一次世界大战到 1917 年演变为世界战争，这标志着从"欧洲统治时代"到全球政治时期的过渡。[2] 不过，巴勒克拉夫又指出，"欧洲统治时代"虽然终结，"全球文明时代"从何时开始是一个有争论的问题。他倾向于把 1870~1914 年"世界经济的形成"看作"全球文明时代"形成的基础。[3]

皮特·N. 斯特恩斯等人在《全球文明史》中把世界历史分为六个阶段：

第一阶段，文明的起源，大约公元前 9000~前 1000 年；

第二阶段，世界历史的古典时代，公元前 1000 年至 5 世纪；

第三阶段，后古典时代，450~1450 年；

第四阶段，缩小的世界，1450~1750 年；

第五阶段，工业化与西方的全球霸权，1750~1914 年；

第六阶段，20 世纪的世界历史。

---

[1] Geoffrey Barraclough, ed., *The Times Atlas of World History*, New Jersey: Hammond, 1989, p. 254.

[2] Geoffrey Barraclough, ed., *The Times Atlas of World History*, p. 252.

[3] Geoffrey Barraclough, ed., *The Times Atlas of World History*, pp. 254-256.

　　《全球文明史》的作者明确提出了进行历史分期的三个基本要素：主要文明区域的地缘变动、跨文明接触（对早期文明来说就是跨地域接触）密度和范围的增加，以及主要文明中绝大多数（如果不是全部）的新的大致平行的发展。①

　　杰里·本特利、赫伯特·齐格勒在《新全球史：文明的传承与交流》中把人类历史划分为七个阶段：

　　　　第一阶段，早期复杂社会，公元前 3500~前 500 年；

　　　　第二阶段，古典社会组织，公元前 500~500 年；

　　　　第三阶段，后古典时代，500~1000 年；

　　　　第四阶段，跨文化交流的时代，1000~1500 年；

　　　　第五阶段，全球一体化的缘起，1500~1800 年；

　　　　第六阶段，革命、工业和帝国时代，1750~1914 年；

　　　　第七阶段，现代全球重组，1914 年至今。

　　杰里·本特利、赫伯特·齐格勒认为，七个时代并没有反映出单个社会的独特经历，而是更多地反映了在多种文化交流中所有社会的共同经历；这七个时代与把不同时期、不同社会组织中的人们联系在一起的交通、运输和贸易网络形式有着紧密的关系，甚至在古代，这些网络就支撑着人们之间的交流，影响了世界各地人类的生活经历，随着交通运输技术的有效发展，人们之间的交流更加频繁、密集和系统化；以七个时代为框架研究世界各民族，可以充分比较不同的社会组织，也会看到多种文化交流在各个社会组织的历史和世界整体历史发展的过程中所起到的作用。②《新全球史：文明的传承与交流》从始至终关注两个共生的

---

① 〔美〕皮特·N. 斯特恩斯等：《全球文明史》第 3 版上册，赵轶峰等译，中华书局，2006，"前言"，第 2 页。

② 〔美〕杰里·本特利、〔美〕赫伯特·齐格勒：《新全球史：文明的传承与交流》上册，魏凤莲等译，北京大学出版社，2007，"前言"，第 11 页。

主题——"传统"和"交流",认为这两个主题集中反映了人类发展的最重要的特征,它们可以对人类社会历史发展的原因做出解释。①

上述几部著作反映出 20 世纪中期以来西方通史类全球史编撰发展的学术脉络。麦克尼尔的《西方的兴起:人类共同体史》与奥斯瓦尔德·斯宾格勒(Oswald Spengler)的《西方的没落》和阿诺德·汤因比(Arnold Toynbee)的《历史研究》显然有着某种传承关系。② 而巴勒克拉夫在《泰晤士世界历史地图集》的"前言"中则明确指出,"这册地图集的原方案是笔者于 1973 年制订的,本人有幸能同 L. S. 斯塔夫里亚诺斯,并同 A. J. 托因比(在他去世前)讨论过此方案。我感谢这两位所作的批评指教和鼓励"。③ 再如,《新全球史:文明的传承与交流》的作者在该书"前言"中指出,仅仅从西欧、美国、日本或者其他某个社会出发,是不可能理解当代世界的,同样,仅仅从某个社会的历史经验出发也是不可能理解世界历史的;以全球史观透视历史,要求尊重世界上所有民族——而不是一个或少数几个民族——的历史经验,考察每一个民族为人类所做的贡献;全球史观要求超越对某个社会的研究,而考察更广大的地区,考察各大洲的、各半球的,乃至全世界的背景;全球史观还要考察那些对不同社会中人们之间交流有促进作用的网络和结构;最后,全球史观要求关注各地区、各民族和社会之间的互动交流所带来的长期影响和结果,以全球史观来研究世界历史,旨在寻找一种理解过去历史的方法,为当代世界提供一个意义深远的背景。④ 这种观点无疑是对巴勒克拉夫所指出的"今日世界的迫切需要之一就是关于现代历史进程的新视野,在世界事务的新形势中,以西欧为中心的历史和几乎排外性的

---

① 〔美〕杰里·本特利、〔美〕赫伯特·齐格勒:《新全球史:文明的传承与交流》上册,"前言",第 10 页。

② 郭方:《评麦克尼尔的〈西方的兴起〉及全球史研究》,载刘新成主编《全球史评论》第 1 辑,第 64 页。

③ 〔英〕杰弗里·巴勒克拉夫主编《泰晤士世界历史地图集》,"前言",第 14 页。

④ 〔美〕杰里·本特利、〔美〕赫伯特·齐格勒:《新全球史:文明的传承与交流》上册,"前言",第 9~10 页。

从西欧的观点出发所做的解释，很难回答人们遇到的问题。历史学家被一种不确定的感觉困扰，觉得自己站在一个新时代的开端，从前的经验无法提供确切的指导。西方史学必须'重新定向'"① 和 "世界上各个地区的民族和文明在被考察时都拥有平等的地位和平等的权利主张，任何一个民族和文明的经历都不应被漠视为边缘的或无关紧要的"② 等观点的继承和发展。又如，巴勒克拉夫主张建立一个表明每种文明中并行发展阶段的时间表，进而确定哪些事件是"当代的"；两个历史事实在它们各自的文化中发生在同样相对的位置上，因而具有相等的重要性，只有建立这种时间表，才能在此基础上寻找影响文明发展节奏的原因。③而《全球文明史》的作者皮特·N. 斯特恩斯等人提出的历史分期三要素之一即主要文明中绝大多数的新的大致平行的发展，两者之间也存在着可以相互印证之处。

　　在上述通史类全球史著作中，都暗含着源自年鉴学派的长时段理论。他们都是从文明的角度研究世界历史，在对欧亚大陆的文明予以充分关注的同时，努力扩展对其他地区文明的认识和理解。在历史分期的问题上，上述通史类全球史著作展现了其作者在历史研究中的全球性视野，即努力从全球的、整体的而非区域的、局部的研究视角出发，对人类历史发展进行整体和宏观的把握。这种从全球视野出发的历史分期还表明其作者在全球史编撰实践中的价值取向，即努力将那些以往被忽视甚至被忽略的文明纳入考察视野，追求中立的价值判断。同时，这也在实践上使得对文明或跨区域及跨文明的历史事件进行综合性比较成为通史类全球史研究中的一种必然。例如，皮特·N. 斯特恩斯等人认为，世界历史的大量内容可以通过主要文明的突出特点比如正式的政府、家庭结构和艺术的仔细比较来组织，文明之间的共同性帮助人们把握世界历史的复杂性并且凸显出主要社会之间存在的关键差别，比较提供给人们一种

①　Geoffrey Barraclough, *History in a Changing World*, pp. 1–10.

②　Geoffrey Barraclough, *Main Trends in History*, p. 100.

③　Geoffrey Barraclough, *History in a Changing World*, pp. 232–234.

把不同文明的历史性发展联系起来的方法，并能够确认应该加以记忆和解释的关键性模式。[①]

第二节　西方全球史中历史分期的问题

在从宏观角度阐述世界历史进程时，上述学者摒弃了带有明显"欧洲中心论"色彩的"古代—中世纪—近代"或者其变种"地中海时代—欧洲时代—大西洋时代"的分期方法（斯塔夫里阿诺斯在其第四阶段500~1500年采用了"欧亚大陆中世纪的文明"的说法，同时以相当篇幅考察了"1500年以前的非欧亚大陆世界"及"1500年以前各孤立地区的世界"）。具体来看，麦克尼尔划分为四个阶段，斯塔夫里阿诺斯、巴勒克拉夫和本特利及齐格勒划分为七个阶段，斯特恩斯等人划分为六个阶段。公元前1000年、公元前500年、500年、1500年和1914年被这些学者较为普遍地视为世界历史的分期界限。斯特恩斯等人的《全球文明史》没有选用500年和1500年，而是选取了450年和1450年，这实际上是更加强调了其时代背景。另外，上述学者对"西方优势"的理解和认识存在差异，这从其对1500年之后历史分期的时间界限上即可看出。

在持"欧洲中心论"者所描绘的世界历史画卷中，1500年前，世界陷于停滞，分裂为各个孤立的、落后的区域文明；只有随着欧洲文明的崛起，各地区之间交流的障碍才被打破，全球化时代才得以展开。巴勒克拉夫、麦克尼尔、斯塔夫里阿诺斯、斯特恩斯、本特利等学者的研究则表明，实际情况并非如此，1500年之前世界各主要文明之间存在着交流。例如，麦克尼尔指出，500年左右，几乎世界范围内各地区之间的联系都已经建立。[②] 斯塔夫里阿诺斯指出，在500年之前，欧亚大陆上的

①　〔美〕皮特·N.斯特恩斯等：《全球文明史》第3版上册，"导论"，第3页。

②　William H. McNeill, *The Rise of the West: A History of the Human Community, With a Retrospective Essay*, p. 460.

所有地域都在平等地进行着交流，所有地域的文明都对人类文明做出了自己独特的贡献，至今仍对人类社会产生影响。① 本特利则认为，即使在遥远的上古时代，世界上不同的民族就已经通过文化交流互相影响了。②

　　总体来看，通史类全球史与西方传统世界史最大的差异存在于对1500 年之后世界历史发展的理解之中，也就是对"欧洲统治时代""西方主宰世界""西方据优势地位时的世界"或者"革命、工业和帝国时代""工业化与西方的全球霸权"的认识问题上。这一分歧表明，巴勒克拉夫、麦克尼尔、斯塔夫里阿诺斯、斯特恩斯、本特利等学者对所谓西方优势和1500 年之后五个世纪里世界历史的演变具有更加清醒的认识。例如，斯塔夫里阿诺斯把"西方据优势地位时的世界"界定为1763～1914 年，他认为1763 年时欧洲仅在非洲和亚洲有一些沿海据点，还远远不是世界的主人，但到1914 年时，欧洲诸强国已并吞几乎整个非洲，并有效地实施了对亚洲的控制；欧洲之所以能进行这种前所未有的扩张，是因为其现代化进程一直在继续和加速。③ 巴勒克拉夫把"欧洲统治时代"界定为1815～1914 年。他认为从1500 年到1815 年是世界史上的一个过渡时期，尽管新因素脱颖而出，欧洲社会基本上仍旧是领主和农奴的农业社会；18 世纪后半期，欧洲同美洲和亚洲的贸易关系正在对欧洲本身的繁荣做出重要贡献，从19 世纪开始，欧洲由于本身工业化力量的推动在世界崛起；这一过程也就是"欧洲统治时代"一直持续到1914 年。④ 这里，巴勒克拉夫强调了两个问题，其一是欧洲和世界其他地区的力量对比发生转变是在19 世纪初期；其二是欧洲由于工业化力量的推动而在世界崛起，这样实际上是区分了15 世纪资本主义萌芽和19 世纪工业革命的不同历史意义。而本特利对1500 年之后世界历史的研究

---

① 〔美〕斯塔夫里阿诺斯：《全球通史：从史前史到21 世纪》第 7 版上册，第 48 页。
② 〔美〕杰里·本特利、〔美〕赫伯特·齐格勒：《新全球史：文明的传承与交流》上册，第59 页。
③ 〔美〕斯塔夫里阿诺斯：《全球通史：从史前史到21 世纪》第 7 版修订版下册，吴象婴等译，梁赤民审校，北京大学出版社，2012，第 478 页。
④ 〔英〕杰弗里·巴勒克拉夫主编《泰晤士世界历史地图集》，第 153～207 页。

也表明欧洲在近代早期（1500～1800 年）并没有成为世界事务的主宰者。本特利、齐格勒把"革命、工业和帝国时代"界定为 1750～1914年。他们认为，在大约 1500～1800 年，世界各地区之间建立了广泛的联系；商业贸易、生物学以及文化交流影响了世界各地的社会发展，受益最大的无疑是欧洲人；虽然欧洲人在近代早期阶段并没有取得世界霸权，但同他们的祖先相比，他们确实在世界事务中扮演了一个杰出的角色，他们的努力促进了世界一体化的不断发展；1800 年以后，欧裔人口在世界的政治经济中取得了优势地位。① 斯特恩斯等人把"工业化与西方的全球霸权"界定为 1750～1914 年，但也指出在 1760 年，西欧尽管商业很发达，不过在很大程度上仍是个农业社会，从 1850 年到 1914 年，是一个更成熟的时期，这时工业社会的含义更为充分地展现出来；工业革命带来了西方实力在世界范围内的扩张，大致从 1800 年以后开始……欧洲变成了制造业的世界中心；在 19 世纪 60 年代以前，西方的帝国主义扩张尚为迟缓，但在那以后，则迅速地扩展。② 巴勒克拉夫、本特利、斯特恩斯等人的上述观点获得了当代其他学者研究的印证。例如，《西方社会史》的作者指出，西方社会在 1900 年已经是城市化和工业化的了，这和它在 1800 年曾是农村化和农业化一样千真万确。③ 彭慕兰在《大分流：欧洲、中国及现代世界经济的发展》中指出，1800 年以前是一个多元的世界，没有一个经济中心，西方并没有任何明显的、完全为西方自己独有的内生优势；只是 19 世纪欧洲工业化充分发展以后，一个占支配地位的西欧中心才具有了实际意义。④ 可以说，随着对世界历史实证研究的深入及研究视角的转换，西方通史类全球史研究在历史分期

① 〔美〕杰里·本特利、〔美〕赫伯特·齐格勒：《新全球史：文明的传承与交流》下册，第 630～631、824～825 页。
② 〔美〕皮特·N. 斯特恩斯等：《全球文明史》第 3 版下册，第 640、659、667 页。
③ 〔美〕约翰·巴克勒等：《西方社会史》第 3 卷，霍文利等译，广西师范大学出版社，2005，第 52 页。
④ 〔美〕彭慕兰：《大分流：欧洲、中国及现代世界经济的发展》，史建云译，江苏人民出版社，2008，封底。

的问题上取得了更加科学的认识。

　　同时，人们也应当看到西方通史类全球史研究中存在的局限。在经济全球化时代的世界中，发达资本主义国家主导着世界经济和世界市场，不同的利益共同体对自身利益的界限存在着明确的理解和认识。在历史研究中，作为认识主体的历史学家，相应地自然具有各不相同的立场、视角和观点。西方通史类全球史研究中的历史分期实际上并没能彻底突破"欧洲中心论"的束缚，其核心问题就在于如何认识源自欧洲并缔造了欧洲优势的科学革命、工业革命和政治革命及其在全世界范围内的影响与后果。以麦克尼尔为例，麦克尼尔一方面认为，直到 1850 年，西方才获得了相对于其他主要文明的关键性优势，并迫使所有非西方社会的领袖们抛弃先辈的道路，放弃他们传统的、文化的自主，以便借用西方的技术努力实现现代化；[①] 另一方面，为了洗刷"欧洲中心论"的嫌疑，又不得不尽量淡化欧洲科学革命、工业革命和政治革命的作用及影响。这就导致麦克尼尔的历史分期中出现了一个内含的矛盾现象，即第三阶段和第四阶段在时间上无法名副其实：在 1500～1789 年，西方并不能主宰世界，却称之为"西方主宰世界"；而到了 1850 年西方能够主宰世界之时，却称之为"走向全球大一体"。实际上，这个问题在斯塔夫里阿诺斯、巴勒克拉夫、本特利等人的著作中也有不同程度的反映。他们虽然都明确界定了"西方据优势地位时的世界""欧洲统治时代"或者"革命、工业和帝国时代"的时间上限，并都选取了 1914 年作为这一时段与当代新世界的分期界限，但是在字里行间仍然流露出"欧洲中心论"的口吻。例如，斯塔夫里阿诺斯认为，这个世界不仅受西方的棉织品、铁路和银行的影响，而且还受西方的思想、口号和政治制度的影响。[②] 巴勒克拉夫认为，1500～1815 年世界历史的主要特征是欧洲的扩张和欧洲文明向全球的传播；各种冲击的力量从欧洲向外扩展；1500 年

---

① 〔美〕威廉·麦克尼尔：《世界史》第 4 版英文影印版，钱乘旦导读，北京大学出版社，2008，第 132 页。

② 〔美〕斯塔夫里阿诺斯：《全球通史：从史前史到 21 世纪》第 7 版修订版下册，第 508 页。

以前是世界冲击欧洲，1500 年以后是欧洲冲击世界。① 本特利认为，民族国家、重工业、威力巨大的武器以及高效的交通和通信技术使得欧裔人口在世界的政治经济中取得了优势地位，1750～1914 年，欧洲人成功地将自己的优势地位转变为世界性的霸权；三个历史进程——革命、工业化及帝国主义——可以帮助人们理解欧洲人和欧裔美洲人何以逐渐地控制了世界，这三个历史进程一道促使世界各地的人民以前所未有的程度紧密联系在一起。② 事实上，西方通史类全球史编撰在这里遇到了难题，这就是如何在充分阐述欧洲在世界历史进程中所发挥的重要作用的同时又能摆脱"欧洲中心论"的束缚，科学地认识和评价亚非拉地区的国家和民族在人类文明发展中做出的历史贡献。这在西方学术界可以说是一个根深蒂固的问题，至今仍然没能获得根本性的解决。

综上所述，巴勒克拉夫、麦克尼尔、斯塔夫里阿诺斯、斯特恩斯、本特利等学者对通史类全球史本身及其价值怀有深切的期望，其研究实践反映出他们对世界历史进程做出宏观考察和整体研究的一种努力。通过对世界历史各阶段分期的探索和研究，上述学者从全球视野出发，努力在全球范围内描绘人类历史演变的宏观图景，试图说明不同的国家、地区和文明之间的差异以及它们之间的相互联系，进而建立完整的世界历史阐释体系。换言之，上述学者在研究和编撰实践中试图更加深刻地把握世界历史的发展，虽然在历史分期研究上还存在一些问题，但这种努力本身仍具有积极的学术价值和参考意义。正如有学者指出，全球史学家强调历史研究的"全球性"，只是恢复了社会历史进程的本来面目，以及在此基础上强调历史研究从事实出发应有的研究思路和价值取向，在"欧洲中心论"占绝对统治地位的欧美史学界，这确实是不容易的。③

不过，任何带有明显全球视角的历史编撰研究都不得不设法平衡普

---

① 〔英〕杰弗里·巴勒克拉夫主编《泰晤士世界历史地图集》，第 153～295 页。
② 〔美〕杰里·本特利、〔美〕赫伯特·齐格勒：《新全球史：文明的传承与交流》下册，第 630、824～825 页。
③ 于沛：《全球史观和中国史学断想》，《学术研究》2005 年第 1 期。

遍性与特殊性，对于全球结构的内在差异和许多地方性力量的全球性程度，都需要保持敏感。[1] 人们应当看到，离开对各文明社会内部发展的考察，仅仅以各文明的发展形势或跨文化互动来作为世界历史分期的依据，无法对世界历史的整体进程做出充分和根本性的解释。而目前，西方全球史研究对各文明社会内部发展的考察特别是在发展动力方面的研究暴露出明显的不足，这已经成为西方通史类全球史进一步发展的瓶颈。实际上，世界历史作为人类本身的发展过程，是一个变化和运动的过程，只有用整体和辩证的研究方法才能透过一切迷乱现象探索这一过程的逐步发展的阶段，并且透过一切表面的偶然性揭示这一过程的内在规律性。[2] 要想科学地理解和认识世界历史，生产和交往是研究者必须面对的两个核心概念。所谓交往不仅包含交往活动，也包含交往关系。交往与生产互为前提，生产对交往而言具有基础性作用。正如有学者指出，人与人交往的需要是普遍性的和社会性的需要，交往作为主体的生存方式，既是社会实践的产物，也是社会实践活动得以进行的必要形式；交往发展的根本动力乃是生产力的发展，物质生产活动是考察人类社会交往现象的出发点，对人类社会历史的考察应建立在现实的物质生产过程之中。[3] 按照马克思主义的观点，"每一历史时代主要的经济生产方式和交换方式以及必然由此产生的社会结构，是该时代政治的和精神的历史所赖以确立的基础，并且只有从这一基础出发，这一历史才能得到说明"。[4] 换言之，科学地进行历史分期，需要以由社会基本矛盾决定的社会形态为划分标准。[5]

　　另外，就认识主体而言，不同地区和不同时代的人类认识世界的视角是多元的，并且由此产生了不同国家、不同民族、不同个体的彼此迥

①　Dominic Sachsenmaier, "Global History: Challenges and Constraints", in Donald A. Yerxa, ed., *Recent Themes in World History and the History of the West*, pp. 55–59.

②　《马克思恩格斯选集》第 3 卷，人民出版社，1995，第 736~737 页。

③　范宝舟：《论马克思交往理论及其当代意义》，社会科学文献出版社，2005，第 55~87 页。

④　《马克思恩格斯选集》第 1 卷，人民出版社，1995，第 257 页。

⑤　于沛：《关于"世界现代史"主线和体系的理论思考》，《史学理论研究》2010 年第 1 期。

异的历史观，这是历史研究中的一个基本事实。这就要求作为研究主体的历史学家必须具备科学的世界历史观和方法论，在历史研究中必须从实事求是的态度出发，自觉站在世界历史的高度，才能更加深入地认识和理解世界历史的整体进程及其各个阶段的发展特点。

第四章　西方全球史中的文明研究

　　20世纪以来，研究世界历史主要有文明、世界体系和国际体系三种方式。以斯宾格勒和汤因比为代表的文化形态学派把文化或文明作为历史研究的单位，把世界历史看作各种文化或文明生长和衰落的历史，通过比较研究来阐明世界历史的发展进程，开创了一种新的宏观世界史编撰模式。从世界体系出发研究世界历史主要归功于伊曼纽尔·沃勒斯坦。沃勒斯坦针对20世纪下半期以来社会科学中关于"现代化""全球化"的重大论争与课题，从"长时段"的历史视角，将全世界作为一个有其自身发展规律的"世界体系"，进行了全面深入的研讨。① 从国际体系出发研究世界历史则是近年来在国际关系学领域兴起的理论思路，主要与巴里·布赞（Barry Buzan）和理查德·利特尔（Richard Little）联系在一起。他们利用分析层次、分析部门与解释源这些工具概念将国际关系理论与世界历史连接在一起，第一次从一种国际关系的视角讲述了六万年的世界历史，为世界历史学科填充了一条主线。② 这三种研究方式都不是尽善尽美的，各自存在一定问题。例如，世界体系理论忽视了军事—政治领域的研究，国际体系理论虽然加强了对军事—政治领域的研究，但总体上仍然需要更加深入细致的探讨。至于文明的研究框架，虽

---

① 陈启能主编《二战后欧美史学的新发展》，山东大学出版社，2005，第313页。
② 〔英〕巴里·布赞、〔英〕理查德·利特尔：《世界历史中的国际体系——国际关系研究的再构建》，"译者序"，第Ⅳ~Ⅺ页。

然存在被研究者指出的无法完整展现文明的过程和结构等缺陷，但至今为止文明仍然被承认是世界历史研究中的重要单位。

　　文化形态学派（特别是汤因比）的文明研究对 20 世纪世界史的研究和编撰具有直接的推动作用。杰弗里·巴勒克拉夫曾经指出，正是（汤因比）这部著作对历史学界的"职业抄写员和法利赛人"发动了猛烈的攻击，正是因为他较早发动了对"欧洲中心论"的猛烈批判（尽管他的全部历史观充满了他所攻击的那种欧洲中心论的"异端邪说"），才使他名满天下；汤因比提醒那些沉湎于专门领域的研究而迷失方向的历史学家，使他们认识到需要用全面的眼光去看待人类历史的整体，这项成就应当得到大家的承认。① 汤因比之后，20 世纪中期以来，巴勒克拉夫、麦克尼尔、斯塔夫里阿诺斯、斯特恩斯、本特利等西方学者较为普遍地在通史类全球史编撰实践中选取了从文明出发研究世界历史的路径。目前在总体上，国内外学界对前述学者在通史类全球史编撰实践中进行的文明研究的归纳与分析还不充分。西方通史类全球史本身是 20 世纪中期世界史重构潮流的产物，为世界历史的编撰提供了一种新的研究框架。因此，对这一问题的研究不仅能深化我们对西方全球史编撰理论的具体认识，而且能从全球视角促进我们对文明和文明史的进一步研究，以及对经济全球化进程的深刻思考。

　　笔者认为，对 20 世纪中期以来西方学者的通史类全球史著作而言，文明、区域往往是其历史研究的基本单位，并强调文明研究应具有全球性视野；对文明或跨区域及跨文明的历史事件（如大规模的贸易往来、文化交流、技术扩散、宗教传播、人口迁移、环境及生态变迁等内容）进行综合比较研究是其在实践中的重要方法和手段，为其全球视野的实现提供了可能；对各文明进行中立的价值判断是其研究实践的价值取向；对各文明发展总形势的判断是其进行历史分期的依

---

① 〔英〕杰弗里·巴勒克拉夫：《当代史学主要趋势》，杨豫译，北京大学出版社，2006，第211页。

据。此处以斯特恩斯等人的《全球文明史》一书为例，对通史类全球史中的文明比较研究进行分析。可以说，西方通史类全球史的基本构架建立在文明研究的基础之上，并且在经济全球化时代把文明研究推进到一个新的发展阶段。与西方传统的带有明显"欧洲中心论"色彩的文化或文明史研究相比，通史类全球史在破除西方惯有的理论与文化偏见方面做出了更加积极的努力，在世界史编撰领域进行了颇有价值的学术探索。不过，西方通史类全球史在文明研究中也暴露出一些问题，这表明西方学者因其历史和现实因素制约所形成的在基本历史文化立场方面的局限。

第一节　西方全球史对文明的认识

"文明"与"文化"在概念和内涵上既有重合也有区别。正如有学者指出，文化更多地突出各个社会的价值观念和生活方式的特殊性，"文明"的词义包含"文化"的以上含义，但它也指发展到较高阶段（文明阶段）后各个社会都形成的那些物质的、精神的和制度上的共有的表象特征；"文明"逐渐成为一个相对中性的词，指涉任何确立的社会秩序和生活方式，尤其是在国际关系和世界历史研究中，被用于概括地指称某一民族国家或社会集团的物质和精神生活的总的表现形态。[①] 例如，关于如何判定文明性质的问题，斯塔夫里阿诺斯在《全球通史》中指出，文明的特征可以概括为：城市成为社会的中心，由制度确立的国家政治权力，纳贡或交税，文字，社会分为阶级或等级，巨大的建筑，各种专门的艺术和科学，等等；虽然并非所有的文明都具备这些特征，但是这些特征在判定世界各地各时期的文明的性质时确实可被用作一般性的标准。[②] 又如，本特利在《新全球史：文明的传承与交流》中指出，世界史这一

---

① 何平：《文化与文明史比较研究》，山东大学出版社，2009，第 49 页。
② 〔美〕斯塔夫里阿诺斯：《全球通史：从史前史到 21 世纪》第 7 版上册，第 50 页。

研究领域直接面对的是整个人类文明的历史。① 可以说，西方通史类全球史之所以能在经济全球化时代将文明研究推进到一个新的发展阶段，正是由于在对世界历史更加深入的实证研究基础上的研究视角和研究方法的转变。

与文化形态学派相比，通史类全球史在进行文明研究时，更加注重历史与地理、时间与空间的结合，认识到"历史事件不仅在民族国家和社区的框架内展开，也发生在跨越区域、跨越大陆、跨越东西半球、跨越海洋和全球的背景下。这些大规模的跨文化和跨区域的交流影响着单个社会和全球的历史演变"。② 通史类全球史编撰的突出特征之一，就是强调文明研究应具有全球性视野，即全球的、整体的而非区域的、局部的研究视角，试图在说明复杂文明现象之间相互关系的基础上得出更加深入的结论，从而对人类文明发展进行整体的把握。正如前述有学者指出，与"国际的"或"跨国的"这类关键词相比，"全球的"一词没有把民族国家预设为学术研究的基本单位。③ 还有学者指出，全球史研究者利用其他历史学家所做的研究，对其进行比较，关注较大模式，并提出理解变迁的方法，以便阐明全部人类历史的性质和意义。④ 研究视角的转变相应地要求对人类各文明之间交往或互动的重视，特别是对研究跨越文明和区域界限的重大历史事件的重视。对上述内容本身及其对世界历史作用和影响的深入探讨，成为西方通史类全球史著作的主要内容和鲜明特征。例如，麦克尼尔的《世界史》一书非常强调交往在文明发展中的推动作用，该书着眼点在于书写文明的互动，强调文明之间的关系和相互影响，认为人类历史有整体性，而关系则是整体性的体现。⑤

① 〔美〕杰里·本特利、〔美〕赫伯特·齐格勒：《新全球史：文明的传承与交流》上册，"致中国读者"，第Ⅲ页。
② 何平：《西方历史编纂学史》，商务印书馆，2010，第410页。
③ Dominic Sachsenmaier, "Global History: Challenges and Constraints", in Donald A. Yerxa, ed., *Recent Themes in World History and the History of the West*, pp. 55–59.
④ 〔美〕柯娇燕：《什么是全球史》，"导言"，第3页。
⑤ 〔美〕威廉·麦克尼尔：《世界史》第4版英文影印版，"导读"，第5~12页。

巴勒克拉夫在注重研究世界各大文明的联系和相互影响的同时，强调不能忽略历史上的文明中心以外的各个民族，指出他们对历史的影响比一般的估计更为意义深远。① 巴勒克拉夫认为，当代世界史还包括那些传统上被当作"外部的历史"来对待的民族——不仅是非洲各个民族，还有缅甸、泰国、越南等国的早已被忘却了的那些部落以及哥伦布到达以前的美洲居民；"文明"仅仅是历史中的一部分，甚至还不是较大的那一部分；如果我们想要获得对文明的更深一步的认识，就必须从更宽阔的历史背景上来看待文明，而这一背景不偏不倚地包含着人类的全体，各个民族的历史都是构成人类史诗不可缺少的部分；在这一点上，历史学只有同考古学和人类学携起手来，才会有所进步。②

　　另外，在具体实践中，西方通史类全球史往往把文明、区域等规模较大的综合体作为历史研究的基本单位，对规模较大的单位或跨区域及跨文明的历史事件进行综合比较研究是其在实践中的重要方法和手段。有学者指出，"比较史"与"全球史"已经频繁地联合在一起使用。③ 皮特·N. 斯特恩斯便在其著作中选取了日本、中东、非洲和中国进行比较，以探讨不同社会组织对全球化的反应及其原因。④ 全球史著作在对欧亚大陆的文明予以充分关注的同时，努力扩展对其他地区文明的认识和理解，在实证研究的基础上，通过比较来挖掘世界历史中的人类交往或互动（即世界历史中的横向联系），这种做法为全球史编撰中宏观视野的实现提供了可能性。这也使得西方通史类全球史著作扩展了文明研究的题材和内容，选取了丰富的跨越文明和地区界限并具有世界性影响的主题进行比较研究，如大规模的贸易往来、文化交流、技术扩散、宗教传播、人口迁移、环境及生态变迁等内容，借此来凸显不同文明的整

① 〔英〕杰弗里·巴勒克拉夫主编《泰晤士世界历史地图集》，"前言"，第 13 页。

② 〔英〕杰弗里·巴勒克拉夫：《当代史学主要趋势》，第 132~137 页。

③ Dominic Sachsenmaier, *Global Perspectives on Global History*：*Theories and Approaches in a Connected World*，p. 81.

④ Peter N. Stearns, *Globalization in World History*.

体特点以及彼此之间的差异与联系，并试图在此基础上寻求文明演变的深层原因。例如，《全球文明史》的作者皮特·N. 斯特恩斯等人认为：比较研究对捕捉历史变化有帮助，许多关键的变化是在某个文明中独立地发展起来的，在这种情况下在文明的层面对该类变化的分析是不可避免的。① 《全球文明史》进一步指出：世界历史并不是可以用多种方式加以比较的各自孤立的文明的进步，对于不同文明发展起来的相互接触方式以及它们对跨越边界而来的外力如何反应，和对这些伟大的社会本身故事的理解是同样重要的。②

又如，本特利认为，鉴于欧洲中心观已经渗入历史研究的中心以及现代化观念的本身，因此，欧洲中心观不仅是历史研究的实体，而且植根于权力结构的框架之中；世界史学家为在欧洲中心观之外寻找解释采取了一系列的措施，如把欧美的现代化进行相对主义的处理，目的是要在近半个世纪以来的大量区域研究的基础上实施比较分析，一旦史学家们仔细比较了欧洲和中国，所谓的欧洲独特性便悄然逝去；另外一种措施是在与欧洲的比较之外附加双向比较。③ 还有一种类似的措施，就是采纳欧洲之外的分析范畴，以置换或补充纯粹欧洲的标准。本特利认为，要对欧美的现代化进行相对化处理，最好的办法莫过于将其置于全球史发展的大框架之下；从这种视角审视，现代化遂不只是欧美价值观的显现，而是一种对不同地域展现不同蕴含的互动过程，并为参与人群带来不同的结果。④ 在说明互动机制方面，本特利提出两个重要观点。第一，与历史上曾反复出现的跨地区技术传播和病毒传播相比，文化传播所遇到的阻力要大得多，因为每一种文化对异质文化都持顽强抵制态度，主动推进文化融合的事例在历史上虽然并非没有，但毕竟罕见；虽然文化

① 〔美〕皮特·N. 斯特恩斯等：《全球文明史》第3版上册，"导论"，第3页。
② 〔美〕皮特·N. 斯特恩斯等：《全球文明史》第3版上册，"导论"，第3页。
③ 〔美〕杰瑞·H. 本特利：《当今的世界史概念》，载刘新成主编《全球史评论》第1辑，第166~169页。
④ 〔美〕杰瑞·H. 本特利：《当今的世界史概念》，载刘新成主编《全球史评论》第1辑，第166~169页。

传播的总趋势是核心文化从文明中心向外扩散，但扩散过程相当缓慢，而且在扩散过程中原有的核心文化不断融入新的文化因素。第二，全球运动的总趋势表现为互为因果的三点：人口增长、技术不断进步与传播、不同社会之间的交往日益密切。① 只有在人类长期的跨文化互动的历史中，才有可能理解今天的全球化的世界。②

对文明进行中立的价值判断是通史类全球史研究实践的价值取向。例如，巴勒克拉夫主张，世界上每个地区的每个民族和文明在被考察时都拥有平等的地位和平等的权利主张，任何一个民族和文明的经历都不应被漠视为边缘的或无关紧要的。③《新全球史：文明的传承与交流》的作者杰里·本特利与赫伯特·齐格勒在该书"前言"中指出，以全球史观透视历史，要求尊重世界上所有民族——而不是一个或少数几个民族——的历史经验，考察每一个民族为人类所做的贡献。④ 而且，正如有学者指出，为摆脱欧洲史学观念居主导地位而形成的旧世界史的话语特征，全球史学家们在编撰历史著述时，对许多词语和关键概念的界定和运用都退向更中性、外延更宽泛的领域，并试图在概括全球文明更广泛的历史现象的基础上抽象，例如斯特恩斯等人的《全球文明史》使用"精英"而不是"统治阶级"。⑤ 全球史研究者还尝试回避一些源于欧洲的概念，如"封建主义""现代性""西方""西方化""工业化"，等等。⑥

西方通史类全球史还尝试以各文明发展的总形势为依据来进行历史分期。⑦ 如前所述，历史分期是历史编撰的核心理论问题之一。欧美学

---

① 〔美〕杰里·本特利、〔美〕赫伯特·齐格勒：《新全球史：文明的传承与交流》上册，"中文版序言"，第Ⅸ~Ⅹ页。
② 〔美〕杰里·本特利、〔美〕赫伯特·齐格勒：《新全球史：文明的传承与交流》上册，"致中国读者"，第Ⅳ页。
③ Geoffrey Barraclough, *Main Trends in History*, p.100.
④ 〔美〕杰里·本特利、〔美〕赫伯特·齐格勒：《新全球史：文明的传承与交流》上册，"前言"，第9~10页。
⑤ 何平：《西方历史编纂学史》，第421页。
⑥ 〔美〕柯娇燕：《什么是全球史》，第110~112页。
⑦ 何平：《全球史对世界史编纂理论和方法的发展》，《史学理论研究》2006年第4期。

界产生过众多以西方文明为主体、带有浓厚"欧洲中心论"色彩的世界史著作。西方传统史学在历史分期的问题上沿用的是"古代—中世纪—近代"的分期方法，或者是其变种"地中海时代—欧洲时代—大西洋时代"的分期方法。18世纪以来，这种三阶段分期法在西方史学界的世界史编撰中被普遍采用。有学者指出，（文化形态学派）斯宾格勒不赞成三段式的历史分期方法和欧洲文化优越论的观点，但由此又走向另外一个极端，主张各种文化是平行的和同时代的，并且在价值上是等同的，从而陷入非历史主义和相对主义的泥潭。① 巴勒克拉夫、麦克尼尔、斯塔夫里阿诺斯、斯特恩斯、本特利等学者在对世界历史进行分期时，较为普遍地抛弃了以欧洲历史为参照的做法，他们从文明角度出发，试图对各文明自身发展及其相互之间的交流互动进行比较分析，努力把各个地区的人类经历整合到一个具有内在联系的体系中去，从而在"全球"的时空范围内展现世界历史进程的整体画卷。例如，麦克尼尔把世界历史划分为四个阶段，斯塔夫里阿诺斯、巴勒克拉夫和本特利及齐格勒划分为七个阶段，斯特恩斯等人划分为六个阶段。前文已有分析，此处不再赘述。可以说，随着对世界历史实证研究的深入及研究视角的转换，西方通史类全球史在历史分期的问题上取得了更加深入的认识。

有学者认为，对于"世界史"或"全球史"这样的大规模历史解释而言，最成功的历史学家能够向我们展示人类文化和观念的无限多样性，以及人类具有一致性的基本制度，全球史学家努力超越对过去几个世纪的曲解，透过帝国和霸权遗留下的表面结构洞察其本质，以此来理解在全部历史中塑造人类命运的力量，并且预测未来。② 巴勒克拉夫、麦克尼尔、斯塔夫里阿诺斯、斯特恩斯、本特利等西方学者对通史类全球史的学术价值无疑怀有深切的期望，不过，西方通史类全球史中的文明研

① 徐浩、侯建新：《当代西方史学流派》第2版，中国人民大学出版社，2009，第49~50页。
② 〔美〕柯娇燕：《什么是全球史》，"导言"，第4页，第112页。

究往往在彰显其作者深远的历史视野的同时，也都不同程度地暴露出"欧洲中心论"潜移默化的影响。这在西方学术界可以说是一个根深蒂固的问题。迄今为止，西方史学界始终不能彻底摆脱"欧洲中心论"的偏见。有西方学者认为："我们自己当然也是欧洲中心论传统的组成部分，……我们仍然意识到我们尚未从作为我们自己文化创造物的外境中完全摆脱出来，而且我们所采用的分析工具本身就携带着文化的包袱。"[①] 实际上，正如有学者指出，就"全球史"来说，虽然不同的国家和民族都从全球的角度考察世界的历史，但是对全球历史的认识，既不会得出全球同一的答案，也不会用"全球史"代替各个民族和国家自己的历史，民族的多样性，决定了历史判断的多样性。[②] 从通史类全球史研究实践来看，放眼世界、展示全球文明是可能做到的，但是"不带成见和偏私，公正地评价各个时代和世界各地区一切民族的建树"[③] 却绝非易事。

第二节　文明比较研究：以《全球文明史》为例

在通史类全球史编撰中，文明研究离不开比较的方法。比较研究的方法能够为更好地揭示人类文明中存在的共性与差异性，并在更广阔的背景下进行综合分析进而获得总体认识提供有效的研究路径。正如洛赫尔（T. J. G. Locher）指出的那样，比较史学为世界史提供了最有成果的研究态度和方法，世界性的比较史学研究为理解反复出现的社会发展进程的模式，为理解历史上的重大飞跃和连续性，奠定了坚实的基础。[④]对历史比较研究的功能，还有学者指出，比较是谬误、曲解以及受强烈

---

① 〔英〕巴里·布赞、〔英〕理查德·利特尔：《世界历史中的国际体系——国际关系研究的再构建》，"中文版序言"，第 I 页。
② 于沛：《全球史：民族历史记忆中的全球史》，《史学理论研究》2006 年第 1 期。
③ 〔英〕杰弗里·巴勒克拉夫主编《泰晤士世界历史地图集》，"前言"，第 13 页。
④ 〔英〕杰弗里·巴勒克拉夫：《当代史学主要趋势》，第 216～223 页。

感情所控制的历史认同构建的最重要的检验场地。① 巴勒克拉夫认为，很多进行比较研究的历史学家所进行的全面完整的世界史研究，其明显的优点就是研究范围既不会太宽，又不会太窄；太宽则使历史学家无力单独地有成效地将全部内容概括进来，太窄又会使历史学家无法推导出坚实可信的结论；也许，这就是比较史学之所以成为今天实践得最广泛的那种形式的通史的根本原因。②

正如有学者指出，在当代西方史学论著中，"比较史学"（comparative history）和"历史的比较研究"（comparative study of history）两个概念往往被等价地互换使用，其实，这两个概念是有不同内涵的。"历史的比较研究"，应是指对"共时性的"历史现象进行横向的比较或对"历时性的"历史现象进行纵向的比较的历史研究实践；"比较史学"，则主要应指从事历史比较研究实践的一套理论和方法体系。但因"历史"一词本身是多义词，既指历史，又指"史学"，也指论述历史现象和过程的历史著述，因此，在西方史学论著中，"比较史学"一词也常常同时包含这两个方面的意义。③

从实践来看，历史比较研究可以分为不同的层次。有学者将之归纳为：首先在规模上处在最宏观层次的是比较文明史，例如斯宾格勒和汤因比的著作；其次是对人类社会历史发展的某一过程进行比较，例如现代化进程；再次是对人类社会某一特殊历史事件如"革命"，或者某一阶层如妇女、贵族、地主与农民，或某一种制度如封建制度，进行比较研究；许多历史学家进行比较研究是为了概括出所研究的历史现象的一般发展模式，而另一些学者则是想通过比较找出某类现象的根源。④ 在具有社会科学或实证倾向的学者看来，跨文化的比较研究首先必须清楚

---

① 〔德〕哈特穆特·凯博：《历史比较研究导论》，赵进中译，北京大学出版社，2009，第52页。
② 〔英〕杰弗里·巴勒克拉夫：《当代史学主要趋势》，第223~224页。
③ 何兆武、陈启能主编《当代西方史学理论》，中国社会科学出版社，1996，第378页。
④ 何平：《比较史学的理论方法和实践》，《史学理论研究》2004年第4期。

地限定所要比较的文化现象的时空背景，例如那一个特定的时代和地区的那一特定阶层的社会行为或文化现象，而且应当开展定量性的研究；此外，更重要的是重视对跨文化比较研究的核心词的定义，应当使之能有效地囊括不同文化中的类似现象，以使比较能够有效地进行。① 还有学者指出，文明比较的基本任务，不仅要把共同性和内在差异性平衡起来，而且还要对其进行评估，即趋同性或差异性在何时何地占据更为重要的历史地位。②

在西方通史类的全球史著作中，斯特恩斯等人的《全球文明史》一书较为系统地运用了比较研究的方法，探讨了一些重要的文明理论问题，例如，文明的定义、性质，文明的演变、衰落与兴起的原因，等等。因此，此处以《全球文明史》一书为例，分析通史类全球史中的文明比较研究。

该书的英文书名为 *World Civilizations：The Global Experience*。斯特恩斯等人认为，文明是一种极其重要的群体组合，但对文明的确切定义还存在分歧；文明作为一种人类社会的观念是绝大多数世界历史的核心，虽然它也引起争论而且历史学家现在一致同意文明并非唯一值得关注的群体组合；文明并非一定比其他类型的社会更好，游牧群体常常展现出在技术和社会关系方面的伟大的创造力，并且往往比定居文明更强劲地促进了全球性的接触；尽管如此，比较谨慎地运用关于文明作为人类社会组织的一种具有特殊规模的形式的观念是有益的。③《全球文明史》强调，对于文明史的考察一定不能被以西方为中心来判定什么是文明的狭隘标准所局限，不同的文明强调人类创造力的不同侧面，关于文明的定义应该在历史上的复杂化社会所共同具有的内在模式中寻求；判定一个特定的社会是否是一个文明社会的标准中应该排除民族优越感，即排除

---

① 何平：《比较史学的理论方法和实践》，《史学理论研究》2004 年第 4 期。

② 〔德〕哈特穆特·凯博：《历史比较研究导论》，第 59 页。

③ 〔美〕皮特·N. 斯特恩斯等：《全球文明史》第 3 版上册，"导论"，第 2 页。

单纯以与自己文明的相似性为基础来评判其他人民的文化形式的倾向。①
该书进一步指出，可能对文明进行定义时避免从自己的社会角度出发这
一倾向的最好方法是将文明看作人类采取的走向社会组织化的若干途径
中的一种，而不是去区分诸如文字、城市和巨大建筑物之类的特殊的文
化成就的高低；所有的社会都拥有文化，各种思想、目的以及由于人们
之间的社会互动而形成的行为模式的组合，但不是所有社会和文化都能
产生出足够的剩余产品来形成职业分工、规模和复杂性达到一定的程度
而有别于其他类型的社会组织；所有的人群都有建立文明的本能，但大
多数人群缺少资源条件和历史环境，或者缺少创建文明的渴望。②

《全球文明史》把焦点放在两个基本主题上：主导社会的演进和全
球范围内不同人民之间的互动。该书第一部分阐述文明的兴起，早期文
明是地域性的，其中的一些文明发展了与其他文明的有限接触。第二部
分展现出更大的文明共同体的形成，中国、印度和地中海伟大的古典社
会，这个时期强调这些大文明区域的内聚以及它们之间接触的程度。第
三部分是后古典时期，呈现为古典文明的衰落，文明向新的区域延伸并
发展起新的接触，其中涉及新宗教体系的扩展、商业交换的频繁，甚至
国际性疾病传播的加速。第四部分从大约 1450 年开始，由于贸易和交流
进一步加强，此前孤立的美洲和其他地区加入了国际体系中。第五部分
从 1750 到 1920 年，西欧工业化社会进展的影响尤其明显，互动关系的
新的频率和一个新的而且更复杂的实力关系架构在主要文明地区之间发
展起来。第六部分是 20 世纪的世界历史，世界历史之所以在 20 世纪发
生转折是由于国际接触的复杂变化以及这些变化对于某些社会所产生的
结果。③

在上述理解和分析的基础上，《全球文明史》对世界历史上出现的

---

① 〔美〕皮特·N. 斯特恩斯等：《全球文明史》第 3 版上册，"导论"，第 2~3 页。
② 〔美〕皮特·N. 斯特恩斯等：《全球文明史》第 3 版上册，第 17 页。
③ 〔美〕皮特·N. 斯特恩斯等：《全球文明史》第 3 版上册，"导论"，第 1~4 页。

文明进行了多种形式的比较研究，总体来看，可以简略地归纳为两大类。一类是整体性的文明比较研究，即对两个或两个以上的文明类型进行多方面的综合比较以求揭示其整体特点，例如，从政治、文化、经济和社会领域对埃及和美索不达米亚进行了比较。这两个文明由于地理条件、受外来入侵和影响的开放性程度以及信仰的不同而有着巨大的差异。前者强调强大的中央权威，后者的政治经常以区域性的城市国家为基础发生变动。美索不达米亚的艺术很少关注纪念性的建筑但却有埃及人所缺乏的文学要素，但也不像埃及人那样为来世做准备。在经济上，美索不达米亚的贸易联系较为广泛，这使其更多地关注商人阶层和商业法律。埃及女性的地位可能高于美索不达米亚的女性。两者也有很多共同的特征。二者都注重社会分层体系，社会精英中还有一个强有力的祭司群体，都注重天文学与数学。在成功地建立了政治经济体系后，两个社会都强烈地趋向于保守，变化通常是由诸如自然灾害或者入侵等外力所导致的结果。① 又如，对古典时代的印度文明、中国文明与希腊罗马文明的异同性研究；② 对后古典时代西欧与其他地区的比较研究，认为此时双方有很多相似之处，但西欧有自己独特的混合风格，其中包括对外部广泛世界的侵略性；③ 对美洲的印加和阿兹特克文化的比较研究，认为这两个帝国和它们所代表的文化地区也许最好被视为相似的模式和过程的变异；④ 对后古典时代东亚各国发展道路的对比研究，认为来自共同的中华文明中心的思想观念、组织模式和物质文化的传播，在日本、朝鲜和越南孵化出了三种各有特色的文明发展模式。⑤

　　《全球文明史》中的另一类比较研究是特殊性比较，即选定人类文明发展过程中的某一主题、某一事件或某一过程，通过比较来挖掘其发

---

① 〔美〕皮特·N. 斯特恩斯等：《全球文明史》第 3 版上册，第 32~33 页。
② 〔美〕皮特·N. 斯特恩斯等：《全球文明史》第 3 版上册，第 147~148 页。
③ 〔美〕皮特·N. 斯特恩斯等：《全球文明史》第 3 版上册，第 357~370 页。
④ 〔美〕皮特·N. 斯特恩斯等：《全球文明史》第 3 版上册，第 388~393 页。
⑤ 〔美〕皮特·N. 斯特恩斯等：《全球文明史》第 3 版上册，第 438 页。

生、发展的深层原因及其历史意义。例如，对不同文明中的时间观念进行考察，认为时间的概念与意义在各个文化之间有很大的差别，在各个文化内部也随着历史的演变而改变，准确的时钟是精密的机械，是伴随着 17 世纪科学革命和 18 世纪工业革命而来的技术发展的标志，时钟成为一种欧洲人与北美洲人的价值尺度，并使他们显得与众不同；① 对妇女在文明兴起过程中地位变化的研究，认为至少在其发展的一定阶段，文明起到了削弱妇女权益的作用；② 对东欧与西欧分界线的研究，认为划分欧洲文明的界线是一个特别棘手的问题；③ 对后古典时代西欧和日本封建制的比较研究，认为封建制度在许多意义上是从纯粹地方性向中央集权性社会组织过渡的早期的、比较简单的政治社会体制形态，都具有封建主义传统的事实有助于解释现代西方与日本的相似之处；④ 对由西班牙人和葡萄牙人到达美洲引起的"哥伦布交流"对"旧世界"与"新世界"多种影响的研究，认为"哥伦布交流"的结算单很复杂，但从此世界已被改变；⑤ 对欧洲与中国在海外扩张的条件与动机的比较研究，认为尽管欧洲人和中国人都有能力进行全球规模的扩张，但只有欧洲人具有这样做的强烈动机，中国人沉溺于内部的斗争和应付来自中亚的威胁，当中国人撤退的时候，欧洲人则大举向外部发展；⑥ 对伊斯兰和中国对西方挑战反应的比较研究，认为两者都是在由于内部瓦解而严重衰落的时候遭遇了西方的挑战，并陷入了持续不断的危机，但对穆斯林来说，西方的威胁从中世纪时代就已经存在，而对中国人来说，西方的挑战是突然和残酷的，与缺乏宗教传统的中国人相比，穆斯林的宗教信仰成为他们反抗西方的基础和自新的战略源泉；⑦ 对日本和中国遭遇

---

① 〔美〕皮特·N. 斯特恩斯等：《全球文明史》第 3 版上册，第 195~197 页。
② 〔美〕皮特·N. 斯特恩斯等：《全球文明史》第 3 版上册，第 269~271 页。
③ 〔美〕皮特·N. 斯特恩斯等：《全球文明史》第 3 版上册，第 340~341 页。
④ 〔美〕皮特·N. 斯特恩斯等：《全球文明史》第 3 版上册，第 423~425 页。
⑤ 〔美〕皮特·N. 斯特恩斯等：《全球文明史》第 3 版下册，第 541~543 页。
⑥ 〔美〕皮特·N. 斯特恩斯等：《全球文明史》第 3 版下册，第 626~629 页。
⑦ 〔美〕皮特·N. 斯特恩斯等：《全球文明史》第 3 版下册，第 738~740 页。

西方挑战的回应进行对比，认为日本传统的某些方面使其具有中国所缺乏的灵活性，日本已经懂得模仿的益处，而中国除引入佛教时期之外从未意识到这个问题，政府的创新性不足，人口增长也消耗了中国的能量，当西方挑战来临时，两国处在不同的历史道路上，中国正经历着周期性的王朝衰落期，日本则到 19 世纪一直维持着政治和经济的活力，两国形成了不同的反应模式，① 等等。

　　整体性的文明比较研究的目的是追寻导致不同文明形成各自发展道路和方式的深层历史原因，通过比较来解释历史运动过程的矛盾性和多样性；特殊性比较离不开对被考察对象进行深远时代和历史背景的审视，在这个意义上，整体性比较和特殊性比较是紧密联系在一起的，宏观研究与微观研究是互相促进的。在比较研究实践基础上，《全球文明史》探讨了文明的衰落与灭亡问题。文明的衰落并不是在所有的文明中以同样的方式出现，其结果并不总是文明衰亡，更多的是出现一个重新组合的时期；古典时代末期罗马的衰落仅仅发生在罗马帝国的西部，帝国的东部仍保持着文明和成功，中国和印度虽然在古典帝国衰落时也发生了变化，但作为一个文明并没有消亡，所以对文明衰亡的问题必须谨慎措辞，对世界历史展现的多样性要给予充分的关注。② 每一个文明都有独特的历史，但是还是有一些普遍性的模式与文明的衰落有紧密的关联；内部的衰弱和外部的压力随着时间的演进使制度瓦解，甚至把最大、最复杂的文明的防御力量摧毁掉；为了一己之私的腐败和对享乐的追求逐渐削弱曾经在文明发展中扮演关键角色的精英群体的使命感，由此导致的政府管理机能和军事力量的衰退增强了社会的紧张感并且使脆弱的前工业化时代的经济瓦解；外部的威胁和社会内部的动荡常常一起发展，游牧民族的侵扰是几乎每个伟大文明衰落的主要原因之一；邻近的文明之间有时陷于战争中，不过很

---

　　① 〔美〕皮特·N. 斯特恩斯等：《全球文明史》第 3 版下册，第 753~755 页。
　　② 〔美〕皮特·N. 斯特恩斯等：《全球文明史》第 3 版上册，第 240~241 页。

少有一个文明使另一个文明灭亡。① 但是，自从 18 世纪欧洲崛起为全球的主导力量以来，古典时代建立起来的文明兴起与变动的模式发生了根本变化，西欧的崛起迅速改变了长期以来存在的文明之间以及文明与游牧民族之间的互动模式，在哥伦布于 1492 年到达美洲以后的几个世纪，欧洲人的军事进攻就毁灭了阿兹特克和印加帝国这两个美洲高度发达的伟大文明中心；在西方扩张的第一个世纪，非洲和亚洲的绝大多数现存文明证明自己有能力在欧洲人面前坚持下来，只是不能保持其在海上的地位，随着 17~18 世纪改变欧洲的科学发现，尤其是技术方面的发明的出现，以前的情况逐渐发生了改变；西欧对自然世界的无与伦比的掌握使西欧得到了新的获取资源、发动和进行战争的力量，到 18 世纪末，这种力量渗入到经济、军事中，并且持续地强化了欧洲对其他文明的政治控制；一个世纪以后，欧洲人征服了前边提到的绝大多数文明，或者是把它们削弱并纳入欧洲人间接控制的范围，使之面临被吞并的威胁；在一战前的几十年中，军事上先进并富有扩张性的西方似乎将要荡平所有其他的文明中心。② 就当代而言，每一个主要文明要如何理解和适应现代政治与工业化的力量这个 20 世纪历史的基本主题，几乎可以确定会延伸到 21 世纪去。③

对于西方文明本身，《全球文明史》持有一种谨慎的乐观态度。自 15 世纪以来主导世界历史的西方势力逐渐上升，以 20 世纪 20 年代和 30 年代为转折点平缓下来，到 20 世纪末，没有任何一个单一文明对于这个发展中的世界拥有过去西方所拥有的领导权，部分原因在于西方国家本身仍然很强大，1945 年以后，成功的解放运动为西方以外的人类创造了新的机会。④ 但是，尽管有冷战和非殖民化的压力，西欧和美国等国家还是找到了新的活力来源，西方在科学研究和大众消费文化上仍掌握着

---

① 〔美〕皮特·N. 斯特恩斯等：《全球文明史》第 3 版下册，第 719 页。
② 〔美〕皮特·N. 斯特恩斯等：《全球文明史》第 3 版下册，第 719~720 页。
③ 〔美〕皮特·N. 斯特恩斯等：《全球文明史》第 3 版下册，第 965~967 页。
④ 〔美〕皮特·N. 斯特恩斯等：《全球文明史》第 3 版下册，第 763 页。

领导权，在这些领域，西方模式继续发挥着超越其文明界限的影响力，虽然西方社会的世界力量在下降，但仍具有强大的生命力。① 因此，"西方的衰落"是一个有疑问的命题，关于西方灭亡的说法还为时过早，但密切关注这个问题是十分重要的，西方社会继续显示着变化中的张力。②

关于人类文明的未来，《全球文明史》认为，大多数文明一直坚持着自己的特色，即使人们有选择地采用了国际性的时尚和产品，全球风俗的进一步传播可能会加剧传统和现代性之间的摩擦，同时也可能在世界范围内削弱多样性，同时它也可能推动进一步的相互理解。③ 世界的多样性和不平等在新的国际社会之间显然将继续存在，但凝聚力很强的区域性文明可能会逐渐在其薄弱处断裂；日益加快、更为紧密的世界联系还没有为世界历史创造一个单一的框架，区域性的和对于文明的忠诚仍然强大，那些独具特色的传统继续在修正，有时甚至是在逆转看来强有力的同一性力量，而这种同一性力量也在坚持着；工商业、技术和大众文化等国际性力量对各个独特的文明提出了新的挑战，这不仅仅是过去那种世界潮流与个别文明传统之间紧张关系的重演，不过，继承过去的连续性，以及获取可能存在的小范围认同的新需求，使得预言一种单一的世界框架的胜利是愚蠢的。④

《全球文明史》还讨论了民族中心主义问题。其作者指出，民族中心主义是"一种用自己的文化或民族的标准与习俗来评判外国人民或民族的习惯意识"，并常常认为其他人民或民族低于自己；民族中心主义不仅仅是现代西方人的问题，但是现在西方标准的威力使人们自己潜在的民族中心主义在今天成了处理世界历史时的一个真正的问题，把没有开发出最新军事技术的民族看作低下的那种倾向就是这样的一个问题；对民族中心主义加以控制并不意味着抛弃所有的标准，人们

---

① 〔美〕皮特·N. 斯特恩斯等：《全球文明史》第 3 版下册，第 792 页。
② 〔美〕皮特·N. 斯特恩斯等：《全球文明史》第 3 版下册，第 806~811 页。
③ 〔美〕皮特·N. 斯特恩斯等：《全球文明史》第 3 版下册，第 957 页。
④ 〔美〕皮特·N. 斯特恩斯等：《全球文明史》第 3 版下册，第 965~967 页。

在评判其他社会的时候忘记了回过头来看看自己身边的情况，对自己的习惯有所认识，包括意识到其他文化怎样评判自己，能帮助人们抑制民族中心主义。①

第三节　西方全球史在文明研究中的局限

从《全球文明史》可以看出，其作者对文明的基本观点是文明并不一定就意味着进步。进步本身实际上就是一种价值判断。这种基本态度促使该书在对世界文明进行考察时，其研究视野更加开阔，扩展了比较研究的题材和内容，不仅选取文明整体进行比较，而且选取文明内部与文明之间的丰富题材进行比较，如对时间观念、女性地位、"哥伦布交流"、不同文明对西方挑战的反应等跨文明和地区界限的研究主题进行了探讨。可以说，通过对各种类型主题的比较研究，《全球文明史》在文明研究领域进行了颇有价值的学术探索。

实际上，对不同文明的共同性和差异性的比较研究越充分，对文明本身和世界历史整体的理解也就越深刻。特别是在一个经济全球化和文化多样化的世界里，对文明比较研究的需要尤为明显，这有助于人们破除心理迷雾，更好地理解自己置身于其中的世界的历史与现实。在进行文明比较研究时，有三个基本立场应当引起研究者的应有重视。首先，要注意对不同文明的共同性和差异性以及这种共同性或差异性本身的历史演变的研究，以便对其进行历史定位；其次，要注意对文明之间交往、交流的研究，以便展现人类多种文明形态发展的内在联系；最后，正如有学者指出，在历史演变过程中，有的文明形态经历了多次转变，有的文明基本形态未变，无论其变化过程如何，它们都具有一种独立的文明体系价值。②

---

① 〔美〕皮特·N. 斯特恩斯等：《全球文明史》第 3 版上册，第 470~471 页。
② 方汉文：《比较文明史——新石器时代至公元 5 世纪》，东方出版中心，2009，"绪论"，第 19 页。

从上述基本立场出发，可以看出，《全球文明史》在比较研究的过程中也暴露出一些问题和局限。首先是在文明的整体性研究方面，该书虽然声称"对世界历史展现的多样性要给予充分的关注"，但在对各个文明进行宏观把握时，其视角不乏偏颇、扭曲之处。例如对中国历史和文明本身的认识问题、对中国应对西方挑战的认识，等等。实际上，在不同历史条件下，文明本身有自己的发展演变过程，并非一成不变，只要其自身有足够的调节能力，文明将不断臻于新境界和新阶段。西方文明如此，中国文明同样如此。19 世纪中期以来，中国在面临西方的严峻挑战时进行了艰苦卓绝的探索和尝试，西方的挑战激发了古老文明创新的活力，这种活力和热情主要来自中国的内部。中国的优秀历史文化传统无疑是构成文明核心价值体系的基础，并在新的历史条件下进一步发挥作用。

其次是对各文明内部发展的实证研究仍然有待进一步加强，缺乏对其发展动力的深入探索，对文明之间的交往互动的比较研究则仍不足。刘家和曾经指出：当我们还没有注意到不同文明之间的共性的时候就做比较，那么所见的就都是具体的异，世界历史就成了杂乱的一摊（有异无同），在这样的情况下，比较的研究有必要做抽象与概括的努力，从异中见其同，这无疑是一大进步；可是如果总停留在这个阶段上，那么世界的历史又会被看成为灰白的一片（有同无异），我们的研究应再进一步，从抽象上升为具体，从同中再看出其间之异，这个异不再等同于第一阶段之异，而是统一体中不同有机部分之间的异；要看出纵向发展与横向发展之间的内在关系，其坚实的基础就在于切实的微观的研究。[①]可以看出，《全球文明史》在进行微观层面的比较时，有些观点尚停留在文明的表层现象上，不能揭示对象的根本差异。书中不仅存在着史料断代错误（如有关越南历史的部分），而且其作者的某些观点还带有思

---

① 刘家和、廖学盛主编《世界古代文明史研究导论》，北京师范大学出版社，2010，"引论"，第 18 页。

辨性质和较强的个人主观色彩。这就使其得出的结论缺乏说服力。例如对世界历史中时间观念的比较研究，仍有从结果倒推原因之嫌。[①]

再次，虽然《全球文明史》尽力保持自己的中立立场，但在研究实践中却发生了偏差。《全球文明史》实际上建立的是作者对西方文明本身的自我认同。该书在涉及西方文明扩张对其他地区文明的影响、西方文明在世界历史中的地位等问题时，回护之情显而易见。应当说，《全球文明史》对西方世界史编撰中根深蒂固的"欧洲中心论"传统做出了一定程度的突破，但仍未能完全摆脱其束缚。

最后，在方法论的基本原则上，包括《全球文明史》在内的西方通史类全球史并没有实质性突破，仍然回避从因果必然性上探讨人类文明发展中的普遍规律。事实上，斯宾格勒和汤因比所进行的文明比较研究，是用比较方法去寻找或去证实他们认为适用于人类各个民族的文明兴衰的周期和典型的阶段，虽然由于采用思辨的而非实证的方式，那样的"兴衰周期"和"典型阶段"不具有可靠的解释性和科学性。[②] 斯宾格勒的文明比较研究存在的最明显缺陷就是缺乏实证研究的支持；汤因比虽然精于希腊史和西方近现代史的研究，但是把希腊罗马和西方世界的特殊经历和发展道路当作普遍的历史规律，硬套在其他文明史上，难免牵强附会，削足适履，这是所有描述式规律共同的弱点。[③] 正如有学者指出，西方比较史学在其发展所经历的以思辨的历史哲学为基础的宏观文

---

① "时间"问题颇受西方学者的重视，例如，戴维·S. 兰德斯曾多次谈到时间观念和时间价值。参见〔美〕戴维·S. 兰德斯《国富国穷》，门洪华等译，新华出版社，2010，第53、225、240页。彭慕兰和史蒂夫·托皮克讨论了"时间的标准化问题"。参见〔美〕彭慕兰、史蒂夫·托皮克《贸易打造的世界——社会、文化与世界经济》，黄中宪译，陕西师范大学出版社，2008，第226~228页。约翰·霍布森对戴维·兰德斯宣称的"时钟是中世纪所有机械发明中最伟大的成就，是观念上的革命，其他文明对时钟仰慕不已，但从未达到欧洲的标准"提出了质疑，认为中国人不过分依赖钟表这一说法是合理的，但说中国人对此不感兴趣，或者没有能力制造机械钟表，则是一种不合理的命题；有充分的证据表明，中国人（也可能是印度人）通过穆斯林对欧洲的钟表制造产生了深刻影响。参见〔英〕约翰·霍布森《西方文明的东方起源》，第117~118页。
② 徐浩、侯建新：《当代西方史学流派》第2版，第230页。
③ 徐浩、侯建新：《当代西方史学流派》第2版，第54页。

明史比较阶段、以实证主义为基础的有限历史过程比较阶段和以结构—
功能主义为基础的社会结构比较阶段中，都表现出一个根本的局限，即
西方学术界普遍信奉非决定论的本体论和唯心主义认识论，学者们的方
法论的基本原则就是拒绝或回避从因果必然性上去探讨决定社会历史过
程的终极原因和普遍的因果必然性的规律，而只限于运用直观经验性的
实证归纳方法对现象进行单层次的平面式的归纳，得出各种经验性的模
式或法则，或者叫作经验规律，这种规律也可看作描述性的规律，不是
因果必然性的规律；简言之，承认特殊性，却不能超越特殊性，是整个
当代西方比较史学面临的困境。[①] 这一点实际上也击中了西方通史类全
球史中文明研究的要害。虽然西方通史类全球史著作在文明比较研究领
域进行了积极探索，并且也取得了比较显著的成果，但也深刻暴露出西
方学者因其历史和现实因素制约所形成的在基本历史文化立场方面的局
限。换言之，西方通史类全球史在探索文明发展的动力和规律方面显现
出不足，单纯追求对各文化发展特殊性的研究，忽略对人类社会发展共
同性的研究，无法说明推动世界历史演变的各种力量之间错综复杂的关
系，无法阐明世界历史进程本身的多样性和统一性，也就无法反映出人
类文明生活的全貌，无法从文明角度构建出一个系统、科学的世界史理
论阐释体系。

---

① 何兆武、陈启能主编《当代西方史学理论》，第 399~407 页。

第五章　西方全球史中的帝国主义研究

帝国主义是历史学中的一个重要研究领域。此处考察了西方全球史对帝国主义的相关研究，从其如何界定帝国主义，及其把帝国主义作为竞争性社会组织和作为不同地区人类互动路径的三个方面的分析入手，认为西方全球史对帝国主义的研究在某种程度上从批判逐渐趋于宽松，而其把帝国主义视作竞争性组织和互动路径的做法，从开阔学术视野的角度而言自有其积极意义，但是难以对不同历史事件或进程做出科学、准确的判断与解释。

第一节　现时代帝国主义研究的必要性

学界一般认为，"帝国主义"（imperialism）这个概念本身是在 19 世纪中后期欧洲列强殖民扩张时期出现的，有关其定义不少。爱德华·W.萨义德在《文化与帝国主义》中提出，帝国主义引出了各种问题、怀疑、争辩和意识形态问题。① 这实际上说明了帝国主义相关问题研究的复杂性。例如，《不列颠简明百科全书》将帝国主义定义为："国家扩张势力与领土的政策、行为和主张，特别是经由直接占领土地或对其他地

---

① 〔美〕爱德华·W.萨义德：《文化与帝国主义》，李琨译，生活·读书·新知三联书店，2003，第3~4页。

区进行政治与经济控制来实现。"① 在中文语境中，根据《现代汉语词典》，"帝国主义"意指"资本主义发展的最高阶段。它的基本特征是垄断代替了自由竞争，形成金融寡头的统治"，同时也指帝国主义国家。②

实际上，虽然帝国和帝国主义现象在资本主义制度产生之前就已存在，但是19世纪70年代以来即现代的帝国主义与此前的帝国主义是有明显区别的。列宁从政治经济学的角度揭示了这个本质区别，即"帝国主义是作为一般资本主义基本特性的发展和直接继续而生长起来的"。③也就是说，帝国主义不是简单的一种对外政策，而是资本主义的一个发展阶段，是资本主义发展到了垄断阶段，金融资本形成统治。列宁指出，"帝国主义是资本主义的垄断阶段"，具有五个基本特征："①生产和资本的集中发展到这样高的程度，以致造成了在经济生活中起决定作用的垄断组织；②银行资本和工业资本已经融合起来，在这个'金融资本的'基础上形成了金融寡头；③和商品输出不同的资本输出具有特别重要的意义；④瓜分世界的资本家国际垄断同盟已经形成；⑤最大资本主义大国已把世界上的领土瓜分完毕。"④ 列宁分析批判了考茨基和霍布森关于帝国主义的论述，指出在帝国主义阶段，资本主义表现出特有的寄生性和腐朽性，同时，资本主义的发展在这一阶段比从前要快得多，只是发展更加不平衡。⑤

帝国主义时代同时也是殖民主义时代，或者说这一时期的帝国主义是一种殖民帝国主义。对帝国主义列强而言，殖民地对于其完成资本原始积累、满足资本主义内在扩张需求具有十分重大的意义，但其残酷压

① 《不列颠简明百科全书》修订版第1卷，中国大百科全书出版社，2011，第384页。
② 中国社会科学院语言研究所词典编辑室编《现代汉语词典》第6版，商务印书馆，2012，第287页。此版第287页将"帝国"解作"一般指版图很大或有殖民地的君主国家，如罗马帝国、英帝国。没有帝王而向外扩张的国家，有时也称为帝国，如希特勒统治下的德国叫第三帝国"。
③ 《列宁专题文集·论资本主义》，人民出版社，2009，第175页。
④ 《列宁专题文集·论资本主义》，第175~176页。
⑤ 《列宁专题文集·论资本主义》，第97页。

榨和血腥掠夺自然激起殖民地人民的反抗，民族解放运动蓬勃兴起，社会主义革命不断发展，世界殖民体系最终土崩瓦解。二战之后，国家主权原则得以在全世界范围内确立，成为公认的国际法和国际关系基本原则。到 20 世纪 50 年代末，正如霍布斯鲍姆所言，"幸存的老帝国已经清楚，有形的殖民统治得彻底放弃"。[①] 与二战后世界形势的变化相适应，帝国主义也在发展自己的新手段和新途径，从有形的直接统治向无形的间接统治转化，并竭力美化其侵略行径。"当代帝国主义""新帝国主义""新殖民主义""美帝国主义""霸权主义"等名词，所描述的便是帝国主义并未停止在全球范围内进行掠夺和扩张的现实。

当今世界，经济全球化把各国前所未有地紧密联系在一起，由于一国内部往往会有其他国家的利益存在，这就使得通过武力扩展有形边界的可能性和必要性都比二战前大大降低，而像经济安全或文化安全这样的无形边界如何操控，成为令发展中国家的政治家们殚精竭虑的问题和任务。在以信息技术为代表的新科技革命背景下，现时代帝国主义控制发展中国家的有效形式就是跨国公司，借此实现其利润最大化。跨国公司的活动范围要比传统的、有形的殖民帝国的疆域广阔得多。可以说，在经济全球化进程中，发达国家对发展中国家的经济控制程度已经远远超过了殖民时期宗主国对殖民地的控制程度。以美国为首的西方发达国家，借民主、自由和人权之名，推出"人权高于主权""国家主权终结论""国家主权过时论"等种种花样翻新的帝国主义性质理论，继续对发展中国家行野蛮掠夺和残酷剥削，不仅要攫取巨额的经济利润，而且大肆输出西方发达国家的价值标准和思想观念，甚至公开践踏国际法，粗暴干涉发展中国家内政，试图重塑世界。

现时代帝国主义的突出特点，正是寻求建立一种拥有国际规则制定权和解释权的全球性机制，力图使自身合法化。对于发展中国家而言，

---

① 〔英〕艾瑞克·霍布斯鲍姆：《极端的年代：1914—1991》，马凡等译，江苏人民出版社，2011，第 228 页。

面对纷繁复杂的国际政治现实，其影响既有积极的一面，也有消极的一面，其中甚至暗藏凶险和陷阱。以中国为例，以美国为首的西方发达资本主义国家发起了对中国的贸易战、汇率战、金融战、能源战、粮食战，等等，企图攫取巨额暴利（在有些领域已经获取了巨额暴利）。这已经对中国人的日常生产和生活造成深刻的不利影响。换言之，发展中国家在经济全球化进程中必须维护好自己的有形或无形的各种利益边界，即维护好各领域、各层次的国家主权和国家利益，防止发达资本主义国家通过金融等手段转嫁危机，保护自身多年建设的成果，否则本国人民付出种种代价、通过辛苦劳动获得的经济发展红利，就有被发达国家跨国垄断资本以各种明暗手段吞噬的可能。这就要求包括中国在内的发展中国家要充分重视帝国主义的当代表现和动向，提高对复杂国际局势的应变能力，切不可坐等问题不断蔓延以致贻误解决问题的最佳时机。人们必须警惕某些西方学者所声称的"帝国主义是资本主义的一个发展阶段，它已经让位于国际公司资本主义"① 或者"应该用帝国概念来代替帝国主义，帝国主义概念已经过时"② 等为西方霸权主义张目的各种似是而非的观点。也正因此，人们不仅要关注帝国主义的各种当代表现和动向，而且应当充分重视和深入考察西方历史学对帝国主义的相关研究。

第二节　西方全球史中的帝国主义

在西方学术界，"帝国主义"一词本身是一个寄托着复杂含义与情感的概念。正如有学者指出，帝国主义和殖民主义在英美精英文化中曾经具有积极意味，但两次世界大战之后则再难以公开地为其唱赞歌。③

---

① 曹义恒、曹荣湘主编《后帝国主义》，中央编译出版社，2007，第 27 页。

② 〔美〕麦克尔·哈特、〔意〕安东尼奥·奈格里：《帝国：全球化的政治秩序》，杨建国等译，江苏人民出版社，2008，"序言"，第 2~4 页。

③ Frank Füredi, *The New Ideology of Imperialism: Renewing the Moral Imperative*, London and Boulder, Colorado: Pluto Press, 1994, pp. 80~81.

不过，这并不妨碍西方学界或明或暗地为其国家的帝国主义行径开脱。特别是在历史编撰领域，西方始终有一些学者为帝国主义列强的侵略行径辩护，或者有意地淡化西方帝国主义的残酷血腥色彩。

例如，1932 年出版的由美国史学家海斯、穆恩、韦兰三人合著的《世界史》一书，将帝国主义解作"文明国家要统治较弱的或者'落后的'民族，如非洲的黑人和印度各民族，这种欲望和政策就叫做帝国主义"。[1] 该书将欧洲各国对亚非拉地区的血腥殖民和侵略美化成"一点一点地把它们的文明传播到全世界"，而"要引导千百万陌生人走上欧洲文明和进步的道路是一个负担，而且是一个沉重的负担"，[2] 这堪称是一种极端观点，显然是对客观人类历史的蓄意歪曲。该书还将欧洲强国推行帝国主义的动机归纳为四点：①爱国者渴望使他们的国家拥有更多的领土；②商人们渴望得到可以销售制成品和获得原料的殖民地，还想在他们自己的国旗保护下的矿山等处投资，这种经济动机也许是帝国主义最强烈的原因；③认为占领某一地区是国防所必需；④传教的精神——渴望使落后的种族开化或者基督教化。[3] 不难看出，其中对帝国主义的美化维护与主观臆断溢于言表。但即便如此，该书上述文字也难以掩盖帝国主义"渴望得到可以销售制成品和获得原料的殖民地"等重要特征。

20 世纪中期以来，作为西方世界史重构潮流的产物，西方全球史以研究"跨文化互动"为宗旨、追求中立价值判断，涌现出众多的通史和专题研究论著。与西方传统的带有明显"欧洲中心论"色彩的世界史研究相比，全球史在破除西方惯有的文化偏见方面做出了更加积极的努力。在总体上，专题类全球史著作固然也含有对帝国主义的相关研究，如克罗斯比的《生态帝国主义：900~1900 年欧洲的生物扩张》，等等，但此类研究主要仍体现在通史类的全球史著作当中。因此，考察西方通史类全球史著作

---

① 〔美〕海斯、〔美〕穆恩、〔美〕韦兰：《世界史》，冰心、吴文藻、费孝通等译，翦伯赞作序，世界图书出版公司，2011，第 487 页。

② 〔美〕海斯、〔美〕穆恩、〔美〕韦兰：《世界史》，第 470 页。

③ 〔美〕海斯、〔美〕穆恩、〔美〕韦兰：《世界史》，第 488 页。

有关帝国主义的论述，不仅有助于人们进一步分析西方学者对帝国主义的认识，而且也有利于更加深入地把握西方全球史编撰的特点和内涵。

一　全球史对帝国主义的界定

纵观西方通史类的全球史著作，可以看出，从 20 世纪中期以来，其对帝国主义的界定颇具差别。

作为全球史观首倡者的杰弗里·巴勒克拉夫，1978 年出版了其所主编的《泰晤士世界历史地图集》。该书在"欧洲的殖民帝国　1815～1914"中认为，巨大新帝国的建立发生在 19 世纪最后 25 年间；在"帝国主义和民族主义　1919～1941"中认为，到 20 世纪 20 年代，欧洲帝国在亚洲和北非发展到顶峰。[①] 该书对帝国主义做了两点区分。一是区分了不同时期的帝国主义，在"希腊文明的传播"中，此时的殖民地不是近代意义的殖民地，它们是独立于母邦的城邦，虽然剥削土著，但与 19 世纪的抢地运动相比规模就小得多了。[②] 二是区分了欧美帝国主义的不同表现，在"形成中的美国：向西部扩张　1783～1890"中，认为"在欧洲列强忙于在非洲和亚洲追求帝国梦想之际，美国得以享受到建立它的内向的帝国的好处，向西部扩张的运动可以理解成为国内的帝国主义，它与欧洲的帝国主义活动具有一些类似的动机，但结果则迥然不同"。[③] 巴勒克拉夫主编的《泰晤士世界历史地图集》于 1999 年出版了新修订版，中译本名为《泰晤士世界历史》，新版主编为理查德·奥弗里（Richard Overy）。该书对 19 世纪的帝国主义做了一些阐释，认为欧洲帝国主义的关键在于工业力量和技术实力，全世界广大地区对于欧洲的技术几乎没有什么抵抗力，这使欧洲得以保持技术优势，随着海运航线和铁路线的稳固发展，原材料开始流向欧洲和美洲，在那里加工成昂贵的制成品，再向原材料提供地区销售以赚取利润，传统的民族经济成

① 〔英〕杰弗里·巴勒克拉夫主编《泰晤士世界历史地图集》，第 244、260 页。
② 〔英〕杰弗里·巴勒克拉夫主编《泰晤士世界历史地图集》，第 75 页。
③ 〔英〕杰弗里·巴勒克拉夫主编《泰晤士世界历史地图集》，第 220 页。

了欧洲和北美帝国主义经济扩张的牺牲品。[①]

斯塔夫里阿诺斯在新版《全球通史》（1999 年）中区分了帝国主义和新帝国主义两个概念。他认为帝国主义是指一个国家、民族或种族对其他类似集团的政治的或经济的、直接的或间接的统治或控制，新帝国主义则指 19 世纪后期欧洲的巨大扩张；新帝国主义与旧时一个国家对另一个国家的帝国主义控制不同，因为它不是简单地要求进贡，而是完全改变被征服的国家，而传统的帝国主义包含剥削，但不包含根本的经济变化和社会变化。[②] 与之类似，理查德·W. 布利特和柯娇燕等人的《地球与人类：全球历史》一书将 19 世纪的帝国主义与此前的帝国主义做了区分，并也冠以"新帝国主义"之名。他们指出，欧洲的帝国主义传统可以追溯到 12 世纪，新帝国主义的特征就是此时的领土征服激增，远超之于 16 世纪的西班牙扩张，新帝国主义并非简单地攫取土地，而是运用经济和技术手段把独立的国家重新组织起来并纳入世界经济体系。[③] 这两部著作中的"新帝国主义"，实际上是指 19 世纪中后期的帝国主义。

杰里·本特利与赫伯特·齐格勒在《新全球史：文明的传承与交流》中也注意到了帝国主义在不同历史阶段的差异。该书把帝国主义解释为"16 世纪到 19 世纪欧洲列强的扩张及其对非洲、亚洲国家的征服和殖民"。[④] 该书认为"建立帝国并不是世界历史上的新鲜事。然而到 19 世纪，欧洲观察家们注意到，此时的帝国与早先有所不同。因此，在这一世纪中叶，他们开始谈论帝国主义，到 80 年代，这个新创造的概念进入了西欧各国的流行语言。在当时的语言中，帝国主义指欧洲国家——也

① 〔英〕理查德·奥弗里主编《泰晤士世界历史》，毛昭晰等译，希望出版社、新世纪出版社，2011，第 245、254 页。

② 〔美〕斯塔夫里阿诺斯：《全球通史：从史前史到 21 世纪》第 7 版修订版下册，第 506 页。

③ Richard W. Bulliet, Pamela kyle Crossley, Daniel R. Headrick, Steven W. Hirsch, Lyman L. Johnson and David Northrup, *The Earth and Its Peoples: A Global History*, fifth edition, New York: Cengage Learning, 2012, p. 740.

④ 〔美〕杰里·本特利、〔美〕赫伯特·齐格勒：《新全球史：文明的传承与交流》下册，第 1237 页。

包括后来的美国和日本——对世界的控制"，有时这种控制是通过旧的手段如武力完成的，但更为经常的是通过贸易、投资和商业活动，列强从殖民地中获利，在不直接进行政治控制的前提下影响殖民地的事务。① 另外，威廉·J. 杜伊科和杰克逊·J. 施皮尔福格尔在他们的《世界史》一书中，把 19 世纪西方向亚洲和非洲的经济扩张过程称为帝国主义。②

还有一些全球史著作在宽泛的意义上使用帝国主义概念。例如，克雷格·A. 洛卡德在《社会、网络和转型：全球史》中，把帝国主义解释为"一国或一个民族对另一国或另一民族的直接或间接的控制或统治"，他认为，欧洲入侵非洲社会的主要后果之一就是帝国主义，西方争夺非洲殖民地的充分发展是随着欧洲的快速工业化而开始的。③ 皮特·N. 斯特恩斯在其著作中则将帝国主义解释为"扩展统治的政策或者凌驾于另一国或地区的权威"。④ 他还认为，虽然西方的政治模式和文化影响仍然相当强劲，但正式的帝国主义在很大程度上已经是过去的事情。⑤

菲利普·费尔南德兹-阿迈斯托编著的《世界：一部历史》提出，16~18 世纪，帝国发展成为世界历史最显著的特点之一，不仅通过征服，也通过合作来扩张，它们通常不是靠武力形成的，因为没有一个国家有足够的资源来完成这样一个任务，帝国主义有助于把人类引入一个崭新的演变时代；⑥ 19 世纪后半叶全球历史的新特点是白人帝国的崛起。⑦ 该书没有对帝国主义做出明确定义，但实际上其运用更加宽泛。

---

① 〔美〕杰里·本特利、〔美〕赫伯特·齐格勒：《新全球史：文明的传承与交流》下册，第 962~963 页。

② William J. Duiker and Jackson J. Spielvogel, *World History*, 6th edition, New York: Cengage Learning, 2010, p. 615.

③ Craig A. Lockard, *Societies, Networks, and Transitions: A Global History*, 2nd edition, New York: Cengage Learning, 2011, p. 429.

④ Peter N. Stearns, *World History: The Basics*, London and New York: Routledge, 2011, p. 194.

⑤ Peter N. Stearns, *World History: The Basics*, p. 179.

⑥ 〔美〕菲利普·费尔南德兹-阿迈斯托编著《世界：一部历史》第 2 版下册，第 609~610 页。

⑦ 〔美〕菲利普·费尔南德兹-阿迈斯托编著《世界：一部历史》第 2 版下册，第 964~965 页。

二　全球史视野中作为竞争性社会组织的帝国和帝国主义

在一些通史类全球史著作中，帝国和帝国主义具有相互竞争的社会组织的含义。例如，威廉·H. 麦克尼尔在《人类之网：鸟瞰世界历史》中提出帝国是推动都市网络不断扩展的有意识组织之一。该书认为，"各种网络皆具有社会生活无意识、无组织的特征。然而无论如何，它们自身之中也包含着一些有意识的组织——如各种血缘组织、部落、教堂、公司、军队、匪帮团伙、帝国等等——所有这些组织皆拥有自己的领袖，他们都行使着非同寻常的权力。为了追求自身的利益，这些领袖致使都市网络不断地扩展。……在以往岁月中，由这种动机所驱使的扩展给生活在都市网络之外的人们造成了极大的灾难，在捍卫自己的民众、财富、资源或宗教信仰方面，他们的组织相对贫乏。而在这些灾难中幸存下来的那些人们发现，自己已经身陷于一个全新的经济、政治和文化联系之中，简而言之，已置身于一个陌生的网络之中。因此，那些社会组织的领袖们为了拓展自己的权势和地位，一直在（即或有时是无意识的）推动自己所处的网络向外持续不断地扩张"。[①] 显然，在麦克尼尔看来，这些不断扩张的网络不断发生着竞争。

埃德蒙·柏克三世、大卫·克里斯汀、罗斯·E. 杜恩在他们的《世界史：大时代》一书中对各时代的帝国进行了分析。该书认为大时代四（公元前1200~500年）中的帝国之所以被称为帝国不仅是因为面积大，而且因为它们是由一个单独政府和一个特定血统的精英阶级统治着语言、民族和宗教不同的其他各个民族的组织；大约从300年至400年，帝国的这种建立周期陷于停顿；在大时代五（300~1500年）中，西非、中美洲和南美洲首先出现大帝国，一些帝国甚至比上个时代的大汉帝国和罗马帝国还大，其中最大的是8世纪的阿拉伯穆斯林帝国和13世纪的蒙

---

① 〔美〕约翰·R. 麦克尼尔、〔美〕威廉·H. 麦克尼尔：《人类之网：鸟瞰世界历史》，"导论"，第4~5页。

古帝国；在大时代六（1400～1800 年）中，西班牙、葡萄牙、荷兰、英
国、法国等航海帝国崛起，相比之下，美洲的阿兹特克帝国和印加帝国
虽然地域辽阔，但更类似于前一时代亚欧非大陆上的农耕式国家，而非
新型的枪炮帝国，因此只能迅速地衰落。① 克雷格·A. 洛卡德在《社
会、网络和转型：全球史》中分析到，强有力的社会形成帝国自古即
有，但数个世纪之后帝国变得更大和更复杂，17 世纪中期超过 2/3 的世
界人口都生活在其经济基础主要为农业的几个大帝国之中，所有的帝国
都依靠军事力量，特别是火药武器，而大英帝国与荷兰和其他强国不同，
它们更主要地依靠世界贸易。② 上述著作也都暗含着把帝国主义国家视
作竞争性社会组织的意味。

　　这方面最典型的著作当属菲利普·费尔南德兹-阿迈斯托编著的
《世界：一部历史》，此处不妨稍加详述。从其通篇结构来看，把帝国主
义视作人类社会组织及其发生的竞争堪称其内在线索之一。该书上下两
卷目录中便频繁出现帝国和帝国主义的字样。③ 这在通史著作中是不多

---

① 〔美〕埃德蒙·柏克三世、〔澳〕大卫·克里斯汀、〔美〕罗斯·E. 杜恩：《世界史：大时
　　代》，杨彪等译，华东师范大学出版社，2012，第 46、55、77 页。
② Craig A. Lockard, *Societies, Networks, and Transitions: A Global History*, p.720.
③ 该书在第二篇"农耕者与建造者，公元前 5000～前 500 年"第五章"重建世界：复苏、新发
　　端及其局限"中的第三节"中国和南亚的诸帝国与复苏"中，在标题上首先出现了"帝国"
　　一词，且该词被冠在中国和南亚国家头上。第三篇"轴心时代，公元前 500～公元 100 年"第
　　七章冠以"伟大的帝国"之名。随后第四篇"间歇性转变，公元 3～10 世纪"中的第八章名
　　为"后帝国世界：欧亚与非洲的帝国问题，公元 200～700 年"。第六篇"严峻考验：13 和 14
　　世纪欧亚大陆的危机"中，第 15 章"扩张的世界：14 世纪末和 15 世纪的经济复苏"下辖各
　　节标题为"软弱的非洲帝国""美洲的生态帝国主义""新兴的欧亚帝国""中国帝制的局限
　　性""海洋帝国的开端""欧洲的前景：问题与希望"。第 16 章"帝国竞技场：16 和 17 世纪
　　的新帝国"下辖各节标题为"海上帝国：葡萄牙、日本和荷兰""陆上帝国：俄罗斯、中国、
　　印度莫卧儿和奥斯曼土耳其""美洲的新陆上帝国""全球贸易平衡"。第 21 章"全球接触时
　　代：18 世纪帝国的扩张与交接"下辖各节标题为"受限或衰落中的亚洲帝国主义：中国、波
　　斯和奥斯曼""印度的帝国权力逆转：莫卧儿衰落和英国崛起""荷兰东印度公司""黑色大
　　西洋：非洲、美洲及奴隶贸易""新大陆的陆地帝国"。第九篇"进步的挫折，至大约 1900
　　年"，其中第 25 章"19 世纪西方称霸世界：权力的西移和全球帝国的崛起"下辖各节标题为
　　"鸦片战争""白人帝国：崛起和抵抗""帝国统治的方法""商业帝国主义""'新欧洲'的
　　帝国主义""别处的帝国：日本、俄罗斯和美国""建立帝国的基本理由"。参见〔美〕菲利
　　普·费尔南德兹-阿迈斯托编著《世界：一部历史》第 2 版上册，"目录"，第 1～11 页。

见的。可以说,《世界:一部历史》把"作为竞争组织的帝国主义"阐述得淋漓尽致。该书提出:"数百年甚或数千年以来,一种统治全世界的权力观念驱动着欧亚大陆的帝国主义。"① 在被描绘为"扩张的世界"的第 15 章中,该书主张:"从 1460 年开始,扩张活动在世界上遥遥相隔的国家内,星火燎原般迅速展开,扩张时代真正开始了。不过,这一现象并不像有些历史学家说的那样,仅仅是欧洲扩张的现象,而是全球扩张的现象。世界并没有被动地等待欧洲的扩大,以使其像被魔棒点中那样得到改变,其他社群早就在创造自己的奇迹,使国家成为帝国,使文明得到开化。"② 在"软弱的非洲帝国"一节中,该书提到了 15 世纪 50 年代葡萄牙与地处西非的马里的第一次接触,认为"由于缺少一个强大的非洲国家,欧洲人不再把非洲黑人视作与他们平等的人,这就形成了世界历史上的一个悲剧"。③ 该书将"美洲的生态帝国主义"解释为:"自从有创造力的历史学家阿尔弗雷德·克罗斯比 1972 年创造生态帝国主义这个词后,历史学家就一直用它指称欧洲帝国主义殖民者给他们的殖民地带来的全面环境变化。这个词也适合土著的美洲帝国",并且认为,"在阿兹特克和印加帝国无限扩张的背后,不存在任何复苏动力。……它们在本质上都属于传统的美洲帝国,并且都已超越了现实对其潜能的限制"。④ 在"中国帝制的局限性"一节中,该书提出,"中国统治者就通过巩固他们的陆上帝国和限制海上帝国主义,确保了国家的长治久安。结果,世界上所有在最近 500 年内创立起来的海上帝国都走向了崩溃,而中华帝国仍然屹立在那里"。⑤ 在论及欧洲开拓大西洋线路时,该书声称,"欧洲向大西洋延伸,这可能既不是由于它的科学或实力,也不是由于它的幻想或铤而走险。这是一场空间上的比赛,欧洲从

---

① 〔美〕菲利普·费尔南德兹-阿迈斯托编著《世界:一部历史》第 2 版上册,第 105 页。
② 〔美〕菲利普·费尔南德兹-阿迈斯托编著《世界:一部历史》第 2 版上册,第 558 页。
③ 〔美〕菲利普·费尔南德兹-阿迈斯托编著《世界:一部历史》第 2 版上册,第 561 页。
④ 〔美〕菲利普·费尔南德兹-阿迈斯托编著《世界:一部历史》第 2 版上册,第 565、570~571 页。
⑤ 〔美〕菲利普·费尔南德兹-阿迈斯托编著《世界:一部历史》第 2 版上册,第 582 页。

后面赶超了过来。在那些通往印度洋的繁荣文化看来，没有必要为了寻求新的资源，去开发遥远的陆地和海洋。但对于需要金钱的欧洲而言，它得利用大西洋上的新产品。它就如同今天的不发达国家，迫不及待地争夺从石油到天然气的海外财富。在某种程度上，它的努力最终得到了报偿"。① 上述文字中对史实的扭曲，或者措辞的武断，以及不适当的类比，都是显而易见的。

《世界：一部历史》甚至明确主张，帝国主义并非西方特有的罪恶，亚洲、非洲和美洲土著人民缔造并领导的这一时期的一些帝国，都给人留下了深刻的印象；欧洲的帝国通常依靠的也是非欧洲合作者，因为这些人能看到和欧洲人合作的优势；甚至在 19 世纪，帝国主义扩张并不是白人的特权，其他的非洲土著国家也试图扩张，但是或早或晚全都屈服于欧洲人。② 这些观点已经明显在为欧洲帝国主义列强的侵略行径张目了。

三　全球史视野中作为人类互动路径的帝国主义

通史类全球史著作对帝国主义的研究还体现出另外一层含义，这就是将帝国主义视作世界不同地区人类之间互动的路径。杰里·本特利、赫伯特·齐格勒在《新全球史：文明的传承与交流》中认为，19世纪全球性帝国的建立显著加快了世界一体化的步伐。③ 菲利普·费尔南德兹-阿迈斯托提出："15 世纪的扩张仍是一种新的发展，并且可能导致世界的变化。15 世纪 90 年代所开辟的新航线不仅连接了人口稠密的欧洲大陆中心带、美洲和非洲，还从海上把欧洲和亚洲相连。由此，我们可以看到一个彼此联系的世界框架的开端，世界体系可以覆盖整个地球。这个世纪扩张的帝国正在彼此靠近，它们相互接触的地方，成了传

---

① 〔美〕菲利普·费尔南德兹-阿迈斯托编著《世界：一部历史》第 2 版上册，第 594~595 页。
② 〔美〕菲利普·费尔南德兹-阿迈斯托编著《世界：一部历史》第 2 版下册，第 610、972 页。
③ 〔美〕杰里·本特利、〔美〕赫伯特·齐格勒：《新全球史：文明的传承与交流》下册，第991 页。

播的贸易、技术、概念、情感与生活方式的规模空前的竞技场，其结果将改变此后三个世纪的世界，造成全球性对抗、贸易、冲突、接触传染以及文化上和生态上的交流。"① 威廉·H. 麦克尼尔在《人类之网：鸟瞰世界历史》中，把欧洲帝国主义放在了第七章"打破旧链条，拉紧新网络（1750~1914）"之中，无疑也蕴含此意。他还论及了互动的后果，指出工业化使得欧洲各国的领土扩张代价极低，因此变得更有诱惑力，工业化和其他因素的作用在地缘政治上造就出一批新的胜利者和失败者。②

罗伯特·蒂格诺、杰里米·阿德尔曼、史蒂芬·奥隆等人的《世界的聚合与分离：从人类诞生到现在的世界历史》一书，把帝国主义与世界经济的一体化联系起来，指出帝国主义列强在本国与殖民地之间建立了铁路网络，促进了人员和货物从腹地向海岸流动。③ 该书进而提出，世界从政治上分裂为帝国式的民族国家和殖民地，造成了工业社会和非工业社会的经济分裂。④ 上文提到的理查德·W. 布利特和柯娇燕等人的《地球与人类：全球历史》一书，所主张的"新帝国主义并非简单地攫取土地，而是运用经济和技术手段把独立的国家重新组织起来并纳入世界经济体系"，⑤ 也暗含这层意味。

皮特·N. 斯特恩斯在其著作中指出，在整体上，19 世纪晚期的欧洲帝国主义，曾经被解释为对所谓本地民族的压榨，其中区别可能仅在于不同群体设法摆脱欧洲完全控制的程度而已，但事实上帝国主义是一个互动的过程，在此过程中当地民族设法通过很多方式表达自己，而不

---

① 〔美〕菲利普·费尔南德兹-阿迈斯托编著《世界：一部历史》第 2 版上册，第 598 页。

② 〔美〕约翰·R. 麦克尼尔、〔美〕威廉·H. 麦克尼尔：《人类之网：鸟瞰世界历史》，第 230~239 页。

③ Robert Tignor et al., *Worlds Together, Worlds Apart: A History of the World from the Beginnings of Humankind to the Present*, New York: W. W. Norton & Company, 2008, p. 736.

④ Robert Tignor et al., *Worlds Together, Worlds Apart: A History of the World from the Beginnings of Humankind to the Present*, p. 760.

⑤ Richard W. Bulliet, Pamela kyle Crossley, Daniel R. Headrick, Steven W. Hirsch, Lyman L. Johnson and David Northrup, *The Earth and Its Peoples: A Global History*, p. 740.

仅仅是简单地对欧洲人的指令做出反应，欧洲人在此过程中也同样受到影响。① 他将这种相互关系称为"作为互惠的相遇"，认为"接触是相互的经历，制造了相互的妥协和调整"，② 进而提出，被征服群体的经历，例如帝国主义统治下的非洲，必须通过互动来研究，而非仅仅是压榨。③

埃德蒙·柏克三世、大卫·克里斯汀、罗斯·E. 杜恩在《世界史：大时代》中把人类社会的交流网络越来越紧密的趋势称为"全球大联合"，指出这一网络发展最显著的例子就是亚欧非历史上第一次大规模与美洲人（从 16 世纪初开始）和澳大拉西亚人（从 18 世纪末开始）的交往，西欧人的思想传播到世界其他地方，并成为指导人类处理问题的各种方法，这些智力和文化发展有助于将理性科学作为衡量和解释自然世界以及人类行为的标准。④

从上述全球史著作来看，无论是将帝国主义视作一种竞争性的社会组织，还是将其视作一种互动路径，实际上都隐含着相同的思路和意图，即试图将浸透血腥的帝国主义洗白。西方通史著作的内在要求之一，无疑是要建立对西方文明本身的自我认同，全球史也不例外。对帝国主义的研究不仅涉及对西方历史的认识，而且关系到西方国家当今的国际政治形象及政策取向。因此，西方全球史在编撰中对帝国主义的回护之情显而易见。换言之，其历史反思是以不危及西方文化自信心为前提的。有些全球史研究者对这个问题并不讳言，例如，最典型的就是皮特·N. 斯特恩斯等人的《全球文明史》，该书一方面指出"保持公允和周全的视野是最根本的"，另一方面公开承认"但这样说容易，实际做到却很难"。⑤

① Peter N. Stearns, *World History*：*The Basics*, p. 134.
② Peter N. Stearns, *World History*：*The Basics*, p. 133.
③ Peter N. Stearns, *World History*：*The Basics*, p. 136.
④ 〔美〕埃德蒙·柏克三世、〔澳〕大卫·克里斯汀、〔美〕罗斯·E. 杜恩：《世界史：大时代》，第 71~72 页。
⑤ 〔美〕皮特·N. 斯特恩斯等：《全球文明史》第 3 版上册，第 470~471 页。

四 问题与局限

正如帕特里克·曼宁指出，全球史本身是全球范围内的人类社会交往史。[①] 因此，对于西方全球史而言，帝国主义无疑是具有首要意义的课题。[②] 在总体上，西方全球史编撰中的帝国主义研究具有以下三个特点。

首先，在如何界定帝国主义的问题上，全球史研究者的观点不尽相同，基本来说可以分为大致两种，区别在于是否由时间上的区分（重点在 19 世纪）而进行性质上的判断。从其著作发表的时间来看，全球史对帝国主义的态度和立场，在某种程度上从批判逐渐趋向于更加宽松，或者按全球史的术语来说逐渐趋向于"中性"。这也可从 2001 年"9·11"事件后西方的政治氛围发生变化得到印证。[③] 例如，"帝国主义学派最聪明的历史学者"[④] 尼尔·弗格森便公开提出 21 世纪比以往更需要帝国，而美国则有充足的理由来扮演自由帝国的角色，可以参见他的《帝国：英国如何创造现代世界》与《巨人：美帝国的兴衰》等作品对帝国主义的阐述。[⑤] 可以说，晚近的全球史著作对待帝国主义问题，已经再无当年巴勒克拉夫那样鲜明的批判立场。巴勒克拉夫曾经明确指出，1947 年后帝国主义仍然普遍存在，其形式可能改变但其本质不变，虽然欧美帝国主义列强已不是政治性帝国，但其经济力量使其具有世界性的杠杆，世界并非由平等的民族组成，事实上在很多重要领域不平等都加剧了。[⑥]

---

① Patrick Manning, *Navigating World History: Historians Create a Global Past*, p. 3.
② Jerry H. Bentley, "The New World History", in Lloyd Kramer and Sarah Maza, eds., *A Companion to Western Historical Thought*, Malden: Blackwell Publishing, 2006, pp. 393-416.
③ 〔英〕大卫·哈维：《新帝国主义》，初立忠、沈晓雷译，社会科学文献出版社，2009，第 15 页。
④ 〔英〕艾瑞克·霍布斯鲍姆：《霍布斯鲍姆看 21 世纪》，吴莉君译，中信出版社，2010，第 37 页。
⑤ Niall Ferguson, *Empire: How Britain Made the Modern World*, London: Allen Lane, 2003; Niall Ferguson, *Colossus: The Rise and Fall of the American Empire*, London: Penguin Press, 2005.
⑥ Geoffrey Barraclough, *Turning Points in World History*, London: Thames and Hudson, 1979, pp. 72-73.

有关帝国主义研究的这种现象也表明，半个多世纪以来，随着世界形势的变化，西方全球史本身也处于演变之中。

正如列宁所言，泛泛地谈论帝国主义而忘记或忽视社会经济形态的根本区别，必然会变成最空洞的废话或吹嘘，就像把大罗马和大不列颠相提并论那样，就是资本主义过去各阶段的资本主义殖民政策，同金融资本的殖民政策也是有重大区别的。[①] 世界历史上不同时期的不同国家，是否能够界定为帝国（如在帝国主义列强瓜分非洲狂潮中一度击退了意大利的入侵，但在 1935 年被意大利占领的埃塞俄比亚），其作为是否可界定为帝国主义（如所谓的中国海上帝国主义），显然是可商榷或有很大争议的，有些甚至并不符合历史事实。而且，正如有学者指出，历史上每一次领土扩张的原因都归咎于一个简单的、套用的定式是不客观的。[②]

其次，倘若单纯把帝国主义视作相互竞争的社会组织来理解，在纵向时间上不加区分地使用帝国和帝国主义的概念，罗列不同历史阶段的现象，而不进一步分析现象背后的深层原因，或者在横向空间上混淆欧洲帝国主义侵略和其他地区的移民现象，把欧洲帝国主义夹杂在"亚洲帝国主义""非洲帝国主义""欧亚大陆的帝国主义"等诸种名词之间使用，连欧洲的殖民地也被冠以"帝国"之名，那么按照上述思路，就容易造成帝国主义和殖民主义自古以来便存在，现代欧洲国家只不过是在包括亚非拉地区在内的世界帝国主义竞争中脱颖而出的印象，欧洲帝国主义的原罪感被大大拉低。同时，这种做法也容易掩饰矛盾的深刻性，并不足以解决西方历史认识中存在的问题。实际上，如何认识欧洲帝国主义直接关系到西方全球史能否切实突破"欧洲中心论"的束缚，超越对以往历史的曲解或刻意歪曲，进而更加科学地考察全球文明的演变。

最后，西方全球史学者把帝国主义视作全球互动得以进行的一种平

---

① 《列宁专题文集·论资本主义》，第 169~170 页。
② 〔美〕腾尼·弗兰克：《罗马帝国主义》，宫秀华译，上海三联书店，2008，"前言"，第 1 页。

台或路径，把帝国主义与奴隶制的废除、生态物种的交流、全球移民、环境变迁等内容联系在一起，从开阔学术视野的角度来看自有其积极意义；但是，脱离帝国主义与资本主义的关系这一核心问题而在含混的状态上使用帝国和帝国主义这两个名词来做局部的细节探讨，显然难以对不同历史事件或历史进程做出准确的判断和解释。例如，18~19世纪欧洲人大规模自愿外迁，目的地多为欧洲的殖民地，"他们是在向当地的野蛮居民传播一套优越的世俗文化，在向异教徒传递基督耶稣的圣言"；[1] 这与主要来自西非的约1200万人被迫迁移到新大陆相比，[2] 在性质上是完全不同的。又如，西方全球史注重考察帝国主义者与殖民地人民之间的冲突、协商与合作等复杂的互动过程，但是这并不意味着可以忽视帝国主义本身制造民族压迫的性质，因为正如列宁所言，"帝国主义是金融资本和垄断组织的时代，金融资本和垄断组织到处都带有统治的趋向而不是自由的趋向，……民族压迫、兼并的趋向即破坏民族独立的趋向（因为兼并正是破坏民族自决）也变本加厉了"。[3] 或者又如霍布斯鲍姆所言，"不论那些强权如何吹嘘他们的征服行动为受害者带来多少好处，或白人自以为是的优越性为其他有色民族做了多好的安排"，"帝国从未替自身领土之外的世界，创造过任何和平与稳定"，"所谓的'征服者的善意'或他们带来的善果，都只是帝国主义的修辞罢了"。[4]

综上所述，西方全球史对帝国主义的研究表明，自巴勒克拉夫以来，随着世界形势的变化，全球史研究表现出一个演变的过程；晚近的一些西方全球史著作对帝国主义的研究，将宗主国与殖民地互动的各方主体均做相对化的处理，将侵略与被侵略的关系模糊为相互竞争的关系、将剥削与被剥削的关系简单化为相互接触的关系，实际后果就是回避或消

---

① 〔英〕德里克·希特：《公民身份——世界史、政治学与教育学中的公民理想》，郭台辉、余慧元译，吉林出版集团有限责任公司，2010，第183页。
② 〔美〕哈立德·科泽：《国际移民》，吴周放译，译林出版社，2009，第2~3页。
③ 《列宁专题文集·论资本主义》，第206~207页。
④ 〔英〕艾瑞克·霍布斯鲍姆：《霍布斯鲍姆看21世纪》，"序"，第6、29~30页。

解了历史定性的重大问题。这既不能科学说明推动历史演变的各种力量之间错综复杂的关系，也不能阐明世界历史进程本身的多样性和统一性，实际上暴露出西方全球史在基本历史文化立场方面的局限，某些学者的著作更是难脱有意歪曲历史之嫌。作为一种历史现象和现实存在，帝国主义无疑是历史编撰中的一个重要研究领域。对不同历史时期和不同地域空间的各种表象，都需要历史学家谨慎地加以对待，才能透过表面的、偶然的历史现象，穿透原始材料观察整体，把握帝国主义的社会经济实质，尽可能地还原历史真实。只有真实的世界历史，才能展示当代世界的根本基础和轮廓，使人们更加清醒地面对未来。

第六章　西方全球史的方法论

在中文语境里，"方法论"一词有两个含义，一是"关于认识世界、改造世界的根本方法的学说"，二是"在某一门具体学科上所采用的研究方式、方法的综合"。① 此处的"方法论"使用的是第二个含义，从史学理论及史学史的角度，探讨西方全球史在研究和编撰当中采用的主要方法，也就是西方全球史中的跨文化互动研究（即地球上不同人群接触后发生的多种交往），分析其由来与特点，并给予其适当的历史定位。

第一节　西方全球史对跨文化互动研究的重视

一　作为研究方法的跨文化互动

兴起于 20 世纪中期的西方全球史，十分重视对人类交往史、互动史的研究。2008 年，柯娇燕的《什么是全球史》出版，如前所述，这是一本导论性质的著作，综述了有关全球史的各种构想与写作方式。将"全球史"界定为用来"描述一切试图致力于广泛、大规模"的历史②的柯娇燕认为，全球史学家正是以其方法而不是史实，区别于那些研究地区史或国别史的学者，全球史学家弥补区域史学家所缺乏的东西，反之亦

---

① 中国社会科学院语言研究所词典编辑室编《现代汉语词典》第 6 版，第 365 页。
② 〔美〕柯娇燕：《什么是全球史》，第 99 页。

然；全球史研究者利用其他史学家所做的研究对其进行比较，关注较大
模式，并提出理解变迁的方法，以便阐明全部人类历史的性质和意义。①
其中所蕴含的困难，自不待言。柯娇燕对此问题的理解是：最终的全球
史方法如果得以实现，很有可能是能够将事件和统计数据同时从资料和
设计的视角进行排序，把它们编织进同一个时间框架，若能从同时并存
的无数视角中客观地概括出若干模式则尤为理想。② 虽然她认为"将形
式与内容匹配起来的时机还没有到来"，不过柯娇燕从分流、合流、传
染、体系四种概括出发，梳理了界定全球史的基本理论与方法：分流是
指对事物从单一起源到随时空变化而发生多样性分化的叙述；合流是指
对不同的和分布广泛的事物随时间推移而必然呈现出相似性的叙述；传
染是指对事物跨越边界并同时急剧地改变其动态的叙述；体系是指对互
动结构同时相互改变的叙述。③ 从对上述四种方法的提炼入手，柯娇燕
对西方全球史的相关作品进行了分析。

　　对于柯娇燕做出的归纳，菲利普·费尔南德兹-阿迈斯托持有异议，
他认为分流与合流的术语在由大卫·诺斯罗普提出并用于历史叙述时，
指的是不同时代的文化如何各自发展得彼此更迥异和更相似，或者相互
之间更疏远和更密切。④ 费尔南德兹-阿迈斯托认为，柯娇燕对分流与合
流的界定造成了混乱，例如用合流表示大量不同地区独立出现的发展，
而合流的事例通常并且最好照字面意义理解为趋同的——源自文化的交
流和相应的影响。⑤ 对柯娇燕将传染视为一个文化术语和一种研究方式
的做法，费尔南德兹-阿迈斯托也颇有微词，认为其偏离到历史学家对

---

① 〔美〕柯娇燕：《什么是全球史》，"导言"，第2~3页。
② 〔美〕柯娇燕：《什么是全球史》，"导言"，第4~5页。
③ 〔美〕柯娇燕：《什么是全球史》，"导言"，第5~9页。
④ Felipe Fernández-Armesto, "*What Is Global History?* (Review) ", *Journal of Global History*, Volume 5, Issue 2, 2010, pp. 349-351.
⑤ Felipe Fernández-Armesto, "*What Is Global History?* (Review) ", *Journal of Global History*, Volume 5, Issue 2, 2010, pp. 349-351.

接触传染病的平淡讨论之中。①

　　事实上，把柯娇燕对全球史的界定与其他一些全球史研究者的观点进行比较，例如，威廉·H. 麦克尼尔的"全球史致力于研究地球人的整个历史"、② 菲利普·费尔南德兹-阿迈斯托的"全球史致力于概括地界定、描述过去"，③ 以及杰里·本特利的"对英语世界的大多数史学家而言，世界史与全球史之间并无区别"，④ 等等，其涵盖的研究内容非常接近。但是，包括威廉·H. 麦克尼尔、费尔南德兹-阿迈斯托、杰里·本特利在内的很多全球史研究者，都将通过探讨物种、基因、疾病、生态等接触交流现象来揭示历史变迁的方法归入跨文化互动的研究之中。跨文化互动在柯娇燕看来只是其所归纳的四种方法之内的一个亚流派研究方式，但是在杰里·本特利等人看来却是理解和叙述人类历史的利器。

　　正如帕特里克·曼宁指出，从 20 世纪中期以来，至少有四种探讨互动问题的理论框架，即韦伯式的社会学范式、系统分析范式、马克思主义的分析范式和后现代主义的范式。⑤ 在世界史领域，杰里·本特利将大量学者研究现代跨文化互动的主题归纳为跨文化贸易、动植物交流、疾病扩散、技术传播、帝国与殖民主义征服、宗教传播、跨洋奴隶贸易、资本主义的全球发展。⑥ 在他看来，其中的代表性著作包括菲利普·D. 柯丁的《世界历史上的跨文化贸易》、阿尔弗雷德·W. 克罗斯比的《哥伦布交流：1492 年的生物和文化后果》和《生态帝国主义：900~1900

---

① Felipe Fernández-Armesto, "*What Is Global History?* (Review) ", *Journal of Global History*, Volume 5, Issue 2, 2010, pp. 349-351.

② 〔美〕威廉·H. 麦克尼尔：《威廉·H. 麦克尼尔致（北京）首都师范大学全球史中心》，载刘新成主编《全球史评论》第 3 辑，第 1 页。

③ Felipe Fernández-Armesto, "*What Is Global History?* (Review) ", *Journal of Global History*, Volume 5, Issue 2, 2010, pp. 349-351.

④ 夏继果：《理解全球史》，《史学理论研究》2010 年第 1 期。

⑤ Patrick Manning, "The Problem of Interactions in World History", *The American Historical Review*, Vol. 101, No. 3, 1996, pp. 771-782.

⑥ Jerry H. Bentley, "Cross-Cultural Interaction and Periodization in World History", *The American Historical Review*, Vol. 101, No. 3, 1996, pp. 749-770.

年欧洲的生物扩张》、威廉·H. 麦克尼尔的《瘟疫与人》、丹尼尔·R. 赫德里克的《进步触角：1850~1940 年帝国主义时代的技术转移》、埃里克·R. 沃尔夫的《欧洲与没有历史的人民》、伊曼纽尔·沃勒斯坦的《现代世界体系》。① 从中我们可以看出，虽然明确提出"跨文化互动"（cross-cultural interaction）命题的是杰里·本特利，但是跨文化互动发展为一种在世界历史研究和编撰中使用较为普遍的研究方法，却是 20 世纪中期西方全球史兴起以来众多学者努力的结果。

二　跨文化互动的应用

20 世纪中期，面对两次世界大战后剧变的世界形势，英国史学家杰弗里·巴勒克拉夫首倡全球史观、提出西方历史学应重新定向之时，便提出世界历史要研究不同国家、地区和文明之间的差异、相互作用与影响，要做"建立各大洲之间的历史联系"的具体研究，关注世界各地的人类所遭遇的问题和人们对那些问题的不同反应。② 1957 年苏联成功发射世界上第一颗人造地球卫星，极大地激发了美国的危机意识，对全球研究的资助不断增长。而越南战争之后，美国国内的政治气候趋于保守。时代背景对美国的全球史研究者提出了迫切的要求，即如何撰写一部既能体现出全球视角又符合美国主流价值观的全球史。1961 年，西北大学的斯塔夫里阿诺斯开始呼吁世界历史的全球视角，并一直努力探索切实可行的编撰框架与方法。③ 这也是正在撰写《西方的兴起：人类共同体史》的威廉·H. 麦克尼尔所面临的突出问题。可以说，如何从研究方法上确保在世界史研究和编撰中体现全球视角是当时西方全球史研究者的当务之急。

---

① Jerry H. Bentley, "Cross-Cultural Interaction and Periodization in World History", *The American Historical Review*, Vol. 101, No. 3, 1996, pp. 749–770.

② Geoffrey Barraclough, *Main Trends in History*, pp. 162–163.

③ Gilbert Allardyce, "Toward World History: American Historians and the Coming of the World History Course", *Journal of World History*, Vol. 1, No. 1, 1990, pp. 23–76.

  1963 年，麦克尼尔的《西方的兴起：人类共同体史》问世，其方法论的基础是：促进历史上重大社会变革的主要因素是与拥有新的和不熟悉的技术的外来者的接触。[①] 麦克尼尔认为：不同的文明构成真正和重要的人类群体，他们的相互作用则构成世界历史的主题；在对每一个特定时代的文明中心进行描述，并探讨其周围科技水平较低的邻居对其做出反应的基础上，将各个历史阶段的状况联系起来，便搭建起阐述世界历史的基本框架。由中国、印度、希腊和中东四个主要文明中心构成的欧亚大陆生存圈是麦克尼尔关注的中心。《西方的兴起：人类共同体史》通过三大历史阶段的连贯叙述，即中东统治时代（约公元前 1700 ~ 前 500 年）、欧亚文化均势时代（公元前 500 ~ 1500 年）、西方统治时代（1500 年至今），说明西方的兴起是人类文明史兴衰演变中最近五百年出现的历史现象。麦克尼尔认为，在各主要文明力量的对比中，欧洲的地位经历了从最初的弱势、中期的均势到后期优势的变化过程；在公元 1500 年至今的历史中，欧洲在新航路开辟之后逐渐改变了原本平衡的世界格局，大约从 1850 年开始西方向全世界急剧扩张。

  《西方的兴起：人类共同体史》在彰显其作者全球视野的同时，给予西方文明一种切合太空时代背景、贴近美国现实需要的历史定位；在对世界历史进行整体性叙述的同时体现出人类文明的多样性；对包括技术、生态等因素在内的各文明之间物质交往现象的重视则使全球史的理念从思辨和实证两个层面获得了结合，从而克服了此前同样提倡宏观历史的文化形态学派在世界史实证研究方面的不足，以及传统的兰克的实证主义方法过分推崇琐碎的细节研究的局限，因此该书广受好评。例如，1964 年，《西方的兴起：人类共同体史》获得美国历史与传记类国家图书奖。1986 年时任美国世界史协会主席凯文·莱利曾经高度赞誉麦克尼

---

① 〔美〕威廉·麦克尼尔：《西方的兴起：人类共同体史》，"二十五年后再评《西方的兴起》"（威廉·H. 麦克尼尔），第 18 页。

尔，认为世界历史作为一种运动或一个研究领域的兴起便归功于他。①
其主要原因之一就是《西方的兴起：人类共同体史》在方法论上的创新
性贡献。

不过，正如有学者指出，《西方的兴起：人类共同体史》仍然没有
摆脱"欧洲中心论"的影响，甚至被批评带有某种形式的文化帝国主义
色彩。② 麦克尼尔自己也认为，"当我在写这本书的时候，我完全没有意
识到我理解世界历史的方法，其方式与美国对当时世界的体验相一致"，
"《西方的兴起》倾向于与强者一道前进，从胜利者的角度看待历史"。③
1990 年，麦克尼尔在《二十五年后再评〈西方的兴起〉》一文中，坦承
《西方的兴起：人类共同体史》"方法论上的主要弱点是，当它强调跨越
文明边界的相互作用时，没有充分注意到我们今天生活的生存圈世界体
系的产生。相反，在组织本书时，我只是围绕着这样一个概念，即一系
列的繁荣先体现在一个文明中，然后又体现在另一个不同的文明中，而
我们本应该为生存圈的进程留下余地"。④ 实际上，就是缺乏对世界历史
纵向整体进程的充分探讨。而这一点对一本全球视野的世界通史著作而
言显然是内在的必然要求。此后麦克尼尔又在 1976 年出版了探讨疾病的
历史作用的《瘟疫与人》，1982 年出版了探讨技术与权力关系的《权力
竞逐》，2003 年与其子约翰·R. 麦克尼尔合作出版了《人类之网：鸟瞰
世界历史》，努力从方法论角度完善这种重视世界史（特别是通史）中
"不同社会、不同文化间关联（而不是彼此独立的发展）"⑤ 的研究范
式。《人类之网：鸟瞰世界历史》的核心思想在于：在人类历史上处于

---

① Gilbert Allardyce, "Toward World History: American Historians and the Coming of the World History Course", *Journal of World History*, Vol. 1, No. 1, 1990, pp. 23-76.

② 〔美〕威廉·麦克尼尔：《西方的兴起：人类共同体史》，"推荐序"（郭方），第 8 页。

③ 〔美〕威廉·麦克尼尔：《西方的兴起：人类共同体史》，"二十五年后再评《西方的兴起》"（威廉·H. 麦克尼尔），第 18~19 页。

④ 〔美〕威廉·麦克尼尔：《西方的兴起：人类共同体史》，"二十五年后再评《西方的兴起》"（威廉·H. 麦克尼尔），第 24~25 页。

⑤ 〔美〕威廉·麦克尼尔：《西方的兴起：人类共同体史》，"致中国读者"（威廉·H. 麦克尼尔），第 2 页。

中心位置的是各种相互交往的网络，各种网络（即把人们连接在一起的一系列关系）输送、协调着人们的愿望和行动，相互交往和相互影响的人类网络的发展历程则构成了人类历史的总体框架，历史的驱动力就是人们改善自身处境、实现个人欲求的愿望，而人类交往、合作与竞争所生发出来的力量，在塑造人类历史的同时也在塑造地球的历史。① 《人类之网：鸟瞰世界历史》确认了《西方的兴起：人类共同体史》关于不同社会互相关联而社会变革往往是与其他社会发生接触之后的产物这一方法论原则，同时努力兼顾纵向全景，用网络的发展历程来体现人类历史的总体发展。2010 年 3 月，麦克尼尔在致首都师范大学全球史研究中心的信中明确指出，全球史学者试图理解并描绘人类事务的方方面面，思考如何实现跨越时空永无休止的互动。② 上述全球史实践反映出麦克尼尔对人类历史的整体思考，也使他屡获殊荣。例如，2009 年，因在人文科学研究领域成就卓著，麦克尼尔获得美国总统奥巴马颁发的国家人文勋章。

杰里·本特利同样注意到全球史方法论的重要性。本特利认为，"在考虑不同民族组织自身社会的独特方式的同时，世界历史还格外关注各民族跨文化交流的多种方式"，也就是所谓的跨文化互动。③ 1996 年，本特利在《跨文化互动与世界历史的分期》一文中提出，对跨文化互动进程的研究，有利于展现出各民族发展历程的传承与变化方式，把跨文化互动作为世界历史分期的标准有助于摆脱种族中心论的分期方法。④ 在这篇文章的注释中，本特利指出麦克尼尔的《西方的兴起：人类共同体史》虽然没有直接涉及分期问题，但从全球视角撰写了整体的

---

① 〔美〕约翰·R. 麦克尼尔、〔美〕威廉·H. 麦克尼尔：《人类之网：鸟瞰世界历史》，"导论"，第 1~5 页。

② 〔美〕威廉·H. 麦克尼尔：《威廉·H. 麦克尼尔致（北京）首都师范大学全球史中心》，载刘新成主编《全球史评论》第 3 辑，第 4 页。

③ 〔美〕杰里·本特利、〔美〕赫伯特·齐格勒：《新全球史：文明的传承与交流（公元 1000 年之前）》第 5 版，"致中国读者"（杰里·本特利），第 Ⅱ 页。

④ Jerry H. Bentley, "Cross-Cultural Interaction and Periodization in World History", *The American Historical Review*, Vol. 101, No. 3, 1996, pp. 749~770.

世界史，他从包括麦克尼尔在内的学者的研究中获得了灵感。① 帕特里克·曼宁也认为，本特利的这种设想阐明了当代世界史学家可能都会支持的一种方法，为这种方法奠定基础的则可能是麦克尼尔。② 可以看出，曼宁在这里的措辞非常谨慎。不过，将曼宁与本特利的观点结合起来，仍然可以证明西方全球史在方法论上的发展历程。曼宁还进一步指出：本特利在世界史领域提出的跨文化互动范式，能够把各个文明的历史放置于更加广阔的研究视野当中；而且，在"跨文化互动"这个命题中，本特利使用的不是名词"文化"，而是形容词"文化的"，实际上避免了学界对文化是否能作为界限分明的实体而存在的长期争论。③

　　2000 年，杰里·本特利与赫伯特·齐格勒合作的《新全球史：文明的传承与交流》出版，成为又一部畅销的世界史著作，2003 年、2006年、2008 年、2011 年分别推出了修订版。《新全球史：文明的传承与交流》完整地呈现出本特利对跨文化互动的理解，他将世界历史的两个焦点确定为传承与交流。传承关注的是独特的政治、社会、经济和文化传统，是各民族自主设计的管理自身社会和事务的方法；交流关注的是交通、交流和交换的网络，这些网络通过多种文化间的相互作用把各个社会联系在一起。④ 传承与交流共同展现出世界历史的整体框架。本特利将跨文化互动的研究方法理解为探讨不同社会或文化的独立与交往之间的联系，探讨造成这种联系的机制，即文化交流与融合的机制，并把这种机制视为全球历史发展的根本机制。⑤ 在 1996 年的《跨文化互动与世

---

① Jerry H. Bentley, "Cross-Cultural Interaction and Periodization in World History", *The American Historical Review*, Vol. 101, No. 3, 1996, pp. 749-770.

② Patrick Manning, "The Problem of Interactions in World History", *The American Historical Review*, Vol. 101, No. 3, 1996, pp. 771-782.

③ Patrick Manning, "The Problem of Interactions in World History", *The American Historical Review*, Vol. 101, No. 3, 1996, pp. 771-782.

④ 〔美〕杰里·本特利、〔美〕赫伯特·齐格勒：《新全球史：文明的传承与交流（公元 1000年之前）》第 5 版，"前言"，第 i ~ ii 页。

⑤ 〔美〕杰里·本特利、〔美〕赫伯特·齐格勒：《新全球史：文明的传承与交流（公元 1000年之前）》第 5 版，"中文版序言"（刘新成），第Ⅷ页。

界历史的分期》一文中，本特利根据推动跨文化互动的不同动力，把世界历史分为六个阶段，分别是早期复杂社会（公元前 3500~前 2000 年）、古代文明时期（公元前 2000~前 500 年）、古典文明时期（公元前 500~500 年）、后古典时期（500~1000 年）、跨地区游牧帝国时期（1000~1500 年）、现代时期（1500 年至今）。这种六阶段的分期法在《新全球史：文明的传承与交流》中扩展为七阶段，分别是早期复杂社会（公元前 3500~前 500 年），古典社会的形成（公元前 500~500 年），后古典时代（公元 500~1000 年），跨文化交流的增速（1000~1500 年），全球一体化的缘起（1500~1800 年），革命、工业和帝国的时代（1750~1914 年），当代全球重组（1914 年至今）。① 这种世界史框架表明，本特利的跨文化互动研究通过传承与交流的纵横支撑，在麦克尼尔的关联研究的基础上，把世界史（尤其是通史）的研究和编撰推向更具体明确、更有可操作性的新阶段。也正因此，本特利在跨文化互动中的学术成就颇受西方全球史研究者的好评，被柯娇燕视作跨文化互动研究"最著名的实践者"。② 2011 年，由于在全球史研究和教学领域贡献卓著，本特利获得美国世界史协会授予的"世界历史先驱奖"。

正如斯塔夫里阿诺斯所说：新世界需要新史学，20 世纪 60 年代的新世界在很大程度上是殖民地革命的产物，并使一种新的全球历史成为必需，而 20 世纪 90 年代及 21 世纪的新世界，则如教皇保罗六世所言是科技的神奇影响的产物，同样要求新的史学方法。③ 这一判断与西方全球史的发展可以印证。20 世纪 60 年代以来，包括麦克尼尔和本特利在内的西方全球史研究者不断探讨跨文化互动方法在世界史领域的应用。例如，J. M. 罗伯茨的《全球史》第一版问世于 1976 年（到 2002 年已经

---

① 〔美〕杰里·本特利、〔美〕赫伯特·齐格勒：《新全球史：文明的传承与交流（公元 1000 年之前）》第 5 版，"前言"，第 iii~v 页。
② 〔美〕柯娇燕：《什么是全球史》，第 109 页。
③ 〔美〕斯塔夫里阿诺斯：《全球通史：从史前史到 21 世纪》第 7 版修订版上册，"致读者：为什么需要一部 21 世纪的全球通史？"，第 10 页。

是第五版），罗伯茨提出，构成该书大部分主题的是"长达六千年的文明"，人类具有制造变化的力量，而对技术进步的热情现在看来是普遍的，惯性与革新两种现象都将继续操纵着所有人类的发展；体现该书内容和布局的方法则是从影响大多数人类的主要历史进程入手，同时展示它们之间的对比和相互关系。① 2003 年，帕特里克·曼宁提出，全球史应通过连贯并且适当的分析来评价历史的变迁与联系。② 同年，菲利普·费尔南德兹-阿迈斯托编著的《世界：一部历史》出版，该书明确地主张世界历史的两个主题就是人与自然的互动和人与人的互动；前者以环境为中心，讲述人类使自身脱离自然界的其余部分，寻找一种在建设性开发与破坏性开发之间达成平衡的人与自然的关系，后者以文化为中心，讲述人类文化如何相互影响又相互区分，关注人类相互作用的方式，考察各自的社会结构。③ 2016 年塞巴斯蒂安·康拉德在他的《什么是全球史》中提出：全球史作为一种独特的研究方法，注重全球一体化或全球层面的结构转换；④ 他指出，与"全球的"这个术语最直接相关的关键词是"联系"，交换、交流、连接、纠缠、网络和流动等一系列相关术语集中表达了跨越边界发生相互作用的流动性和波动性，将"联系"嵌入全球范围内的结构转型过程之中，这是全球史方法的特点。⑤ 可以说，跨文化互动研究本身是历史学家与社会现实、史学思潮与社会思潮互动的产物。

三　跨文化互动的方法论意义

实际上，世界史研究中的方法论与历史观是紧密联系在一起的。如

① 〔英〕J. M. 罗伯茨：《全球史》上册，陈恒等译，东方出版中心，2013，"第五版序言"，第 2~3 页。

② Patrick Manning, *Navigating World History: Historians Create a Global Past*, pp. 3, 36.

③ 〔美〕菲利普·费尔南德兹-阿迈斯托编著《世界：一部历史》第 2 版上册，"导读"，第 36~37 页。

④ Sebastian Conrad, *What Is Global History?*, p. 62.

⑤ Sebastian Conrad, *What Is Global History?*, pp. 64-65.

前所述，西方全球史本身是 20 世纪中期以后西方世界史重构潮流的产物，是西方学者针对已经暴露出严重问题的、具有明显"欧洲中心论"色彩的西方传统世界史研究进行反思的产物，从而适应整个世界形势的变化。从史学理论及史学史的角度来看，当代意义上的全球史研究取向，是指与 20 世纪中期以来世界一体化发展相适应的，把世界作为一个整体，从宏观和相互联系的角度出发，研究人类历史演变和进行历史编撰的观念与方法。如何把这种学术追求或旨趣转化为具体的世界史研究并书写出来呢？全球史的时间范畴可以是从古至今，空间范畴则覆盖全球，但其切入点与传统的世界史研究则有不同，全球史内在的时空框架是通过跨文化互动研究搭建起来的。从方法论的角度而言，西方全球史实践至少从以下三个方面推进了对世界历史的理解。

首先，跨文化互动研究扩展了世界史研究的对象。有学者把全球史学家在通史编撰和专题研究中表达互动模式的方式归纳为十种：①阐述不同人群相遇之后，文化影响的相互性和双向性；②描述人类历史上曾经存在的各种类型的交往网络或共生圈；③论述产生于某个地区的发明创造如何在世界范围内引起连锁反应；④探讨小地方与大世界的关系，说明全球化时代任何局部地区的变化都折射出世界发展形势；⑤地方史全球化，即把区域性事件放在全球整体运动的背景下重新考察，分析其中的因果关系与历史意义；⑥全球范围的专题比较研究；⑦生态史、环境史研究；⑧跨文化交流，即文化在不同地区之间的流动与传播；⑨探讨互动规律与归宿；⑩"全球化史"研究。[1] 从上述归纳可以看出，西方全球史学者通过跨文化互动扩展了历史研究的对象，将传统世界史研究中大量被忽视的历史事实纳入了研究视野。

其次，跨文化互动研究更新了对世界史进程的解释模式。全球史中的"全球的"这个定语，表明民族国家在其中并不必然成为学术研

---

[1] 刘新成：《互动：全球史观的核心理念》，载刘新成主编《全球史评论》第 2 辑，第 9~12 页。

究的基本单位。本特利则指出，全球史研究者提出了"社会空间"（其形式可以是经济的、环境的或文化的区域）的概念来说明跨文化互动发生的地理范畴，以便于探寻大规模的历史过程，辨认、考察跨越时间的各种重大变迁。① 例如，鉴于移民、贸易、文化、生物等多种跨文化互动都经由海洋发生，全球史学者非常重视对海事地区的研究，其成果涉及大西洋、印度洋、加勒比海、东南亚等地区的海洋交流网络。而一旦意识到"历史事件不仅在民族国家和社区的框架内展开，也发生在跨越区域、跨越大陆、跨越东西半球、跨越海洋和全球的背景下。这些大规模的跨文化和跨区域的交流影响着单个社会和全球的历史演变"，② 那么新的解释模式便成为跨文化互动研究的内在要求了。正如霍布斯鲍姆指出，"历史能做的就只是发现整体历史变迁的类型与机制，比较特别的则是要去探索在过去几世纪快速而广泛的变迁中，人类社会是如何转变的"。③ 全球史研究者提出，全球的历史不仅仅是民族国家政治和军事活动的结果，也是由众多大规模复杂过程相互影响造成的，其中最重要的过程包括大规模的人口迁移、帝国扩张、跨文化贸易、生物交流、传染病扩散、技术转移、环境变迁、经济波动、思想观念和人类思想的传播、宗教信仰和文化传统的扩张。④ 另外，从人与自然关系的角度而言，跨文化互动促使全球史"重构了自然和人类历史的全球性变化"，有利于找到"自然与人类纠缠在一起的线索"。⑤

最后，西方全球史试图通过跨文化互动研究努力克服"欧洲中心论"，追求全球视野的实现。传统的"欧洲中心论"那种以居高临下的

---

① 〔美〕杰瑞·H. 本特利：《当今的世界史概念》，载刘新成主编《全球史评论》第 1 辑，第157~158 页。

② 何平：《西方历史编纂学史》，第 410 页。

③ 〔英〕艾瑞克·霍布斯鲍姆：《论历史》，黄煜文译，中信出版社，2015，第 50 页。

④ 〔美〕杰瑞·H. 本特利：《当今的世界史概念》，载刘新成主编《全球史评论》第 1 辑，第162 页。

⑤ 〔英〕罗兰·罗伯逊、〔英〕扬·阿特·肖尔特主编《全球化百科全书》，中文版主编王宁，译林出版社，2011，第 297 页。

视野来撰写大部分国家史和世界史的做法已经屡遭批评。① 很多全球史研究者在自己的作品中强调对全球视野的追求。例如，1970 年、1971年，L. S. 斯塔夫里阿诺斯的两卷本《全球通史》问世。在上卷第一章引言"世界史的性质"中，斯塔夫里阿诺斯提出，其对世界史的考察"就如一位栖身月球的观察者从整体上对我们所在的球体进行考察时形成的观点，因而，与居住在伦敦或巴黎、北京或新德里的观察者的观点判然不同"。② 到 1999 年，《全球通史》推出了第七版，上下两卷的副标题从原来的"1500 年以前的世界""1500 年以后的世界"变为统一的"从史前史到 21 世纪"，随着相应内容的调整，前述"栖身月球的观察者"一句在第七版中已经看不到了。不过，斯塔夫里阿诺斯在"致读者：为什么需要一部 21 世纪的全球通史？"中仍然强调，"我们需要一个新的全球视角"。③ 2003 年，约翰·R. 麦克尼尔和威廉·H. 麦克尼尔的《人类之网：鸟瞰世界历史》面世，其副标题"鸟瞰世界历史"本身表明的就是一种冷静的研究立场。2003 年，菲利普·费尔南德兹-阿迈斯托在其《世界：一部历史》中提出，全球视野几乎贯穿于该书各个章节，"读者能够比较联系各地区同时发生的状况和每一历史时段各个大陆的状况——就好比观察者置身另一个星系，从外太空注视着地球，整体地予以观察"。④ 2008 年，理查德·戈夫等人在《20 世纪全球史》第七版中提出，该书在分析时"尽可能客观"，回避意识形态类型的方法。⑤ 2011年，杰里·本特利、赫伯特·齐格勒的《新全球史：文明的传承与交

---

① Dominic Sachsenmaier, *Global Perspectives on Global History: Theories and Approaches in a Connected World*, pp. 59–109.

② 〔美〕L. S. 斯塔夫里阿诺斯：《全球通史：1500 年以前的世界》，吴象婴、梁赤民译，上海社会科学院出版社，1988，第 54 页。

③ 〔美〕斯塔夫里阿诺斯：《全球通史：从史前史到 21 世纪》第 7 版修订版上册，"致读者：为什么需要一部 21 世纪的全球通史？"，第 9 页。

④ 〔美〕菲利普·费尔南德兹-阿迈斯托编著《世界：一部历史》第 2 版上册，"致读者"，第 21 页。

⑤ 〔美〕理查德·戈夫等：《20 世纪全球史》第 7 版英文影印版，李世安导读，北京大学出版社，2011，Preface，第 x 页。

流》第五版在"前言"中提出"从一开始,《新全球史》就提供了一种全球历史的包容性视角——这种视角对当代这个相互依存的世界是有意义的,也是适用的"。① 2011 年,特雷弗·R. 盖茨、希瑟·斯特里茨-索尔特在《现代帝国主义和殖民主义:全球视角》中提出,现代帝国主义的历史几乎都在欧洲开始,但少有人将欧洲帝国放在全球帝国网络和系统中考镜源流,该书则从真正的全球和整体的角度来研究现代帝国主义和殖民主义。② 真正的全球和整体视角在这些著作中能否落实,以及能否在此基础上摆脱"欧洲中心论"的束缚,自可具体分析。正如霍布斯鲍姆指出,"历史学家不该也不能脱离自己的研究主题,而以为自己可以当个客观的旁观者"。③ 不过全球史对全球视野的重视和强调,以及希望借此获得更加准确科学的历史判断,却是显而易见的。

　　纵观 20 世纪后期到 21 世纪初期,美国是西方全球史发展的重要推动力量。为什么全球史在美国获得显著发展呢?在各种原因中,正如有西方学者指出,全球史本身这种调整也意味着"与一个新世界帝国的出现相平衡,而这个帝国在历史上第一次与地球有共同的空间(正在兴起的美利坚帝国)"。④ 如同当年"通过思想的运动建设世界"⑤ 的黑格尔,或者主张"世界历史是西方的历史"⑥ 的兰克,各有其复杂的历史背景及现实需要,西方全球史研究者也是在新的时代条件下试图构建一种新的世界历史理论体系。这也可以解释为什么西方全球史研究者重视跨文化互动研究。"互动"一词本身含有互相作用、互相影响的含义。⑦

---

① 〔美〕杰里·本特利、〔美〕赫伯特·齐格勒:《新全球史:文明的传承与交流(公元 1000 年之前)》第 5 版,"前言",第 i 页。

② Trevor R. Getz and Heather Streets-Salter, *Modern Imperialism and Colonialism: A Global Perspective*, Boston: Prentice Hall, 2011, Preface, p. x.

③ 〔英〕艾瑞克·霍布斯鲍姆:《论历史》,第 408 页。

④ 〔英〕罗兰·罗伯逊、〔英〕扬·阿特·肖尔特主编《全球化百科全书》,第 298~299 页。

⑤ 《马克思恩格斯文集》第 1 卷,人民出版社,2009,第 602 页。

⑥ 何兆武主编《历史理论与史学理论——近现代西方史学著作选》,第 669 页。

⑦ 中国社会科学院语言研究所词典编辑室编《现代汉语词典》第 6 版,第 550 页;李华驹主编《大英汉词典》,外语教学与研究出版社,1992,第 823 页。

由于历史、现实与未来是一个连续的整体，全球史研究者强调跨文化互动的潜台词之一，便是试图从历史研究的客观性推导出认识现实和理解未来的客观性。全球史的发展表明西方世界史研究的包容性不断扩大，这一方面是现实的迫切需求，另一方面在这种扩大中，西方对自身的界定更加明确，对自身历史的阐述与认同更加清晰。

不过，正如有学者指出：西方的主体性叙事，总是力图把他人作为"环节"或"阶段"包括在自身的"普遍历史"里面，把他人简单化，把自己复杂化；把他人空间化、物化，把自己历史化、精神化；把他人的历史连续性割断，把自己的历史断裂性联结弥合起来。[①] 全球史的跨文化互动研究在此方面也显露出自身的问题，即如何把握历史叙述内在的平衡，怎样对发生交往的双方或多方主体的历史作用做出准确的界定与判断。"欧洲中心论"所持的欧洲（和美国）主导引领其他地区的发展、塑造全球历史的狭隘方法是一种极端；但目前一些全球史著作将参与互动的各方主体均做相对化的处理，在帝国主义、殖民主义等重大互动进程中模糊历史定性的问题，显然也可以视作另一种形式的极端。相应地，正如曼宁指出，对互动的判断标准需要进一步的具体化，对不同阶段的跨文化互动的特征与动力也应有更多的分析。[②]

西方全球史研究者提出：要真正理解这个世界及其在时空中的发展，还是要从更大的视野予以考察，了解个体行为的各种具体背景；用一句19世纪著名社会理论家的话说，那就是男男女女创造了历史，但其创造历史的条件却不是自己能够选择的。[③] 被提到的这位著名社会理论家显然就是马克思。事实上，跨文化互动研究把技术的历史作用的强调、对各种物质交往现象的重视，表明了其倾向于从社会存在出发的现实研究

---

① 张旭东：《全球化时代的文化认同：西方普遍主义话语的历史批判》第 2 版，北京大学出版社，2006，第 57 页。
② Patrick Manning, "The Problem of Interactions in World History", *The American Historical Review*, Vol. 101, No. 3, 1996, pp. 771-782.
③ 〔美〕杰瑞·H. 本特利：《当今的世界史概念》，载刘新成主编《全球史评论》第 1 辑，第 163 页。

前提。这就使得西方全球史与西方学术界把实践精神化的传统路径有所区别，而与马克思主义唯物史观的方法论有所接近。巴勒克拉夫在《当代史学主要趋势》中指出的"在专业历史学家中，当前占绝对优势的趋势是采取比较广泛的唯物主义立场"，① 便可与此印证。值得注意的是，西方全球史研究者在前述基础上进一步提出，对较大的社会空间和其间发生的各种跨文化互动的认可，为新一轮有关人类主体与大的框架的讨论提供了理论基础，而面对如此复杂的过程，要制定相关的总体原则或发现所谓历史规律是不可能的；不过认清众多大的过程则有助于增进对人类主观能动性与大的历史框架之间微妙的、变动不居的关系的理解。② 这就意味着全球史的跨文化互动研究实际上止步于用经验性的实证归纳方法描述和归纳各种历史现象，回避以此为基础从因果必然性上探讨人类社会普遍规律。这表明西方全球史并没有在方法论上实现根本性的突破。

放眼全球，世界的一体化加速发展自然是我们当前面临的现实。有西方学者认为，"人类深埋的历史故事主线从许多世界途经一些世界最终走向一个世界"。③ 这引出的问题就是如何理解和定义当今变动剧烈的世界。换言之，即如何定义人类历史的统一性，如何理解文化的多样性。从世界范围来看，各国的世界史研究与编撰显然将会围绕上述问题进行持续的对话、交流甚至竞争。归根结底，这不只是理论与方法问题，更是实践问题。

第二节　以"哥伦布交流"为例的分析

一　"哥伦布交流"

从西方全球史的研究实践来看，对跨文化贸易和跨文化生物生态互

---

① 〔英〕杰弗里·巴勒克拉夫：《当代史学主要趋势》，杨豫译，北京大学出版社，2006，第21～22、200 页。
② 〔美〕杰瑞·H. 本特利：《当今的世界史概念》，载刘新成主编《全球史评论》第 1 辑，第163～164 页。
③ 〔英〕罗兰·罗伯逊、〔英〕扬·阿特·肖尔特主编《全球化百科全书》，第 300 页。

动的研究是其最为出彩的两大领域。例如，出版于 1984 年的菲利普·D.
柯丁的《世界历史上的跨文化贸易》探讨了历史上的商人和商人团体如
何跨越地区和教区的界限，把分离的世界各个部分联系在一起。柯丁认
为，跨文化领域的贸易与交易在人类历史上扮演着一个关键性的角色，
抛开军事征服不可估量但略显消极的影响，它可能是引起历史变迁的最
为重要的外部因素。① 相应地，本特利指出，有关跨文化贸易的大量研
究，都对欧洲主导下的现代世界经济的本质进行了探讨。② 例如，对前
现代贸易网络体系重要性的研究，③ 对前现代贸易路线和海洋运输区的
研究，④ 等等。

　　跨文化的生物生态互动研究则是从全球视野出发，通过探讨生物生
态及环境的变化来理解世界史上的变迁，这是西方全球史中的一个研究
热点。在这一点上，首先进入我们考察视野的就是西方全球史中的一个
重要术语："哥伦布交流"。对包括"哥伦布交流"在内的各种生物生态
及环境变化现象的研究，集中体现了西方全球史在转换研究视角方面取
得的成就，同时也显露出其内在的问题，即在探讨互动本身的动力和规
律方面的不足。

　　"哥伦布交流"这个术语是阿尔弗雷德·克罗斯比在其 1972 年的著
作《哥伦布交流：1492 年的生物和文化后果》⑤ 中提出来的。1986 年克
罗斯比出版了《生态帝国主义：900～1900 年欧洲的生物扩张》，⑥ 1994

---

① 〔美〕菲利普·D. 柯丁：《世界历史上的跨文化贸易》，鲍晨译，山东画报出版社，2009。

② Jerry H. Bentley, "The New World History", in Lloyd Kramer and Sarah Maza, eds., *A Companion to Western Historical Thought*, pp. 393–416.

③ Jerry H. Bentley, "Cross-Cultural Interaction and Periodization in World History", *The American Historical Review*, Vol. 101, No. 3, 1996, pp. 749–770.

④ K. N. Chaudhuri, *Trade and Civilisation in the Indian Ocean*: *An Economic History from the Rise of Islam to 1750*, Cambridge: Cambridge University Press, 1985.

⑤ Alfred W. Crosby, Jr., *The Columbian Exchange*: *Biological and Cultural Consequences of 1492*, Westport, Connecticut: Greenwood Press, 1972. 中译本依据 2003 年出版的 30 周年纪念版译出。

⑥ Alfred W. Crosby, *Ecological Imperialism*: *The Biological Expansion of Europe*, *900–1900*, p. 2.

年又出版了《病菌、种子和动物：生态史的研究》。① 这三本著作，比较集中地体现了克罗斯比从全球视野出发，通过"哥伦布交流"等生物生态变迁现象研究近代以来欧洲殖民扩张的学术成果。

"哥伦布交流"这一术语描述的是对哥伦布航行美洲及其后果的研究。克罗斯比对此有一个观点，认为在哥伦布航行带来的改变中，最重大的一项是属于生物性的改变。② 克罗斯比从生态物种交流的视角重新考量新航路开辟的意义，指出天花、白喉、麻疹等流行性疫病对美洲和大洋洲的土著人群造成了毁灭性的打击，"哥伦布交流"引发的生态和人口影响波及全球。他的《哥伦布交流：1492 年的生物和文化后果》一书共六章，除第一章对比新旧大陆特点之外，第二章"大征服者与夺命疫病"指出天花等疫病充当了西班牙征服者进袭新世界的生物武器帮手；第三章"旧世界植物、动物移居新世界"指出旧世界牲畜（如猪、马）的成功入侵，使得在哥伦布之后的一代人之内，西班牙人就已经在加勒比海创造出足以征服半个世界的必要物资，疾病滋扰与人为剥削，并不能解释印第安人的人口锐减现象，事实是他们输掉了这场与新来牲畜竞争的生物大战；第四章"梅毒现身：一页病史"提出如果只将眼光囿于经济、文学、政治、宗教，那么梅毒对欧洲的全面冲击将无法衡量，那是一种社会性的恶疾，是伊拉斯谟、莎士比亚、弗朗西斯一世年代中最最邪恶的东西之一；③ 第五章"食物与人口"指出源自美洲的玉米、马铃薯、甘薯、豆类和树薯，成为各地区大量人口的主要食物，使得过去 300 年中地球人口扩增四倍，这是 1000 年来最令人称奇的

① Alfred W. Crosby, *Germs, Seeds and Animals: Studies in Ecological History*.

② 〔美〕艾尔弗雷德·W. 克罗斯比：《哥伦布大交换——1492 年以后的生物影响和文化冲击》，"初版作者序"，第 xvi 页。

③ 在"30 周年版作者序"中，克罗斯比指出初版中不该一整章都讨论梅毒问题，其初衷是针对流行疫病做地理对称式的平衡尝试，但是新旧世界之间的疾病交换，几乎根本不对称，他认为应该以整章的篇幅研究后哥伦布时代的大规模奴隶种植场，尤其是东南亚蔗糖与美洲烟草农园现象。参见〔美〕艾尔弗雷德·W. 克罗斯比《哥伦布大交换——1492 年以后的生物影响和文化冲击》，"30 周年版作者序"，第 ix 页。

生物发展事件；第六章"至今未停止的大交换"指出哥伦布交流至今尚未停止，旧世界的人们继续享受这场生物大战的福利，美洲印第安人则继续死于旧世界的疾病之下。① 克罗斯比提出，"引发哥伦布和欧洲人发现和开发美洲的动力是跨民族国家和跨大陆的。哥伦布时代及其后的原料、制成品和生物物种的交流，在任何比世界范围小的单位内都无法得到充分的描述和分析"。②

克罗斯比的《生态帝国主义：900~1900 年欧洲的生物扩张》进一步从生态视角考察欧洲的殖民扩张史。他认为，欧洲殖民之所以能成功扩张到南美洲、北美洲、澳大利亚、新西兰等地（他称之为"新欧洲"），不仅仅是由于大量的欧洲移民带来欧洲式的制度与文化，而且更主要是由于来自欧洲的移民促使当地生态环境的欧洲化，使之有利于欧洲人的生存，所以欧洲帝国主义的成功具有生物、生态的因素。③

相关的作品亦有很多。例如，威廉·H. 麦克尼尔 1976 年出版的《瘟疫与人》一书，便从人类历史之初探讨疾病与瘟疫对世界历史的影响，随着不同社会的人群发生接触，外来的疾病（如黑死病、天花等流行疫病）会传播到此前并无抵抗力的人群当中，并可能对该社会组织造成深重的破坏和影响。④ J. 唐纳德·休斯在其 2009 年的《世界环境史：人类在地球生命中的角色转变》一书中，在"生物圈的变化"中专门探讨了欧洲的生物入侵，并且明显受到了克罗斯比分析框架的影响。⑤ 本特利在其《新全球史：文明的传承与交流》中讨论了"哥伦布交流"的内容和意义。他认为，一方面，植物、粮食作物、动物、人口以及病菌都传播到未曾到达过的地区，并对人类产生影响；另一方面，航海探险

① 〔美〕艾尔弗雷德·W. 克罗斯比：《哥伦布大交换——1492 年以后的生物影响和文化冲击》，各相关章节。
② Alfred W. Crosby, *Germs, Seeds and Animals: Studies in Ecological History*, p. 8.
③ Alfred W. Crosby, *Ecological Imperialism: The Biological Expansion of Europe, 900–1900*, p. 7.
④ 〔美〕威廉·H. 麦克尼尔：《瘟疫与人》，余新忠、毕会成译，中国环境科学出版社，2010。
⑤ 〔美〕J. 唐纳德·休斯：《世界环境史：人类在地球生命中的角色转变》，第 135~141 页。

促进了商业贸易的繁荣，到 18 世纪中叶，欧洲商人已经建立起环球贸易和交通网络，欧洲的航海探险、远洋贸易网络以及哥伦布交流使得世界各地区相互依存，推动了全球一体化进程。① 菲利普·费尔南德兹－阿迈斯托在《世界：一部历史》中也从生态交流（如玉米、马铃薯、甘薯、蔗糖、咖啡、茶、巧克力、野草、牧场和家畜等，以及美洲人口锐减、欧亚大陆的瘟疫等）、劳动力人口迁移等方面进行了分析，认为"哥伦布交流"是人类在地球上所进行的最重大的革命。②

　　克罗斯比、威廉·H. 麦克尼尔等全球史研究者对包括"哥伦布交流"在内的跨文化生态互动的研究，在扩展历史研究领域、开拓学术视角方面的价值显然不言而喻。例如，关于克罗斯比围绕"哥伦布交流"的相关研究在西方史学界的影响，约翰·麦克尼尔曾经指出：许多人都在克罗斯比这本书（指《哥伦布交流：1492 年的生物和文化后果》）中发现了新视野，用以观看美洲、拉丁美洲、欧洲、非洲以及整个世界历史，主流史学家也渐渐注意此书，及至 20 世纪 90 年代，"哥伦布交流"的观念已开始进入好几本美洲与世界史教科书内，今日美国几乎所有专业史学家以及海内外许多学者，都听过"哥伦布交流"一词，克罗斯比提出的这些概念曾经饱受史学界漠视，如今却成为近代史标准论述的重要一环。③ 他进一步提出，克罗斯比提出的"哥伦布交流"概念，价值不在其完整全面，而在其建立了一种新的视角、新的模式，用以了解生态和社会事件。④ 刘文明在《全球史视野中的传染病研究——以麦克尼尔和克罗斯比的研究为例》一文中，也对麦克尼尔和克罗斯比等全球史学家对传染病的研究进行了分析，指出他们从疾病传播来理解人类

---

① 〔美〕杰里·本特利、〔美〕赫伯特·齐格勒：《新全球史：文明的传承与交流》下册，第657、663 页。

② 〔美〕菲利普·费尔南德兹－阿迈斯托编著《世界：一部历史》第 2 版下册，第 645~647 页。

③ 〔美〕艾尔弗雷德·W. 克罗斯比：《哥伦布大交换——1492 年以后的生物影响和文化冲击》，"30 周年版前言"，第 iv 页。

④ 〔美〕艾尔弗雷德·W. 克罗斯比：《哥伦布大交换——1492 年以后的生物影响和文化冲击》，"30 周年版前言"，第 v 页。

文明变迁及欧洲扩张，提出了新的概念和分析范畴，为理解跨文化接触中的重大历史现象提供了一个新视角。①

二 "哥伦布交流" 研究的局限

不过，西方全球史中以"哥伦布交流"为代表的跨文化生物生态互动研究也存在着自身的问题。例如，倘若从全球视野出发，那么以下三个问题显然是理解以"哥伦布交流"之名所描述的这一历史现象的题中应有之义。首先，"哥伦布交流"为何能够发生，或者说其动力来自何方。其次，仅从生物性的视角出发，是否能使这一历史现象获得充分的展示。最后，这一历史现象在全球史上的意义如何评估。目前来看，西方全球史在这些问题上的探讨是有分歧的，② 同时显现出一定的历史局限性。

关于第一个问题，此处不妨对比美国传统历史教科书与全球史中对"哥伦布交流"的描述，以便获得更好的理解。1995 年，詹姆斯·洛温出版了《老师的谎言：美国历史教科书中的错误》一书。③ 该书针对美国历史教科书充斥着错误信息和狭隘观点的现象，对新航路开辟等历史事件与人物进行了冷静的分析和重述，对现有教科书提出了中肯的批评。从他的分析可以看到，在有关"哥伦布交流"的问题上，美国传统历史教科书在叙述这一具有世界历史意义的事件时，要么忽略了来自非洲和亚洲的航海家们也曾到达美洲，要么在探讨新航路得以开辟的原因时笼统地说"对现实问题以及欧洲以外的世界的兴趣导致了造船和航海的进

① 刘文明：《全球史视野中的传染病研究——以麦克尼尔和克罗斯比的研究为例》，《上海师范大学学报》（哲学社会科学版）2011 年第 1 期。
② 例如，贡德·弗兰克与其他全球史研究者如菲利普·费尔南德兹-阿迈斯托，在对过去两个世纪里西方和中国的力量转移的认识上便有不同。参见〔德〕贡德·弗兰克《白银资本：重视经济全球化中的东方》，刘北成译，中央编译出版社，2011，第 8 页。弗兰克对"哥伦布交流"及其后果的理解，相较于克罗斯比也更显全面。参见〔德〕贡德·弗兰克《白银资本：重视经济全球化中的东方》，第 58~60 页。
③ 〔美〕詹姆斯·洛温：《老师的谎言：美国历史教科书中的错误》，马万利译，刘北成校，中央编译出版社，2009。

步"，要么不敢说追逐财富是哥伦布等人来到美洲的动机，要么声称哥伦布"至死都相信自己抵达了亚洲的海岸"，甚至还让哥伦布死于疾病、贫穷以及怀才不遇来增强戏剧效果，等等。[①] 詹姆斯·洛温根据各种资料指出，1492 年之前，其他各大洲就有人多次到达美洲，从某种意义上说，哥伦布的远航不是第一次，而是最后一次对美洲的"发现"，它的划时代意义源于欧洲对它的回应方式。哥伦布的目的从一开始就不仅是探险或者贸易，还包括征服和掠夺，并用宗教证明这些活动的合理性。另外，哥伦布自己的航海日记也清楚地表明，他当时知道自己到达了一个"新"大陆。而且，他和他的后继者们迫使土著人为自己采掘金子，死时安享富贵。两相对比，结论便是"大多数教科书都不打算教给我们关于哥伦布的真实历史，它们把哥伦布当作一个起源神话：他是好样的，所以我们也是好样的"。[②]

为什么美国历史教科书出现如此之多的谎言或错误？詹姆斯·洛温指出，"民族主义是祸根之一。教科书常常纠缠于互相冲突的要求之间：既要促进思考，又要灌输盲目的爱国主义"，结果"教科书排除了冲突，剔除了任何可能给我们国家的国格抹黑的内容"。[③] 他从各州的审查、教科书采用委员会、出版社、作者、教师等多角度进行了分析，指出"教科书由谁而写，又为谁而写？答案就是——欧洲人的后裔。我们的文化鼓励我们去设想我们比别人更富有、更强大，原因就在于我们更聪明"。[④] 而且，教科书中的"文化谎言已经被编织到我们整个社会之中"，"我们的社会在对自己说着关于自己过去的谎言，质疑这些谎言似乎是在反对美国"。[⑤]

这实际上触及历史学中一个十分重要的理论问题，即史学的求真与致用问题。刘家和曾经对此进行了透彻的分析，"史学作为知识系统来

① 〔美〕詹姆斯·洛温：《老师的谎言：美国历史教科书中的错误》，第 31、26、27、39 页。
② 〔美〕詹姆斯·洛温：《老师的谎言：美国历史教科书中的错误》，第 24~40、47 页。
③ 〔美〕詹姆斯·洛温：《老师的谎言：美国历史教科书中的错误》，"导言"，第 14 页。
④ 〔美〕詹姆斯·洛温：《老师的谎言：美国历史教科书中的错误》，第 28 页。
⑤ 〔美〕詹姆斯·洛温：《老师的谎言：美国历史教科书中的错误》，第 360 页。

说，其内容为过去的实际，其目的在于求真；而史学作为价值系统来说，其功能在于为今人的实际服务，其目的在于求善"，这也就意味着，如果史学的致用超过了一定的限度，即超过了史学之真的限度，那么这样的致用就成了滥用，会带来消极的甚至破坏性的社会后果。① 这正击中了美国历史教科书问题的要害。教科书中存在的谎言、错误或歪曲，正是由欧裔美国人主流文化价值观所主导的将史学的致用变成滥用的表现。或者说，这是"欧洲中心论"在美国历史教科书编撰过程中的反映。

实际上，就美国而言，这一现象不仅存在于带有强烈民族主义色彩的历史教科书中，而且在以破除"欧洲中心论"为目标的美国学者的全球史著作中也有一定程度的体现。不妨以两部全球史著作即《新全球史：文明的传承与交流》和《世界：一部历史》的描述为例稍做分析，以与《老师的谎言：美国历史教科书中的错误》一书互为印证。杰里·本特利、赫伯特·齐格勒的《新全球史：文明的传承与交流》写道："哥伦布认为他已经到达了香料群岛，也就是众所周知的东印度群岛，……为了寻找黄金，他们绕着加勒比海航行了几乎三个月……尽管他又三次横渡大西洋，也没能在加勒比海找到黄金。……16世纪早期，很多人继续探求哥伦布本人一直在寻找的通往亚洲的水道。然而，过了一段时间之后，人们逐渐认识到，这块新的大陆是美洲，而加勒比群岛本身也蕴藏着无数诱人的商机。哥伦布向西半球的航行可谓是无心插柳柳成荫。"② 《新全球史：文明的传承与交流》在2014年7月由北京大学出版社推出了其2011年第五版的中文版，该书作者"改进了对'哥伦布交换'在粮食作物、商品和动物以及世界人口增长中之作用的讨论"，③ 不过，仍然写道："哥伦布从来没有得到过亚洲的财富，尽管他后来又三次横渡大西

① 刘家和：《史学、经学与思想》，北京师范大学出版社，2005，第19~21页。
② 〔美〕杰里·本特利、〔美〕赫伯特·齐格勒：《新全球史：文明的传承与交流》下册，第642页。
③ 〔美〕杰里·本特利、〔美〕赫伯特·齐格勒：《新全球史：文明的传承与交流（1000—1800年）》第5版，"前言"，第iv页。

洋，但他在加勒比海几乎没有找到黄金"。① 菲利普·费尔南德兹-阿迈斯托的《世界：一部历史》则写道："1492 年，哥伦布第一次来到加勒比海中的伊斯帕尼奥拉岛，却误以为到了日本。他那时想的只有商业计划，希望能在西班牙统治下建立商业殖民地，经营棉花、乳香和奴隶。然而，在加勒比地区却不可能获得大批的此类商品。哥伦布最初的计划并不切实可行。他误认为，只要再往西去一点，就能发现亚洲的财富所在。他大大低估了世界的范围。结果，西班牙人只好转而开发岛上的金矿。"② 对此陈燕谷指出，促使哥伦布和达·伽马航海的动力是发现通往"东方"的新路线，而不是建立东西方之间的联系，这难道不恰好说明东西方在 1492 年以前就已经存在于一个世界体系之中，而且促使哥伦布和达·伽马航海的动力不正是这个体系的结构和动力吗？③ 笔者以为，这个判断是合理的。

　　至于第二个问题，从前述著作可以看出，对"哥伦布交流"的分析切入点主要在于生态和经济方面，缺乏对大西洋两岸思想和观念上交流与碰撞的深入挖掘。"思想的双向交流仍不为人注意，特别是从西向东的交流。"④ 詹姆斯·洛温指出，"在发现美洲之前，欧洲人根本没有自我反省的能力"，"从一开始，美洲就被视为欧洲的'对立面'，在这一点上，其程度甚至超过非洲"，"在某种意义上，可以说，在 1492 年之前没有所谓'欧洲人'，只有托斯卡纳人、法国人等等"，"就此而论，1492 年之前，也无所谓'白人'"。⑤ 其他学者的研究也可证明这种跨大西洋文化互动研究的必要性。例如，丹尼尔·J. 布尔斯廷 1958 年在其著作《美国人：殖民经历》中指出，美国始于一个发人深省的经验，殖民地

---

① 〔美〕杰里·本特利、〔美〕赫伯特·齐格勒：《新全球史：文明的传承与交流（1000—1800 年）》第 5 版，第 184 页。
② 〔美〕菲利普·费尔南德兹-阿迈斯托编著《世界：一部历史》第 2 版下册，第 633 页。
③ 陈燕谷：《重构全球主义的世界图景》，载〔德〕贡德·弗兰克《白银资本：重视经济全球化中的东方》，第 4 页。
④ 〔美〕詹姆斯·洛温：《老师的谎言：美国历史教科书中的错误》，第 51 页。
⑤ 〔美〕詹姆斯·洛温：《老师的谎言：美国历史教科书中的错误》，第 48、49 页。

是对乌托邦的反驳，那些产生于欧洲的梦想——犹太复国运动支持者、完美主义者、慈善家、移植者的梦想，在美洲的现实中消耗或转化，新的文明更多的不是产生于计划和目的之中，而是产生于新世界给旧世界的种种方式带来的不稳定之中。① 大卫·奇德斯特在其 2000 年出版的《基督教的全球史》中，指出"克里斯托弗·哥伦布在 1492 年的报告中称，'尽管没有如许多人预期的那样发现人类怪物'，群岛上的居民'不持有任何宗教信仰，也并非偶像崇拜者'"。② 他进一步指出，通过将基督的信息带往新大陆，和从新大陆获取财富以支持夺取穆斯林控制下的耶路撒冷的新圣战，哥伦布确信自己打开了大灾变之门；这两项宗教义务，即传教和圣战，使哥伦布对自身使命的理解富有生机。③ 相应地，大卫·奇德斯特在书中写到法国作家蒙田。蒙田认为，将欧洲文明与野蛮人的天然高贵相比较，欧洲人在兽性方面都超越后者。在野蛮和文明的这些新比较中，蒙田提出，这种全球比较揭示出基督教欧洲的残酷。④具有西班牙人和法国人血统的蒙田逝世于 1592 年，400 年后，1991 年教皇保罗二世访问塞内加尔戈雷岛的奴隶城堡，为"基督教欧洲侵犯非洲的罪行"道歉。⑤ "哥伦布交流"涉及美洲、欧洲、非洲三种文化的复杂互动，其所具有的世界历史意义显而易见，其中蕴含着研究人类统一性和多样性发展的幽长路径。

虽然跨文化交流与碰撞领域研究的困难不可低估，例如，如前所述，本特利认为，与历史上曾反复出现的跨地区技术传播和病毒传播相比，文化传播所遇到的阻力要大得多，因为每一种文化对异质文化都持顽强抵制态度，主动推进文化融合的事例在历史上虽然并非没有，但毕竟罕见；虽然文化传播的总趋势是核心文化从文明中心向外扩散，但扩散过

---

① Daniel J. Boorstin, *The Americans*: *The Colonial Experience*, New York: Vintage Books, 1958, p. 1.

② David Chidester, *Christianity*: *A Global History*, p. 375.

③ David Chidester, *Christianity*: *A Global History*, p. 383.

④ David Chidester, *Christianity*: *A Global History*, p. 375.

⑤ 〔美〕丽莎·A. 琳赛：《海上囚徒：奴隶贸易四百年》，第 204 页。

程相当缓慢，而且在扩散过程中原有的核心文化不断融入新的文化因素。[①] 本特利还指出，由于研究者都带有自己文化和偏好的色彩，这其实是一种棘手的摸索，研究文化间交流碰撞的难度要超过研究跨文化的贸易与生物传播。[②] 但是，在"哥伦布交流"这个案例中，正如前述詹姆斯·洛温所说，跨大西洋"思想的双向交流"，"特别是从西向东的交流"，这些切实的"跨文化"互动显然是研究的应有之义。旨在探讨跨文化互动的全球史在这些问题上进展缓慢，甚至学界已有的成果在其中尚不能获得充分体现，其研究步伐的蹒跚沉重不能不让人感到遗憾。

　　在考察"哥伦布交流"的思想视角之外，还有一个重要视角不能被忽视，这就是殖民主义与帝国主义研究的视角。"哥伦布交流"意味着欧洲人一系列的探险、商业、贸易和侵略活动，其生物生态影响施及全球，但也无法掩饰其内在强烈的政治、经济甚至意识形态意图。换言之，"生态帝国主义"的相关研究可以使人们更加了解历史发生的细节，但不足以改变对欧洲殖民主义和帝国主义的定性。西方全球史研究的重要学者贡德·弗兰克曾经指出：由于欧洲没有能力出口金银以外的商品，这就导致了长期的支付赤字，从而也导致了金银不断从欧洲流向亚洲，只有用欧洲在美洲的殖民主义势力范围才能解释欧洲为什么在世界经济中还能生存，如果没有美洲殖民地，欧洲就无法弥补它与亚洲的商品贸易的巨大赤字。[③] 而且，"哥伦布交流"与"西方历史中最悲惨、恐怖而重要的一个片段：跨大西洋奴隶贸易"[④] 紧密联系在一起。"殖民主义本质上就是一种对人的价值和尊严的否定。"[⑤] 根据前述有关资料估计，大约 1250 万非洲俘虏从非洲上船，1080 万人活着

---

① 〔美〕杰里·本特利、〔美〕赫伯特·齐格勒：《新全球史：文明的传承与交流》上册，"中文版序言"，第Ⅸ～Ⅹ页。

② Jerry H. Bentley, "The New World History", in Lloyd Kramer and Sarah Maza, eds., *A Companion to Western Historical Thought*, pp. 393–416.

③ 〔德〕贡德·弗兰克：《白银资本：重视经济全球化中的东方》，第 167 页。

④ 〔美〕丽莎·A. 琳赛：《海上囚徒：奴隶贸易四百年》，"绪论"，第 1 页。

⑤ 〔尼日利亚〕钦努阿·阿契贝：《非洲的污名》，第 28 页。

抵达美洲；而奴隶贸易和奴隶制度的结束也并未消灭其意识形态遗产，即白人至上主义；现代美洲人、欧洲人和非洲人还在应付其后遗症。① 显然，殖民主义和帝国主义的研究视角仍然是充分理解"哥伦布交流"现象的不可或缺的部分。

最后，如何评估"哥伦布交流"这一历史现象在全球史上的意义呢？杰里·本特利、赫伯特·齐格勒的《新全球史：文明的传承与交流》对其进行了较高评价，指出"世界上其他地区的民族也在探索着更广阔的世界，然而只有欧洲人把东西半球和大洋洲的土地与人民联系在一起"。② 菲利普·费尔南德兹-阿迈斯托编著的《世界：一部历史》的立场稍显中立一些，"对大西洋的突破性开发并非'欧洲'壮举，而是大西洋沿岸和地中海地区几个社群的壮举。他们的独特之处并不在于他们拥有正确的文化起点，而在于他们拥有正确的地理起点"。③ 与此同时，古代腓尼基人、非洲人、挪威人对美洲的探险，在这两部作品中却几乎没有讨论或者只是被简要地一笔带过。这实际上意味着更完整与更复杂的历史画面并没有获得充分的展示。詹姆斯·洛温指出，"与挪威人一样，腓尼基人与非洲人有力地说明了人类的某种可能性——在这里，就是黑人的某种可能性，更准确地说，就是多民族社会的威力"。④ 能够说明腓尼基人和非洲人可能对美洲产生影响的墨西哥东海岸巨石人头塑像的图片，在上述两部全球史作品中均有出现，但也只是出现而已。《新全球史：文明的传承与交流》中写道："最具特色的奥尔美加艺术创造是用玄武岩雕刻的巨大的人头像——可能是统治者的肖像。"⑤《世界：一部历史》中也只是简单地说，"他们那有着厚嘴唇的脸几乎同样引发

---

① 〔美〕丽莎·A. 琳赛：《海上囚徒：奴隶贸易四百年》，"绪论"，第 4~5、231、204 页。
② 〔美〕杰里·本特利、〔美〕赫伯特·齐格勒：《新全球史：文明的传承与交流》下册，第 634 页。
③ 〔美〕菲利普·费尔南德兹-阿迈斯托编著《世界：一部历史》第 2 版上册，第 590 页。
④ 〔美〕詹姆斯·洛温：《老师的谎言：美国历史教科书中的错误》，第 33 页。
⑤ 〔美〕杰里·本特利、〔美〕赫伯特·齐格勒：《新全球史：文明的传承与交流》上册，第 145 页。

了关于他们是从非洲而来的史前居民的猜想"。①

　　费尔南德兹-阿迈斯托还将 1492 年视为"我们的世界"的开端,他的《1492:我们世界的开端》一书明确提出,哥伦布 1492～1493 年的航行,确立了来回穿梭大西洋的最实用和最有开发价值的路线,从而将旧世界人口稠密的地带(从中国、亚洲南部和西南部直到地中海)和新世界中最富有、人口最多地区的进入口连接起来;西方崛起,首次挑战东方,并最终主宰世界,这确凿始于 1492 年。② 相应地,与"哥伦布交流"紧密联系在一起的 1500 年,被很多全球史研究者视为世界历史进入新时代的时间界限。提出可以把跨文化互动作为世界历史分期标准的本特利指出,不同历史时期跨文化互动的动力是不同的,如交通工具的技术进步、交通网络的完善、大规模移民、帝国扩张、远程贸易等。③ 他把全球运动的总趋势归结为互为因果的三点:人口增长、技术不断进步与传播、不同社会之间的交往日益密切。④ 本特利的观点在西方全球史研究者中颇有代表性,但是,这种做法难免有循环论证之嫌,反映在历史研究中则表现出明显的简单化倾向,带来了不能很好地解释世界历史各阶段中的跨文化互动如何能够延续、1500 年前后跨文化互动的性质究竟有何不同、造成差异的原因有哪些等问题。不过,这也正说明迄今为止,欧美史学界在总体上并没有摆脱其惯有的理论与文化偏见。这也正引出了西方全球史在跨文化互动研究上面临的根本性问题,即如何认识互动本身的动力和规律,这直接决定着西方全球史是否能够真正做到克服"欧洲中心论"的局限,是否能真正"尊重世界上所有民族的历史经

---

① 〔美〕菲利普·费尔南德兹-阿迈斯托编著《世界:一部历史》第 2 版上册,第 136 页。
② 〔英〕菲利普·费尔南多-阿梅斯托:《1492:世界的开端》,第 22、168 页。该书原名为 *1492: The Year Our World Began*。
③ Jerry H. Bentley, "Cross-Cultural Interaction and Periodization in World History", *The American Historical Review*, Vol. 101, No. 3, 1996, pp. 749-770.
④ 〔美〕杰里·本特利、〔美〕赫伯特·齐格勒:《新全球史:文明的传承与交流》上册,"中文版序言",第 X 页。

验，考察每一个民族为人类所做的贡献"。① 前述分析表明，西方全球史在探索人类社会演变的内在规律方面是有局限的。

需要指出的是，西方全球史研究所表现出来的对人类交往或称跨文化互动研究的重视，明显受到了马克思"世界历史"理论的影响。马克思所说的交往是指与生产力发展水平和劳动分工一致的人类交往。而且，正如有学者指出，马克思主义的交往是现实的人的交往，物质交往决定着精神交往及其他一切交往活动和交往形式，人的交往形式变迁的社会根源是生产力、分工和交换的发展，这就抓住了人类交往现象的一般本质和规律，并且通过对交往与生产力、分工、社会形态及社会发展、共产主义的关系考察，揭示了交往形式的发展与社会形式的发展的同步性。② 交往范畴表征的是主体之间的相互作用的关系，不能表征主客体之间的改造和被改造的关系，生产力普遍发展和普遍交往的统一就是共产主义，就是人的自由自觉的活动。③ 也就是说，马克思是通过物质基础和上层建筑的相互作用来揭示世界历史演变的内在动力和规律的。这种理论高度是目前西方全球史研究不能企及的。

---

① 〔美〕杰里·本特利、〔美〕赫伯特·齐格勒：《新全球史：文明的传承与交流》上册，"前言"，第 9 页。
② 范宝舟：《论马克思交往理论及其当代意义》，第 20~23 页。
③ 范宝舟：《论马克思交往理论及其当代意义》，第 55~87 页。

第七章　西方全球史中的全球史学史研究

　　全球史学史是一种全球史。如何书写全球史学史，其前提是如何理解全球史学史，进一步推演，则是如何理解史学和历史本身。何兆武认为：通常我们所使用的"历史"一词包含两层意思，一是指过去发生过的事件，一是指我们对过去事件的理解和叙述；前者是史事，后者是历史学，有关前者的理论是历史理论，有关后者的理论是史学理论。[①] 朱本源指出：由于"历史"一词具有双重含义，意大利的历史学家克罗齐曾提议用意语 "storiografia"（即英语 historiography）指历史学家编写的历史或作为一门学科（知识）的历史，这个词我国已习惯地译为"历史编纂学"，有时也译为"历史学"（简称"史学"）；"历史编纂学"一词在西方各国都被广泛用来指历史学家的工作成果或"修史"的方法和原理等，史学史是历史编纂学的历史。[②]

　　显然，全球史学史是随着时代形势演变和人们对世界地理认知范围不断扩大而产生的，它是 20 世纪中期以后人类的史学思维方式逐渐全球化的产物。全球史学史（global history of historiography，global history of history 或者 world history of historiography），是一个具有明确空间界定的术语，它是指全球范围内的史学史演变，但这个术语并没有限定时间与具体主题。

---

　　①　何兆武:《思想与历史：何兆武自选集》，首都师范大学出版社，2008，第 3 页。
　　②　朱本源:《历史学理论与方法》，人民出版社，2007，第 9、10、19 页。

20 世纪中期以来，西方的全球史学史著作和全球史著作一样，努力扩大对以往被忽视地区和国家的史学传统及其与西方史学传统之间关系的认识。自 20 世纪 90 年代末以来，正如丹尼尔·伍尔夫所指出的：已经出版的许多著作，挑战了史学史中的"欧洲中心论"及其内在的目的论。①

概括而言，目前西方的全球史学史书写实践大致可区分为四种类型：断代史性质的全球史学史、通史性质的全球史学史、百科全书性质的全球史学史和专门史性质的全球史学史。本书系统梳理和分析了这四类全球史学史著作的编撰方法及思路，并且分析了如何在现有基础上进一步推动全球史学史的研究和编撰。实际上，书写全球史学史所面临的核心问题，就是如何处理全球范围内的跨文化史学互动。把各种跨文化史学互动现象放在代表人类社会演变基本动力的生产和交往的相互关系之中，使各地方、各民族的史学传统与世界的现实发展成为对应参照物，而不是以欧洲史学传统作为基本参照物，将会推动全球史学史书写的进一步发展。

第一节　断代史性质的全球史学史

断代史性质的全球史学史，是指其考察的地理范围虽然是全球的，但是其考察的时间范围却是断代的，即截取某一历史时段，对这一时段内的史学发展做出全球梳理。

20 世纪中后期，此类著作中最著名的单卷本当属杰弗里·巴勒克拉夫的《当代史学主要趋势》。巴勒克拉夫明确指出，该书的目的不是全面叙述当前所有国家和所有地区的历史学著作，而是讨论当代历史学研究中具有普遍性意义的趋势，今天历史学著作的本质特征则在于

---

① Daniel Woolf, "Foreword", in Andrew Feldherr and Grant Hardy, eds., *The Oxford History of Historical Writing*, Volume 1, *Beginnings to AD 600*, Oxford: Oxford University Press, 2011, p. ix.

它的全球性。① 该书梳理分析了 1945 年以后到 20 世纪 70 年代末的新型历史学的主要发展趋势，重点在于阐述当代史学研究的新方法和新领域。巴勒克拉夫认为，这些方法主要借鉴了社会学、经济学和人类学等领域，大批涌现的社会科学研究技术（如计量分析）促使历史学计量化，电子计算机技术的突破则保证了计量历史研究方法的可行性。② 历史学的新领域包括史前史、非洲史、拉丁美洲史学、亚洲史学。这些新方法和新领域中的进展，引导历史学家从优先考虑民族国家的历史转向对区域的历史、世界的历史和比较史学抱有更大的兴趣，而认识到需要建立超越民族和地区界限理解整个世界的全球历史观，则是当前新型史学的主要特征之一。③ 巴勒克拉夫的这部著作对当代的全球史学发展趋势做出了基本判断。

埃克哈特·福克斯和本尼迪克特·斯图奇蒂主编的《跨文化边界：全球视野中的史学》（2002），将全球史学史具体化为跨文化史学史。在《地方化欧洲：作为一种跨文化观念的史学》的导言中，埃克哈特·福克斯指出：历史发生在时空之中，任何书写历史的人都必须考虑这两个决定因素，特定空间和特定时间的选择会使历史学家的视野及其工作成果产生偏见；该书的空间参照点是欧洲，时间框架则涵盖了从 19 世纪 50 年代以来的时期；写作目的是通过跨文化比较，为 19 世纪以来的世界史学史提供初步的刺激因素。④ 该书的目标在于：了解有关不同文化国家的历史学科发展的具体信息；研究欧洲文化与其他文化之间的跨文化关系和历史知识的传递；处理如何克服"欧洲中心论"观点的问题，这种观点植根于对欧洲规范和现代化思想的普遍必要性、全球有效性和

---

① 〔英〕杰弗里·巴勒克拉夫：《当代史学主要趋势》，杨豫译，北京大学出版社，2006，"前言"，第Ⅶ页。

② 〔英〕杰弗里·巴勒克拉夫：《当代史学主要趋势》，第 55、59 页。

③ 〔英〕杰弗里·巴勒克拉夫：《当代史学主要趋势》，"序言"，第Ⅳ页，第 193 页。

④ Eckhardt Fuchs, "Introduction", in Eckhardt Fuchs and Benedikt Stuchtey, eds., *Across Cultural Borders: Historiography in Global Perspective*, Lanham: Rowman & Littlefield Publishers, Inc., 2002, p. 1.

优越性的信仰之中。① 尽管全球被用作地理设定，但"跨文化"这一术语不仅指广泛的地理方法，而且还指跨文化关系的水平，相应地，跨文化史学史（transcultural history of historiography）着眼于不同文化中的历史思维和写作的具体形式以及它们之间的关系。②

该书分为三个部分。第一部分关注不同文化背景下的史学和历史思想的民族类型，指出人们面临着如何比较不同文化区域历史思维的共性和差异的问题，并且提出如果不参考欧洲的历史学术，就不可能进行跨文化比较，欧洲文化、政治和经济统治在全球的传播奠定了"文化帝国主义"的特定制度的基础，这些制度影响和塑造了其他文化的历史意识，形成了"世界欧洲化"（Europeanization of the world）的复杂现象。③第二部分探讨跨文化关系及相关过程中的具体情况，思考思想和制度的转移、相互认知和感知，以及欧洲与其他文化中的地方历史知识之间的制度联系。④ 第三部分论述了当前史学中存在的问题，这些问题源于当今发展过程的全球维度和后殖民维度，要求不再忽视那些质疑"欧洲中心论"、主张重新诠释历史并且将非欧洲民族考虑在内的非西方声音。⑤该书提议把一种"温和的""欧洲中心论"（softer Eurocentrism）作为世界史学史的基础，即一种认识到其意识形态、政治、经济和文化基础的"欧洲中心论"；指出只有对这种历史观和世界观的历史性和认识论限度具有自觉意识，历史学家才能打开非欧洲视角和跨文化视角的大门，从而不再将欧洲视为世界的中心；各种竞争性的历史叙事将导致超越国家

① Eckhardt Fuchs, "Introduction", in Eckhardt Fuchs and Benedikt Stuchtey, eds., *Across Cultural Borders: Historiography in Global Perspective*, p. 1.

② Eckhardt Fuchs, "Introduction", in Eckhardt Fuchs and Benedikt Stuchtey, eds., *Across Cultural Borders: Historiography in Global Perspective*, p. 3.

③ Eckhardt Fuchs, "Introduction", in Eckhardt Fuchs and Benedikt Stuchtey, eds., *Across Cultural Borders: Historiography in Global Perspective*, pp. 5-6, 9.

④ Eckhardt Fuchs, "Introduction", in Eckhardt Fuchs and Benedikt Stuchtey, eds., *Across Cultural Borders: Historiography in Global Perspective*, p. 9.

⑤ Eckhardt Fuchs, "Introduction", in Eckhardt Fuchs and Benedikt Stuchtey, eds., *Across Cultural Borders: Historiography in Global Perspective*, p. 12.

界限的史学的新观念出现，欧洲神话将被批判和修正，这一过程也就是迪佩什·查卡拉巴提（Dipesh Chakrabarty）所说的欧洲的"地方化"。① 这部著作的特点是抓住了全球史学史书写中的核心问题即如何呈现与分析跨文化的史学互动。

伊格尔斯和王晴佳在《全球史学史——从18世纪至当代》（2008）中指出，该书作为一项国际性的跨文化的史学史写作，其范围限定在18世纪末以来的时段内，重点在于西方和非西方的史学传统在全球背景下的相互影响。② 他们进一步指出，之所以把18世纪末当作这项研究的起点，是因为各种历史思想的传统从那时起开始互相影响，而在那以前，这些历史思想传统的存在如果说不是完全的相互隔绝，至少也是相对的隔绝。③ 该书将所考察的著作放在更为广泛的制度、政治和思想体系中加以观察，分析历史著述与社会其他方面的关系，并与新航路开辟后全球化的三个发展阶段联系起来，梳理历史写作和历史意识的历史。④ 该书认为西方以外的史学不断地西方化和现代化，但并没有失去与本国旧传统的联系。⑤ 组织该书的两个核心概念分别是全球化和现代化，全球化为该书提供了时空背景和分期，现代化则被用来分析西方和非西方的史学发展的关系。

从历史时段来看，无论是从1945年以后到20世纪70年代末，还是从19世纪50年代以来，或者是从18世纪末以来，都是人类社会演变的关键历史时期。断代史性质的全球史学史的书写方法，正是截取人类社

---

① Eckhardt Fuchs, "Introduction", in Eckhardt Fuchs and Benedikt Stuchtey, eds., *Across Cultural Borders*: *Historiography in Global Perspective*, p. 15.

② 〔美〕格奥尔格·伊格尔斯、王晴佳著，苏普里娅·穆赫吉参著《全球史学史——从18世纪至当代》，"导论"，第2页。

③ 〔美〕格奥尔格·伊格尔斯、王晴佳著，苏普里娅·穆赫吉参著《全球史学史——从18世纪至当代》，第3页。

④ 〔美〕格奥尔格·伊格尔斯、王晴佳著，苏普里娅·穆赫吉参著《全球史学史——从18世纪至当代》，第5~8页。

⑤ 〔美〕格奥尔格·伊格尔斯、王晴佳著，苏普里娅·穆赫吉参著《全球史学史——从18世纪至当代》，第13页。

会演变的关键历史时期，以伴随经济全球化进程而日益频繁的跨文化史学互动为主要考察内容，努力将这一历史时期不同地区的史学发展汇总为全球的史学流变，以反映人类思想和史学思维方式在关键历史时期所发生的各种显著变化。

第二节　通史性质的全球史学史

通史性质的全球史学史，是指不仅在地理空间上尽量包含全球而且在时间上努力纵贯古今的全球史学史著作，在四种类型当中，这是最晚出现的一种全球史学史的书写类型，可以说是最近十年全球史发展的产物。

《牛津历史著作史》（2011）是一部由多位作者共同完成的对全球范围内历史写作的历史进行学术考察的五卷本著作，丹尼尔·伍尔夫担任主编。它是关于人类尝试要保存、恢复和叙述自身过去的一部编年史，同时对全球各种不同传统及其与西方史学的比较研究给予了相当的关注；每一卷都涵盖了一个特定的时期，力求避免过分突出西方的分期概念，并且各卷覆盖的时间跨度越来越短，反映出后期几卷的地理范围更大以及自 19 世纪以来世界各地历史活动的急剧增加。《牛津历史著作史》是第一部集体完成的、在如此广阔的时间内覆盖全球历史写作史的学术概述，第一卷是从开端到 600 年，第二卷是从 400 年到 1400 年，第三卷是从 1400 年到 1800 年，第四卷是从 1800 年到 1945 年，第五卷是 1945 年以来的历史写作。[1] 五卷本之间的划分是按年代顺序而非区域，地理范围包括欧洲、美洲、非洲以及亚洲，以便在广泛的时段内促进地区之间的比较和对比，每一卷也可以作为对历史写作史上某一特定时期的研究而独立存在。[2] 这套五卷本允许时间顺序上的部分重叠，但又避免不必

---

[1] Andrew Feldherr and Grant Hardy, eds., *The Oxford History of Historical Writing*, Volume 1, *Beginnings to AD 600*.

[2] Daniel Woolf, "Foreword", in Andrew Feldherr and Grant Hardy, eds., *The Oxford History of Historical Writing*, Volume 1, *Beginnings to AD 600*, pp. ix–x.

要的主题重复。① 五卷本是 150 多位现代学者的作品汇编，每一位都对历史写作的某些方面提供了独特的见解，但都设置在一个清晰的年代和地理框架之内。② 无论是从卷册数量还是撰写人数上看，这套五卷本的通史性著作在规模上都是相当可观的。

丹尼尔·伍尔夫不仅是五卷本《牛津历史著作史》的主编，他自己也独立撰有一部《全球史学史》（2011）。《新观念史词典》（*New Dictionary of the History of Ideas*）的主编玛丽安娜·克莱恩·霍洛维茨（Maryanne Cline Horowitz）曾于 2002 年邀请伍尔夫为该词典撰写一篇关于史学的论文，后来伍尔夫在该文的基础上，扩展完成他的《全球史学史》一书。③ 该书将全球史学史定义为从古至今历史学科的写作、思想和学科发展的全球史，汇集不同的历史传统及其社会、经济、政治和文化背景，旨在提供对超过 3000 年的不同历史文化之间相互联系的独特见解，并将史学的兴起（the rise of history）与世界历史中的关键主题联系起来，西方历史意识形态的现代主导地位与欧洲帝国对世界其他地区的影响之间的联系受到特别关注。④ 在《序言与规约》中，伍尔夫指出该书的编撰具有四个特征。第一是设置一系列的"主题框"（Subject Boxes），提供了有关史学史上特定事件或重要节点的更多细节，有时还提供个别历史学家、方法或学派的细节；第二是除了在正文中出现的引文之外，还有一系列平行的分支"摘录"（Offset Extracts），以提供说明性实例，主要是一些鲜为人知的历史或历史学家，并且通常是非欧洲历史著作；第三是设置在书末的每章注释的"延伸阅读"（Further Reading）部分（不是单一的合并书目）；第四是包含许多图片，旨在帮助说明某种特点，或者更清晰地向读者呈现

---

① Daniel Woolf, "Foreword", in Andrew Feldherr and Grant Hardy, eds., *The Oxford History of Historical Writing*, Volume 1, *Beginnings to AD 600*, p. xi.

② Andrew Feldherr and Grant Hardy, "Editors' Introduction", in Andrew Feldherr and Grant Hardy, eds., *The Oxford History of Historical Writing*, Volume 1, *Beginnings to AD 600*, p. 1.

③ Daniel Woolf, "Acknowledgments", in Daniel Woolf, *A Global History of History*, Cambridge: Cambridge University Press, 2011, pp. xxv-xxvi.

④ Daniel Woolf, *A Global History of History*.

被提及对象的实际外观。① 这部个人撰写的通史性质的全球史学史著作，成为 21 世纪以来一部重要的全球史作品。

当全球史学史考察的历史纵深扩展到远古时期，单纯展示地理空间上的学术多样性是远远不够的，必须同时考虑到时间纵向上的历史联系。实际上，中断和连续，都构成某种历史联系，说明某种历史状况。从时空角度而言，"时间实际上是人的积极存在，它不仅是人的生命的尺度，而且是人的发展的空间"。② 也就是说，对人类各个时代的史学发展和史学互动提供适当的历史定位，是通史性质的全球史学史著作面临的内在要求，否则历史事实本身就呈现为片段的和静态的状态，无法说明学术生活的内在联系，及其与更广泛社会生活的相互关系。《牛津历史著作史》和《全球史学史》两部著作，在这方面还存在一些值得商榷和注意的问题。其中一个明显的问题就是如何认识明清之际耶稣会会士来华这一跨文化史学互动现象。

何兆武在《明清之际中西文化交流史论》中指出，中国正式接触到"西学"，应以明末因基督教传入而夹带的学术为其端倪，这次基督教的传入，从 16 世纪末开始直到 18 世纪末为止，前后延续约两个世纪，当时来华传教的活动，几乎完全由耶稣会会士包办，其中有著作可考的约 70 人，包括利玛窦、艾儒略、汤若望、南怀仁、蒋友仁等人，都是耶稣会会士。新航路开辟后，欧洲传统的封建教会势力发动了一场宗教上的"反改革运动"，或称为天主教的反动或反弹，天主教反动的中心组织就是 1540 年正式成立的耶稣会，耶稣会会士在海外的足迹遍及远东（中国、印度、日本）、非洲与南美洲（对巴拉圭土著居民的压榨是早期殖民主义的一个典型例子）；耶稣会会士们不但在国际活动中成为殖民帝国的先遣队和代理人，而且是中世纪神权与教权最后的支柱，在全世界范围内为封建教会执行其"精神宪兵"的任务，这就规定了耶稣会会士

---

① Daniel Woolf, "Preface and Conventions", in Daniel Woolf, *A Global History of History*, pp. xx–xxi.
② 《马克思恩格斯全集》第 47 卷，人民出版社，1979，第 532 页。

传入中国的不可能是先进的科学，也就规定了耶稣会的世界观与思想方法对中国的科学与思想不可能起到积极的推动作用。[①]

在《牛津历史著作史》第三卷（1400~1800年）中，"耶稣会会士"（Jesuit）作为一个术语出现多达上百次，分布在涉及中国、印度、西非、中欧、德国、意大利、法国、西班牙、英国、印加、巴西、西属美洲等各章之中，出现较为频繁的则是在第26章"欧洲关于东方的史学"。就内容而言，在涉及欧洲部分的章节中，著者侧重于详细分析教派势力的消长、耶稣会会士的社会关系及其相应的学术发展。例如，在第15章"奥地利、哈布斯堡王朝和中欧的历史写作"中，该书指出，本笃会和耶稣会会士之间形成的紧张局势表明了更广泛的变化，改变了天主教中欧的知识世界，新教改革的历史挑战最初促使该地区的天主教学者做出了更为统一的回应，随着耶稣会会士的主导，他们创造了一个强大的学术团体，证明了天主教教会从基督教的古代、中世纪到他们所处时代的教义一致性。[②] 在涉及亚、非、拉美等地区时，著者则侧重于罗列与耶稣会会士有关的作品名称和作者人名，实际上对各种跨文化交流的社会关系挖掘甚少。例如，该书提出，耶稣会会士渴望垄断史学的生产，17世纪初，耶稣会会士发起了一系列以他们在中国的传教活动为主要写作对象的史学项目；[③] 一代又一代的耶稣会会士扮演着核心角色，他们几乎垄断了史学生产领域，主要是在中国和日本等地区研究方面，直到18世纪末，这些业余历史学家才让位给欧洲新一代的、完全致力于研究当地社会的专业东方学的学者。[④] 但是，著者也基本上止步于此，对明清时期中西之间史学交流的具体内容和历史意义并没有更多深入研究。

[①] 何兆武：《思想与历史：何兆武自选集》，第 291~293 页。

[②] José Rabasa, Masayuki Sato, Edoardo Tortarolo and Daniel Woolf, eds., *The Oxford History of Historical Writing*, Volume 3, *1400–1800*, Oxford：Oxford University Press, 2012, p. 317.

[③] José Rabasa, Masayuki Sato, Edoardo Tortarolo and Daniel Woolf, eds., *The Oxford History of Historical Writing*, Volume 3, *1400–1800*, p. 544.

[④] José Rabasa, Masayuki Sato, Edoardo Tortarolo and Daniel Woolf, eds., *The Oxford History of Historical Writing*, Volume 3, *1400–1800*, p. 537.

　　"耶稣会会士"一词在《全球史学史》中出现了 20 余次。丹尼尔·伍尔夫提出，由于耶稣会会士的作品，欧洲的历史意识扩展至中国，在 18 世纪的大部分时间里，甚至在像英国这样的新教国家，耶稣会会士的作品也得到了普遍重视，中国历史和文化的各个方面都受到欢迎，包括儒学研究，到 18 世纪中期，文化之间的比较尤其流行，这使概括欧洲史学和其他史学的区别存在可能性。[①] 耶稣会会士是从西方到东方和从东方到西方的一条信息渠道。[②] 这些观点只是学界的一些基本常识。另需指出的是，前述《全球史学史——从 18 世纪至当代》提到，耶稣会会士也把欧洲人在数学和天文学上取得的成就介绍给了亚洲人，例如，有人推测，耶稣会传教士带来的科学知识可能曾推动中国人从事严谨的学术研究，尤其表现在"考证学"上。[③] 这些措辞中的错漏之处自然无须赘言。

　　何兆武为如何定位明清之际耶稣会会士来华的历史现象提供了清晰的思路：历史学的研究必须为自己设定一个价值坐标或评价标准，一切历史现象都在这个坐标上给自己定位；全部人类的文明史大抵可分为两大阶段，即传统社会与近代社会，其间最关键的契机便是人类历史怎样由传统社会步入近代社会，近代化是唯一的历史道路，民族特色当然是会有的，但那只是近代化过程中的不同形式或风格，在这一历史时期，中国历史的根本课题就是要完成近代化；西方在 15 世纪末 16 世纪初已大踏步地走上了近代化的征程，当时这批西方文化的媒介者、这批旧教的传教士，却对中国起了一种封锁近代科学和近代思想的恶劣作用；假如当时传入中国的，不是中世纪神学的世界构图而是近代牛顿的古典体系，不是中世纪经院哲学的思维方式而是培根、笛卡尔的近代思维方式，

---

①　Daniel Woolf, *A Global History of History*, pp. 313-314.

②　Daniel Woolf, *A Global History of History*, p. 318.

③　〔美〕格奥尔格·伊格尔斯、王晴佳著，苏普里娅·穆赫吉参著《全球史学史——从 18 世纪至当代》，第 141 页。

则中国的思想史将会是另一番面貌。[1] 旨在探讨不同历史文化之间相互联系的全球史学史著作出现前述种种问题，令人感到遗憾，尤其是在并不缺乏相应可以参照的研究成果的情况下，这种现象背后的原因也当引起学界的深思。

第三节　百科全书性质的全球史学史

百科全书性质的全球史学史，是指以百科全书为表现形式的全球史学史著作。这种类型萌芽较早，在 20 世纪中期就已经出现，但真正发展是在 20 世纪末期。

约翰·鲍尔主编的《简明世界历史百科全书》（1958）是一部由 23 位撰稿人共同完成的世界通史性质的著作，随着联合国及其机构的成立，随着核电的出现和太空旅行的门槛被跨越，人们需要对世界历史进行全面修订和全新概述，这正是该书的目标，以展示与地理和现代世界有关的全球文明兴起的生动画面。[2] 在第八章“拜占庭、罗斯和莫斯科公国”中，全书唯一出现了“史学”（historiography）一词，在描述拜占庭历史最后阶段中的文化发展时，该书指出，由于有三位主要的历史学家，史学的伟大传统在 15 世纪达到了高峰，传奇文学和编年史都有了新发展。[3] 该书虽然在第一章中提出，当人类的大脑不足以记录和储存大量的社会数据时，人类被迫发明了书写，[4] 并在后续章节中屡有提及书写的进展，但还没有将历史书写作为世界史演进的内在线索之一。

戴维·L. 西尔斯主编的 19 卷《社会科学国际百科全书》（1968）包含历史学部分，其本身也是一项社会科学发展史的全球概论。这项事业

---

[1]　何兆武：《思想与历史：何兆武自选集》，第 285~287 页。

[2]　John Bowle, ed., *The Concise Encyclopedia of World History*, New York: Hawthorn Books Inc., 1958.

[3]　John Bowle, ed., *The Concise Encyclopedia of World History*, p. 185.

[4]　John Bowle, ed., *The Concise Encyclopedia of World History*, p. 23.

的主要启动者阿尔文·约翰逊（Alvin Johnson），曾与 E. R. A. 塞利格曼
（E. R. A. Seligman）主编了 15 卷的《社会科学百科全书》，这部书是在
1927～1933 年筹备的，并于 1930 年到 1935 年由麦克米兰出版公司出版，
出版 20 年后，约翰逊试图推动这部百科全书的修订，过程可谓是困难重
重，最终成果就是旨在补充而非取代它的《社会科学国际百科全书》出
版。① 约翰逊在前言中指出，第一次世界大战结束时，美国各地的许多
学者觉得需要一部社会科学百科全书。大多数教师认为一部百科全书对
于社会科学的研究生来说是必不可少的，正如普通实验室是为物理科学
专业的学生准备的一样；当时经济学家和社会心理学家也开始涉足公司
职位或公职，这些非学术性的学者很难使用大学图书馆，社会科学百科
全书对他们的重要性不言而喻；学界的学者也都需要一种涵盖所有社会
科学的参考性著作以供日常查询；还有人认为，社会科学专业以外的学
者也需要这样的百科全书，非从事学术研究的学者对社会科学的贡献是
显著的。但是一战后的世界并没有安定下来，所有的社会科学都处于变
革过程中，并且出现了各种学术派系。阿尔文·约翰逊认为，一部百科
全书尤其是社会科学百科全书，应当保存它所处时代的历史文献，每一
代人都应该有一部全新的百科全书；而这部《社会科学国际百科全书》
正是一部全新的、完全表达其时代的百科全书。②

《社会科学国际百科全书》的主要目的是反映和鼓励全世界社会科
学的快速发展，认为百科全书应该有助于术语和研究程序的标准化；其
范围包括人类学、经济学、地理学、历史学（历史的传统学科领域和史
学的范围与方法）、法学、政治学、精神病学、心理学、社会学、统计
学共十个领域。③ 其撰稿人来自 30 多个国家，尽可能地体现地域代表性，

---

① W. Allen Wallis, "Preface", in David L. Sills, ed., *International Encyclopedia of the Social Sciences*, Volume 1, New York: Crowell Collier and Macmillan, Inc., 1968, p. xvi.

② Alvin Johnson, "Foreword", in David L. Sills, ed., *International Encyclopedia of the Social Sciences*, Volume 1, pp. xi–xiii.

③ David L. Sills, "Introduction", in David L. Sills, ed., *International Encyclopedia of the Social Sciences*, Volume 1, pp. xix, xx, xxii.

其内容包括专题文章、传记文章和参考书目三大类。专题文章按字母顺序来排序，文章之间的交叉引用也可供读者检索，附有详尽索引。传记文章平均每篇约含 1500 个单词，其中有 100 篇超过了 2500 个单词，收录了大约 600 人的传记，传记可以在资料上补充专题文章，两者之间实行双向交叉引用以便读者查阅。① 历史学部分收录在第六卷。"史学"标题下的文章涉及历史写作的问题和传统，包括历史修辞学、非洲史学、中国史学、伊斯兰史学、日本史学、南亚及东南亚史学六部分；"历史"标题下的文章涉及历史性质及其主题的不同概念，包括历史哲学、历史与社会科学、民族史、文化史、社会史、思想史、经济史、商业史八部分。② 值得注意的是，"世界史"一词在第六卷的传记、专题文章和参考书目中出现了七次，但没有独立词条。"全球史"的术语在第六卷中还没有出现。

　　丹尼尔·伍尔夫主编了两卷本的《历史书写的全球百科全书》（1998）。在"导论与编辑体例"中，伍尔夫认为，"史学"有三种不同的意义：一是描述关于过去的写作；二是描述关于过去某一特定时期、人物或主题写作的当前和最近状态；三是关于历史方法或历史探究逻辑的课程简写。这部百科全书旨在为读者提供所有这三种意义上的史学的出发点，其内容既包括欧洲和北美历史写作中的知名学者，也包括以前被忽视的各种历史学家如来自非西方的作家，既呈现了旧的写作形式如长篇故事和编年史，也包括现代的学派，涵盖从心理史学到文化史、从计量史学到妇女史和后现代主义的最新发展。③ 该书的文章分为三大类：①单独历史学家的简要传记条目，以及没有特定作者或多作者的个人作品和史学流派的条目；②对国家或地区史学的较长调查，有时包含在一个以上的条目中（例如中国、英国和日本），但更典型的是在单个条目

① David L. Sills, "Introduction", in David L. Sills, ed., *International Encyclopedia of the Social Sciences*, Volume 1, pp. xxiii–xxviii.

② David L. Sills, ed., *International Encyclopedia of the Social Sciences*, Volume 6, New York: Crowell Collier and Macmillan, Inc., 1968, pp. 368–480.

③ D. R. Woolf, "Introduction and Editorial Conventions", in D. R. Woolf, ed., *A Global Encyclopedia of Historical Writing*, Volume I, New York: Garland Publishing, Inc., 1998, p. xiii.

中；③关于史学的某些概念、方法或主题的专题文章，例如历史哲学、工业革命、阶级、马克思主义等等。① 由于这是一部关于历史书写的百科全书，而非历史学家的传记词典，因此在选择原则上，尽量包含使用各种语言的公认的伟大历史学家如希罗多德、塔西陀、司马迁、兰克等人；还有一批对其领域具有不可否认的重要性，但是知名度较小的历史学家，旨在纠正大多数关于历史书写的教材和词典中的西方偏见；一些早期的女性历史学家，虽然其出版的学术作品数量相对较少，也收录在内，并且往往优先于那些更著名的当代男性历史学家。②

《历史书写的全球百科全书》没有"全球史"的独立词条。"全球史"一词在该书第一卷中只出现了一次，是在"环境史—美国"的条目中出现的，此处提出了"不断发展的全球史领域"（growing field of global history）的概念。③ 而在著名全球史学家杰里·本特利撰写的"世界史"条目中，"世界史"被界定为从全球的角度分析过去。④

凯利·博伊德主编的两卷本《历史学家与历史写作百科全书》（1999），旨在提供自历史书写起始以来关于有影响力的历史学家和历史讨论的独特学科指南，因为它超越了西方的历史规范，也包括其他文化和传统中的作家。⑤ 凯利·博伊德在第一卷的"编者按"中指出，这部百科全书包含三种类型的论文。首先是关于单独历史学家的论文，这些文章评估他们的学术成就，并将他们的著作置于史学发展和争论的语境之中；每篇文章都有一份简短的传记、一份主要著作的列表以及关于该历史学家作品的进一步阅读的建议，入选的史学家通常在 1945 年以前出生，对历

---

① D. R. Woolf, "Introduction and Editorial Conventions", in D. R. Woolf, ed., *A Global Encyclopedia of Historical Writing*, Volume I, p. xiv.

② D. R. Woolf, "Introduction and Editorial Conventions", in D. R. Woolf, ed., *A Global Encyclopedia of Historical Writing*, Volume I, pp. xiv-xv.

③ D. R. Woolf, ed., *A Global Encyclopedia of Historical Writing*, Volume I, p. 288.

④ D. R. Woolf, ed., *A Global Encyclopedia of Historical Writing*, Volume II, New York: Garland Publishing, Inc., 1998, p. 968.

⑤ Kelly Boyd, "Editor's Note", in Kelly Boyd, ed., *Encyclopedia of Historians and Historical Writing*, Volume 1, Chicago: Fitzroy Dearborn Publishers, 1999, p. vii.

史写作产生很大影响的一些非历史学家也包含在内，例如人类学家克利福德·格尔茨（Clifford Geertz）和哲学家于尔根·哈贝马斯。第二类论文侧重于国家或地理区域，提供了对国家历史中各种史学问题的讨论综述，英国、法国、德国、俄国和美国具有多个条目以反映其扩展的历史传统；世界其他区域有时被视为地区（东南亚、拉丁美洲、中欧、太平洋、印度洋），有时也被视为独特的国家（巴西、古巴、澳大利亚、日本）；关于中国的文章则分为两种类型，一类是对自古以来中国历史写作丰富传统的考察，另一类是史学家对中国历史展开争论的考察；还有关于欧洲中世纪、文艺复兴与启蒙运动时期历史思维发展的文章。最后一类是专题论文，它们又采取三种形式：第一种形式侧重于各种历史分支学科，如社会史或农业史，并追溯其出现和独有的特征；第二种形式研究塑造历史写作的方法，例如人学（prosopography）或者计算机的应用；第三种形式向读者介绍一些研究最多的历史争论，例如工业革命或奴隶制。该书条目均按字母顺序排列，如果有几个条目共享相同的总标题（例如"中国"），亚目则按时间顺序排列。在两卷的开头都有一个主题列表，用于识别不同的类别，例如"法国的历史学家"；还有一个历史学家的年代表，来帮助说明其所处的不同时代。另设有标题索引和阅读索引以便于对历史学家工作的检索。①

　　在《历史学家与历史写作百科全书》中，"全球史"作为条目注明的是参照"世界史"，"全球史"这一术语第一次出现是在杰弗里·巴勒克拉夫的条目之中。②"世界史"作为一个亚目，列在"历史的时期、主题与分支"的条目之中。③克雷格·A. 洛卡德（Craig A. Lockard）在其撰写的"世界史"条目中指出，人们所接受的那种全球史在几个世纪前

---

① Kelly Boyd, "Editor's Note", in Kelly Boyd, ed., *Encyclopedia of Historians and Historical Writing*, Volume 1, pp. vii-viii.

② Kelly Boyd, ed., *Encyclopedia of Historians and Historical Writing*, Volume 1, pp. 77, 471.

③ Kelly Boyd, ed., *Encyclopedia of Historians and Historical Writing*, Volume 1, "Thematic List", p. xxxi.

是不可能的，历史学家缺乏关于其他社会的充足信息，而人们的世界观在很大程度上仍然是狭隘的；过去一个世纪里知识的巨大增长和更加国际化方向的发展，使得具有全球视野的真正分析性和综合性的历史变得可行，时代形势的变化培养出这样一种认识，即尽可能广泛的视角最适合理解地球号太空船（Spaceship Earth）和全球村（Global Village），人们需要一种超过其各部分总和的历史；然而，作为一个世界性的研究领域，世界史仍然处于相对边缘的地位。[①]

百科全书性质的全球史学史著作，能够直观地表明史学史发展的若干脉络，例如，世界史或全球史作为一个研究领域或学科的演变，就是其中一条重要的线索。在 1968 年的《社会科学国际百科全书》中，"世界史"还没有独立词条，"全球史"的术语还没有出现。在 1998 年的《历史书写的全球百科全书》中，"全球史"虽然还没有独立词条，但是已经提出了"不断发展的全球史领域"的概念，"世界史"的条目则明确地将世界史界定为从全球的角度分析过去。在 1999 年的《历史学家与历史写作百科全书》中，"全球史"已经成为独立条目，其参照"世界史"恰恰说明了两者之间的深厚渊源。全球史学史这 30 年的发展与全球史本身的发展是一致的。20 世纪 60 年代的两本全球史名著——1963 年威廉·H. 麦克尼尔的《西方的兴起：人类共同体史》和 1964 年巴勒克拉夫的《当代史导论》中，都没有出现"全球史"的字样。而到 1990 年，如前所述，麦克尼尔的《二十五年后再评〈西方的兴起〉》一文，发表在创刊于当年的《世界史杂志》第 1 期上，不仅使用了"全球史"等词语，而且使用了"全球史学"一词。这种发展历程本身，已经印证了全球史与世界史的内在紧密联系。笔者认为，所谓全球史，即全球化时代的世界史。

---

① Kelly Boyd, ed., *Encyclopedia of Historians and Historical Writing*, Volume 2, Chicago: Fitzroy Dearborn Publishers, 1999, p. 1331.

第四节　专门史性质的全球史学史

专门史性质的全球史学史就是指历史学的某一特定主题、某一分支学科或某一特定研究领域的全球学术发展史，例如，对关于亚洲各民族历史写作的研究、世界史编撰本身的全球史学史、经济史的全球史学史等等。

在此类著作中，首先要提到的就是牛津大学出版社的四卷本《关于亚洲各民族的历史写作》（1961），四卷分别致力于对东亚（中国和日本）、东南亚、中东（近东和中东）和南亚（印度、巴基斯坦和锡兰）的历史学家及其学术成就的研究。1956~1958年，伦敦大学东方与非洲研究学院举行了一系列研究会议，考察和评价关于亚洲各民族历史写作的历程和特点，因其主题庞大，为了便于管理、推进，采用了按地区分析的方法，依次对南亚、东南亚、近东、中东和远东进行考察；从历史的深度来看，每个地区的调查都从早期帝国时期和文化时期延伸到西方统治时代和民族解放运动时期，并一直延续到20世纪50年代，西方和亚洲文献中的历史写作均成为分析对象。这些会议汇集了来自亚洲和西方的研究权威，并使他们更加敏锐地意识到过去作家的潜在假设、偏好和偏见，以及他们自己作为历史学家的立场。这些持续进行的研究具有很高的价值，因为它们是在历史学家试图重写亚洲历史，以及亚洲和西方人民正在调整他们关系的时候发生的。鉴于提交给会议的论文具有内在和比较的价值，东方与非洲研究学院为其提供资金结集出版。①

贯穿这套四卷本的关键词是"历史学家"（Historians），每卷在内容上划分为本土写作（indigenous writings）和西方写作（western writings）

---

① C. H. Philips, "Preface", in D. G. E. Hall, ed., *Historical Writing on the Peoples of Asia*: *Historians of South East Asia*, London：Oxford University Press, First published 1961, Reprinted 1962, p. v.

两部分。以《东南亚历史学家》卷为例，其本土写作的部分包括：爪哇史学，来自苏门答腊和马来亚的马来纪事，望加锡人—布吉人的史学的若干方面，穆斯林神秘主义者与历史写作，缅甸编年史的性质，现代印度尼西亚史学评论，缅甸现代历史写作（1724～1942 年），现代越南史学，等等。其西方写作的部分包括：关于东南亚史前史的一些著作，关于印度尼西亚的历史书写（早期），克罗姆教授（Professor Krom）的著作，16 世纪和 17 世纪葡萄牙关于东南亚历史写作的若干方面，西班牙关于菲律宾历史写作的若干方面，荷兰关于东南亚殖民活动的历史著作（特别是 16 世纪和 17 世纪的土著民族），荷兰对 18 世纪和 19 世纪殖民活动史学的贡献，法国史学与殖民地越南的演变，印度群岛的英国历史学家〔克劳弗德（Crawfurd）与圣约翰（St. John）〕，书写缅甸历史的英国作家（从达林普尔〔Dalrymple〕到贝菲尔德〔Bayfield〕），两位军官（soldier-administrator）史学家（亚瑟·费尔〔Arthur Phayre〕和亨利·尤尔〔Henry Yule〕），美国对东南亚的历史写作，东南亚中心史观（South East Asia-centric Conception of History）在东南亚大陆的应用，等等。① 四卷本《关于亚洲各民族的历史写作》在西方学界获得的评价非常之高。在巴勒克拉夫 1978 年的《当代史学主要趋势》第四章"历史学的新领域"第四节"亚洲历史学的当代趋势"中，这套书是主要的参考资料之一。② 2011 年丹尼尔·伍尔夫在《牛津历史著作史》的前言中指出：这套书明显领先于其时代，历史写作史在当时还被顽固地理解为一种欧洲类型的历史，四卷本中的许多单篇论文至今仍被引用。③

本尼迪克特·斯图奇蒂和埃克哈特·福克斯主编的《书写世界历

---

① D. G. E. Hall, ed., *Historical Writing on the Peoples of Asia*: *Historians of South East Asia*, "Contents", pp. vii-viii.

② 〔英〕杰弗里·巴勒克拉夫：《当代史学主要趋势》，第 153 页。

③ Daniel Woolf, "Foreword", in Andrew Feldherr and Grant Hardy, eds., *The Oxford History of Historical Writing*, Volume 1, *Beginnings to AD 600*, p. ix.

史：1800～2000 年》（2003），①和前述两人主编的《跨文化边界：全球视野中的史学》一样，都源自伦敦德国历史研究所（German Historical Institute London）在 2000 年春季举办的国际会议，其撰稿人都是积极参与撰写世界史的历史学家。该书编者指出，在 19 世纪，历史书写的全球途径被放弃了，历史作为一门学术性学科在 19 世纪的发展，导致其主题在地理范围上的缩窄，欧洲历史被提升到世界历史的水平。②现代性、现代历史学科和"欧洲中心论"之间有着密切的联系，当历史学在 19 世纪的专业化过程中开始走向碎片化时，普遍方法已经丢失了，除了历史学家和地理学家卡尔·里特尔（Carl Ritter）的工作可能是个例外，非欧洲历史成为民俗学、人类学、民族学、考古学、美国学、东方学等其他学科研究的领域。③该书以德国的情况为例对"欧洲中心论"的顽固性做出分析：在 19 世纪的大部分时间里，世界史本身在德国史学中扮演了次要的角色，早期的世界史著作，依据的是启蒙运动的普遍主义传统和康德的历史哲学，而在 19 世纪，除了兰克的七卷《世界史》（1880～1886 年），世界史是在历史学术领域之外被人们撰写的，在这些著作中，世界史并不意味着人类的普遍历史，而是嵌入国家的有教养民族（cultivated peoples）的历史；到 1900 年左右，专业历史学家开始转向世界史。④然而，20 世纪初期专业历史学家的世界史比以往的世界史著作更加狭隘，因为他们假设的是西方基督教文化的普遍传播，他们不仅像

① Benedikt Stuchtey and Eckhardt Fuchs, "Introduction: Problems of Writing World History: Western and Non-Western Experiences, 1800-2000", in Benedikt Stuchtey and Eckhardt Fuchs, eds., *Writing World History 1800-2000*, Oxford: Oxford University Press, 2003, pp. 17-44.

② Benedikt Stuchtey and Eckhardt Fuchs, "Introduction: Problems of Writing World History: Western and Non-Western Experiences, 1800-2000", in Benedikt Stuchtey and Eckhardt Fuchs, eds., *Writing World History 1800-2000*, p. 4.

③ Benedikt Stuchtey and Eckhardt Fuchs, "Introduction: Problems of Writing World History: Western and Non-Western Experiences, 1800-2000", in Benedikt Stuchtey and Eckhardt Fuchs, eds., *Writing World History 1800-2000*, p. 5.

④ Benedikt Stuchtey and Eckhardt Fuchs, "Introduction: Problems of Writing World History: Western and Non-Western Experiences, 1800-2000", in Benedikt Stuchtey and Eckhardt Fuchs, eds., *Writing World History 1800-2000*, p. 5.

兰克所做的那样将世界史限定在欧洲文化民族的历史之中，而且还把德国移到人类历史的中心；对于兰克来说，德国历史是欧洲历史的一部分，而舍费尔（Schäfer）则把德国民族置于人类文明的顶峰。① 对 20 世纪德国世界史的回顾可以表明，从兰克时代直到 20 世纪 70 年代，"欧洲中心论"的图景几乎没有变化。② 另一方面，该书也指出：西方和非西方的史学在过去 50 年中，对世界历史的写作发生了巨大的变化，比较的观点被人们越来越多地采用，这个迄今为止主要掌握在欧洲历史学家手中的领域目前正在被美国学者主导。③

本尼迪克特·斯图奇蒂和埃克哈特·福克斯提出，当土著是根据他们的独立性而非仅仅是他们与西方思想的关系被考察时，跨文化史学交流与传递的机会和限制可以更好地得到研究；从跨文化的角度来看，该书提供了对过去 200 年世界史的历史传统的分析，进一步展示了不同的世界观，以及美国、法国、英国、俄国、德国、印度、中国和日本等不同地理区域内的"边缘"和"中心"之间的关系。④ 鉴于该书的作者来自美国、欧洲和非欧洲的大学，虽然在历史分期、西方和非西方研究方法之间的平衡以及全球史与国家史之间的关系等问题上还存在分歧，但这部合集涵盖了可以进一步研究的广泛主题和问题。⑤

弗朗西斯科·博尔多西奥尼和帕特·哈德森主编的《劳特利奇全球

---

① Benedikt Stuchtey and Eckhardt Fuchs, "Introduction: Problems of Writing World History: Western and Non-Western Experiences, 1800–2000", in Benedikt Stuchtey and Eckhardt Fuchs, eds., *Writing World History 1800–2000*, p. 6.

② Benedikt Stuchtey and Eckhardt Fuchs, "Introduction: Problems of Writing World History: Western and Non-Western Experiences, 1800–2000", in Benedikt Stuchtey and Eckhardt Fuchs, eds., *Writing World History 1800–2000*, p. 8.

③ Benedikt Stuchtey and Eckhardt Fuchs, eds., *Writing World History 1800–2000*, "Foreword", p. v.

④ Benedikt Stuchtey and Eckhardt Fuchs, "Introduction: Problems of Writing World History: Western and Non-Western Experiences, 1800–2000", in Benedikt Stuchtey and Eckhardt Fuchs, eds., *Writing World History 1800–2000*, p. 10.

⑤ Benedikt Stuchtey and Eckhardt Fuchs, eds., *Writing World History 1800–2000*, "Foreword", pp. v–vi.

经济史手册》（2016）是一本全球经济史学史著作，它记录并解释了经济史作为一个全球学科从 19 世纪晚期至今的发展。该书探索不同学派和思想传统的规范性和相对性，不仅考察了当今西方范式的方法，还考察了其他社会和不同的经济、政治、文化背景下人们所构想的那些方法。手册汇集了相关的国际知名学者对全球文化和知识传统的系统性处理，其中许多内容是第一次用英语思考、撰写，这些章节探索了主导思想和史学趋势，并使其具有批判性的跨国视角。著名的全球史学家帕特里克·K.奥布莱恩（Patrick K. O'Brien）曾说：在所有代表人文社会科学高等教育的科目中，经济史几乎没有经历过全球转折的困难或阻力，这本文集汇集了一批具有不同民族传统的学者，告诉我们这个学科是如何演变成我们这个时代的普遍学科。[1]

在开篇的《全球经济史：走向解释的转向》一文中，弗朗西斯科·博尔多西奥尼和帕特·哈德森指出，这本手册不同于传统的全球史论文集，它的目的是对在世界不同地区出现的关于经济史的不同思想、框架和方法论进行共同的记录、评估并使其相对化，该手册的这一具体目的，以及对经济史和社会史的关注，使其成为此前和目前一些研究项目的补充，例如《全球史学史——从 18 世纪至当代》《牛津历史著作史》等等。在人文科学与社会科学的边界上对一门学科自身的全球史的认识，不仅突出了某些框架的缺点和某些方法的无前途性，而且突出了隐藏在文献中的潜力，因为语言、文化和意识形态的障碍与偏见，这些文献此前很少被人们考察。[2] 该手册关注六个核心问题。社会科学与统计运动的产生背景；国家形成：国家和民族主义历史，意识形态，工具主义和相关的政策要求；对跨国和跨政治影响的开放性，以及反之而言的内部

---

[1] Francesco Boldizzoni and Pat Hudson, eds., *Routledge Handbook of Global Economic History*, London: Routledge, 2016.

[2] Francesco Boldizzoni and Pat Hudson, "Global Economic History: Towards an Interpretive Turn", in Francesco Boldizzoni and Pat Hudson, eds., *Routledge Handbook of Global Economic History*, p. 1.

政治和智力压制的程度；关于知识和学术发展（过去和现在）的国家支持和国家政策，以及资金需求；与教育、科学和知识探究相关的制度因素；过去和当代全球化的影响。手册的章节结构则从 20 世纪晚期世界体系的"核心"地区向"边缘"地区扩散，即从盎格鲁经济圈开始，扩展到东欧、中东、印度、中国、日本、中南美洲和撒哈拉以南非洲（特别是西部和南部）等国家和地区。[①] 此类全球经济史学史著作还包括文森特·巴尼特主编的《劳特利奇全球经济思想史手册》（2015），[②] 两本手册的编撰思路有相似之处，此处不再赘述。

专门史性质的全球史学史著作，体现了研究领域和学科划分的不断细化。当各种具体研究领域和分支学科都在挖掘自身知识体系的时候，这种专门化一方面扩展了人们对全球史学史内容与范围的总体理解，另一方面也能够从体裁、体例等角度推动历史编纂学的进一步发展。

第五节　全球史学史书写中的核心问题

倘若对全球史学史的前述发展历程进行综合考量，就会发现四种类型的全球史学史著作实际上起到了相互补充的作用。在这四种类型中，书写难度最大的当数通史性质的全球史学史，百科全书性质的全球史学史则为其提供了替代性的解决方案。就此问题，伍尔夫在 1998 年曾指出，还没有单独的专著能涵盖所有时代和所有国家的历史写作，对于一位不熟悉大量国家历史、文化习俗和语言的历史学家来说，撰写这样一本书是非常困难的，而多作者的百科全书，因为吸收了来自不同国家的专家，并且他们都具有不同的训练和视角，因此提供了填补这一

---

① Francesco Boldizzoni and Pat Hudson, "Global Economic History: Towards an Interpretive Turn", in Francesco Boldizzoni and Pat Hudson, eds., *Routledge Handbook of Global Economic History*, p. 10.

② Vincent Barnett, ed., *Routledge Handbook of the History of Global Economic Thought*, London and New York: Routledge, 2015.

空白的方法。① 百科全书性质的全球史学史著作，确实在断代史、通史和专门史三类全球史学史著作中起到了提供背景资料和学术纽带的作用。

四种类型的全球史学史著作在形式或性质上也有所交叉。例如，专门史性质的全球史学史著作如 2003 年的《书写世界历史：1800~2000年》，实际上也是一部断代史性质的史学史著作。百科全书性质的全球史学史著作如 1968 年的《社会科学国际百科全书》，实际上也是一部专门史性质的史学史著作。

在全球史学史作为一个领域本身的发展过程中，丹尼尔·伍尔夫做出了卓越的贡献。他不仅担任五卷本《牛津历史著作史》（2011）的主编，而且还主编了两卷本《历史书写的全球百科全书》（1998），撰写了一部《全球史学史》（2011）。同时也可以看出，全球史学史是一个非常需要学术合作的研究领域。由于这个领域对世界各地的史学传统和史学变革具有硬性的知识要求，尤其是对尽量科学地把握各种跨文化的史学联系具有必然要求，全球史学史研究者不仅大量借鉴各领域学者的研究成果，而且相互之间也会发生各种合作。例如：伊格尔斯是伍尔夫 1998 年出版的《历史书写的全球百科全书》的咨询编辑，并且撰写了其中史学家兰克的条目。② 伍尔夫在其《全球史学史》中也提到，"在我坚信史学需要全球化的过程中，格奥尔格·伊格尔斯已经是我将近 20 年的盟友，他仔细阅读了整篇手稿"。③

全球史学史是一个直面"欧洲中心论"学术偏见的研究领域，其研究者对"欧洲中心论"已经具备相当清醒的认识。埃克哈特·福克斯对此指出：在 19 世纪，欧洲历史被提升到世界历史的水平，在这种世界历史中，"他者"简单地消失了；这是欧洲的"发明"，正是这种发明和欧

---

① D. R. Woolf, "Introduction and Editorial Conventions", in D. R. Woolf, ed., *A Global Encyclopedia of Historical Writing*, Volume I, p. xiii.

② Georg G. Iggers, "Ranke, Leopold von (1795–1886)", in D. R. Woolf, ed., *A Global Encyclopedia of Historical Writing*, Volume II, pp. 761–762.

③ Daniel Woolf, "Acknowledgments", in Daniel Woolf, *A Global History of History*, p. xxvi.

洲统一的历史和文化可以追溯到古希腊的观念一道，使得某些民族和社会被排除在世界历史之外；这种"欧洲中心论"并不是欧洲的产物，而是早期现代和现代时期一些欧洲霸权国家的产物。① 对于"欧洲中心论"这种学术偏见，埃克哈特·福克斯进一步指出：不论是否把世界的"其他地区"称为"非欧洲"、"东方"或"非西方"，任何选择欧洲作为其地理参照点的术语，都是基于已经隐含了价值判断的假设，在这个概念框架中，欧洲或"西方"成为霸权"中心"，以欧洲为中心的等级制的世界史或世界史学史被书写。② 全球史学史的发展本身，是全球史发展的重要学术成就之一。正如埃克哈特·福克斯所指出的，这一成就的先决条件是对历史和历史学的不同概念的认识和接受，从而承认不同文化间的差异而没有霸权主张。③

不过，否定"欧洲中心论"的学术偏见，仅仅是踏出了关键性的第一步，后续还需要人们做更深入的史料挖掘、史学分析与评判的工作。例如：1961 年的《关于亚洲各民族的历史写作》的《东南亚历史学家》卷共有 25 篇专论，本土写作的部分只有 9 篇，西方写作的部分则有 16 篇；本土学者的研究多倾向于现代时期，西方学者的研究所涵盖的时段则显然更为广阔，这是与东南亚地区的客观历史演进联系在一起的。该卷的导论对此指出：我们不能对这样一个事实视而不见，即在本卷中描述和分析的历史知识和解释的巨大进步，在很大程度上是西方与东南亚接触的产物。④ 直到 2016 年，还有学者指出：全球史仍然是一项非常西方的事业，它由西方历史学家（主要来自英美大学）撰写，并发表在由

---

① Eckhardt Fuchs, "Introduction", in Eckhardt Fuchs and Benedikt Stuchtey, eds., *Across Cultural Borders*: *Historiography in Global Perspective*, p. 4.

② Eckhardt Fuchs, "Introduction", in Eckhardt Fuchs and Benedikt Stuchtey, eds., *Across Cultural Borders*: *Historiography in Global Perspective*, p. 2.

③ Eckhardt Fuchs, "Introduction", in Eckhardt Fuchs and Benedikt Stuchtey, eds., *Across Cultural Borders*: *Historiography in Global Perspective*, p. 16.

④ D. G. E. Hall, ed., *Historical Writing on the Peoples of Asia*: *Historians of South East Asia*, "Introduction", p. 2.

同一些学者组成的编委会主导的期刊上，这个领域中的辩论往往是自我指涉的。[①] 半个多世纪以来，全球史学史领域取得了相应的学术成就，但它和全球史本身一样，仍然存在需要继续解决的问题。

全球史学史是对人类不同群体的史学观念、史学思维方式及其表现形式的系统梳理和综合分析。书写全球史学史所面临的核心问题，即如何处理全球范围内的跨文化史学互动。各种跨文化史学互动现象背后所体现的都是作为互动主体的人的思想，生活在全球不同地区的人类作为一个物种而言，其思想文化生活的首要共同特点，就是对人的存在的感知、对人的行为活动的反思。作为一种人类思想文化交往的现象，跨文化史学互动绝不是"纯学术"的抽象研究，每一种史学思维方式都在自身的历史经验中生发。全球史学史之所以成为全球史学史，正在于它研究的是地球人的学术成就，而不是单纯地记录历史学家、历史著作等史料。全球史学史和全球史一样，都蕴含着社会进程本身的复杂性和多样性。

相应地，理解世界基本结构的变化，是理解人类史学思维方式全球演变的前提，否则只描述单独史学传统的发展，即使这种罗列是以全球为其地理范围，也难以充分把握影响全球史学史发展的各种力量。只有从深远的经济全球化进程和当代纷繁复杂的国际政治现实出发，才能通过全球史学史研究促进对人本身和作为人的集合形式的世界的整体理解。

所以，笔者认为，把各种跨文化史学互动现象放在代表人类社会演变基本动力的生产和交往的相互关系之中，使各地方、各民族的史学传统与世界的现实发展成为对应参照物，而不是以欧洲史学传统作为基本参照物，将会推动全球史学史书写的进一步发展。在人类不同群体的生产和交往的相互关系之中，分析包括欧洲史学传统在内的各地方、各民

---

① Francesco Boldizzoni and Pat Hudson，"Global Economic History: Towards an Interpretive Turn"，in Francesco Boldizzoni and Pat Hudson，eds.，*Routledge Handbook of Global Economic History*，p. 6.

族的史学传统如何受到不同交流网络和全球空间的影响，以及它们如何影响不同群体的学术或文化变革，研究者就可以构建出全球史学史的基本分析框架。这个分析框架将更加充分地说明史学思维方式的全球演变如何影响人类的社会生活。

第八章　马克思"世界历史"理论与全球史研究

今日的中国置身于一个前所未有的、剧变的全球化时代。整个世界如同一个巨大的力场，将各个国家甚至每个人都牵纳其中。来自不同角度、不同层次的力量纵横交错，发生纷繁驳杂的相互作用。在现有的学科分类中，世界史为人们探索自身与世界的关系提供了重要的研究途径。从19世纪中叶中国世界史研究萌生以来，包括周谷城、[①] 雷海宗、[②] 齐世荣、[③] 罗荣渠、[④] 刘家和、[⑤] 马克垚、[⑥] 于沛、[⑦] 钱乘旦[⑧]等人在内的世界史研究者，在构建中国自己的世界史研究体系方面进行了卓越的理论探索与实证研究。吴于廑关于世界历史"纵向发展和横向发展"的思想成为当今中国世界史学界的主流理论。[⑨] 2010年，百余位中国世界史学者通力合作完成的8卷39册1500余万字的《世界历史》，由江西人民出版社发行面世。这是中国第一部将专题研究与编年叙事结合起来的大型

① 周谷城：《世界通史》，商务印书馆，2009。
② 雷海宗：《世界史上一些论断和概念的商榷》，《历史教学》1954年第5期。
③ 齐世荣：《编写一部简明的世界通史是时代的需要》，载刘新成主编《全球史评论》第2辑，第143~150页。
④ 罗荣渠：《论一元多线历史发展观》，《历史研究》1989年第1期。
⑤ 刘家和、廖学盛主编《世界古代文明史研究导论》，北京师范大学出版社，2010。
⑥ 马克垚：《编写世界史的困境》，载刘新成主编《全球史评论》第1辑，第5~22页。
⑦ 于沛：《生产力革命和交往革命：历史向世界历史的转变——马克思的世界历史理论与交往理论研究》，《北方论丛》2009年第3期。
⑧ 钱乘旦：《以现代化为主题构建世界近现代史新的学科体系》，《世界历史》2003年第3期。
⑨ 吴于廑：《世界历史》，载《中国大百科全书·外国历史》，第1~15页。

世界通史著作。以上这些理论与实证研究成果，既是我们在世界一体化加速发展的现实前提下研究世界史的深厚基础，又提供了新的出发点。

笔者在研究西方全球史的过程中，逐渐发现很多西方著名的世界史或全球史著作都受到马克思"世界历史"理论的不同程度的影响。推而广之，我们可以看到，20世纪尤其是20世纪中期以来，马克思"世界历史"理论的研究框架在西方哲学社会科学领域被广泛借鉴。全球化时代复杂的国际政治现实和学术趋势，促使笔者重新思考马克思"世界历史"理论在历史学研究和编撰中的学术价值。

笔者认为，应当在世界史研究和编撰中着力应用和发展马克思"世界历史"理论。首先，这一理论具有重大的学术价值，它不仅能指导我们从宏观上深刻把握世界历史发展的动因及其演变规律，而且有利于我们拓展、深化微观性的世界历史研究，加强我们对西方世界史研究框架的整体认识并对其进行批判性反思，进而为中国世界史研究体系的整体构建提供重要的理论支持。其次，这一理论还有助于我们开拓研究视野和开发新的学术增长点，进一步促进我们对经济全球化进程本身及其引发问题的深刻思考，因此具有积极的现实意义。在经济全球化时代，中国历史学应当着眼于新的变化和新的实践不断发展和完善自身的理论，不仅要坚持唯物史观的基本原理，而且要在新的历史条件下加强原创性的世界史理论研究，不断丰富和发展马克思主义唯物史观。

第一节　马克思"世界历史"理论在当代世界史研究中的学术价值

一　马克思"世界历史"理论的内涵

（一）生产的基础性作用

在马克思恩格斯之前，西方学术界在探索世界历史演变的根源时，往往背离实践而从观念出发。例如，正如马克思主义经典作家指出，黑格尔便认为"世界上过去发生的一切和现在还在发生的一切，就是他自己的思维中发生的一切。因此，历史的哲学仅仅是哲学的历史，即他自己的哲学的历史。没有'与时间次序相一致的历史'，只有'观念在理性中的顺序'"；经典作家进一步指出，"他以为他是在通过思想的运动建设世界；其实，他只是根据绝对方法把所有人们头脑中的思想加以系统的改组和排列而已"。①

　　经典作家对黑格尔关于世界历史思想的优长与局限，皆有清醒的认识。例如，恩格斯于 1859 年 8 月曾经指出，"黑格尔的思维方式不同于所有其他哲学家的地方，就是他的思维方式有巨大的历史感做基础。形式尽管是那么抽象和唯心，他的思想发展却总是与世界历史的发展平行着，而后者按他的本意只是前者的验证。真正的关系因此颠倒了，头脚倒置了，可是实在的内容却到处渗透到哲学中；何况黑格尔不同于他的门徒，他不像他们那样以无知自豪，而是所有时代中最有学问的人物之一。他是第一个想证明历史中有一种发展、有一种内在联系的人，尽管他的历史哲学中的许多东西现在在我们看来十分古怪，如果把他的前辈，甚至把那些在他以后敢于对历史作总的思考的人同他相比，他的基本观点的宏伟，就是在今天也还值得钦佩。在《现象学》、《美学》、《哲学史》中，到处贯穿着这种宏伟的历史观，到处是历史地、在同历史的一定的（虽然是抽象地歪曲了的）联系中来处理材料的"。②

　　针对如何理解观念或思想在历史过程中的发展，经典作家指出："在考察历史进程时，如果把统治阶级的思想和统治阶级本身分割开来，使这些思想独立化，如果不顾生产这些思想的条件和它们的生产者而硬说该时代占统治地位的是这些或那些思想，也就是说，如果完全不考虑这些思想的基础——个人和历史环境，那就可以这样说：例如，在贵族

---

① 《马克思恩格斯文集》第 1 卷，第 602 页。
② 《马克思恩格斯文集》第 2 卷，人民出版社，2009，第 602 页。

统治时期占统治地位的概念是荣誉、忠诚，等等，而在资产阶级统治时期占统治地位的概念则是自由、平等，等等。一般说来，统治阶级总是自己为自己编造出诸如此类的幻想。所有的历史编纂学家，主要是 18 世纪以来的历史编纂学家所共有的这种历史观，必然会碰到这样一种现象：占统治地位的将是越来越抽象的思想，即越来越具有普遍性形式的思想。因为每一个企图取代旧统治阶级的新阶级，为了达到自己的目的不得不把自己的利益说成是社会全体成员的共同利益，就是说，这在观念上的表达就是：赋予自己的思想以普遍性的形式，把它们描绘成唯一合乎理性的、有普遍意义的思想。"①

马克思鲜明地提出，"全部社会生活在本质上是实践的。凡是把理论引向神秘主义的神秘东西，都能在人的实践中以及对这种实践的理解中得到合理的解决"。② 这一观点的巨大价值就在于，正如有学者指出，马克思史无前例地把存在者的存在把握在感性活动的过程中，从而不仅与黑格尔、费尔巴哈的本体论立场划清了界限，而且批判地脱离了整个哲学—形而上学，正是在这个意义上，马克思开展出以实践纲领为基础的本体论革命。③ 相应地，丰富多彩的社会实践在世界历史研究中的重要性得到了承认，这就使得经典作家对世界历史的探讨和阐述表现出坚实的实证根基和理论说服力。

例如，恩格斯在《反杜林论》中对此做了详细的阐述。他指出："唯物主义历史观从下述原理出发：生产以及随生产而来的产品交换是一切社会制度的基础；在每个历史地出现的社会中，产品分配以及和它相伴随的社会之划分为阶级或等级，是由生产什么、怎样生产以及怎样交换产品来决定的。所以，一切社会变迁和政治变革的终极原因，不应当到人们的头脑中，到人们对永恒的真理和正义的日益增进的认识中去寻找，而应当到生产方式和交换方式的变更中去寻找；不应当到有关时

---

① 《马克思恩格斯文集》第 1 卷，第 552 页。
② 《马克思恩格斯文集》第 1 卷，第 501 页。
③ 吴晓明、陈立新：《马克思主义本体论研究》，北京师范大学出版社，2012，第 221~222 页。

代的哲学中去寻找，而应当到有关时代的经济中去寻找。对现存社会制度的不合理性和不公平、对'理性化为无稽，幸福变成苦痛'的日益觉醒的认识，只是一种征兆，表示在生产方法和交换形式中已经不知不觉地发生了变化，适合于早先的经济条件的社会制度已经不再同这些变化相适应了。同时这还说明，用来消除已经发现的弊病的手段，也必然以或多或少发展了的形式存在于已经发生变化的生产关系本身中。这些手段不应当从头脑中发明出来，而应当通过头脑从生产的现成物质事实中发现出来。"①

　　这些科学论断的重要性在于使生产这一因素在世界历史形成中的基础性作用获得了系统的阐释。

　　恩格斯在 1884 年又具体指出："根据唯物主义观点，历史中的决定性因素，归根结底是直接生活的生产和再生产。但是，生产本身又有两种。一方面是生活资料即食物、衣服、住房以及为此所必需的工具的生产；另一方面是人自身的生产，即种的繁衍。一定历史时代和一定地区内的人们生活于其下的社会制度，受着两种生产的制约：一方面受劳动的发展阶段的制约，另一方面受家庭的发展阶段的制约。"② 这是对生产要素的内在分析。

　　马克思的贡献正是"在整个世界史观上实现了变革"。对此恩格斯指出，"以前所有的历史观，都以下述观念为基础：一切历史变动的最终原因，应当到人们变动着的思想中去寻求，并且在一切历史变动中，最重要的、支配全部历史的又是政治变动。可是，人的思想是从哪里来的，政治变动的动因是什么——关于这一点，没有人发问过。只有在法国历史编纂学家和部分英国历史编纂学家的新学派中，才产生了一种信念，认为至少从中世纪起，欧洲历史的动力是新兴资产阶级为争取社会的和政治的统治而同封建贵族所作的斗争。现在马克思则证明，至今的

① 《马克思恩格斯文集》第 9 卷，人民出版社，2009，第 283~284 页。
② 《马克思恩格斯文集》第 4 卷，人民出版社，2009，第 15~16 页。

全部历史都是阶级斗争的历史，在全部纷繁复杂的政治斗争中，问题的中心仅仅是社会阶级的社会的和政治的统治，即旧的阶级要保持统治，新兴的阶级要争得统治。可是，这些阶级又是由于什么而产生和存在的呢？是由于当时存在的基本的物质条件，即各个时代社会借以生产和交换必要生活资料的那些条件"。①

他进一步说明："在充分认识了该阶段社会经济状况的条件下，一切历史现象都可以用最简单的方法来说明，同样，每一历史时期的观念和思想也可以极其简单地由这一时期的经济的生活条件以及由这些条件决定的社会关系和政治关系来说明。历史破天荒第一次被置于它的真正基础上；一个很明显的而以前完全被人忽略的事实，即人们首先必须吃、喝、住、穿，就是说首先必须劳动，然后才能争取统治，从事政治、宗教和哲学等等，——这一很明显的事实在历史上的应有之义此时终于获得了承认。"②

在马克思主义经典作家看来："历史不是作为'源于精神的精神'消融在'自我意识'中而告终的，历史的每一阶段都遇到一定的物质结果，一定的生产力总和，人对自然以及个人之间历史地形成的关系，都遇到前一代传给后一代的大量生产力、资金和环境，尽管一方面这些生产力、资金和环境为新的一代所改变，但另一方面，它们也预先规定新的一代本身的生活条件，使它得到一定的发展和具有特殊的性质。"③

根据唯物史观的基本原理，"首先应当确定一切人类生存的第一个前提，也就是一切历史的第一个前提，④ 这个前提是：人们为了能够'创造历史'，必须能够生活。⑤ 但是为了生活，首先就需要吃喝住穿以及其他一些东西。因此第一个历史活动就是生产满足这些需要的资料，

---

① 《马克思恩格斯文集》第 3 卷，人民出版社，2009，第 457~458 页。
② 《马克思恩格斯文集》第 3 卷，第 459 页。
③ 《马克思恩格斯文集》第 1 卷，第 544~545 页。
④ 《马克思恩格斯文集》第 1 卷，第 531 页，编者注 2，马克思加了边注："历史"。
⑤ 《马克思恩格斯文集》第 1 卷，第 531 页，编者注 3，马克思加了边注："黑格尔。地质、水文等等的条件。人体。需要，劳动"。

即生产物质生活本身，而且，这是人们从几千年前直到今天单是为了维持生活就必须每日每时从事的历史活动，是一切历史的基本条件。即使感性在圣布鲁诺那里被归结为像一根棍子那样微不足道的东西，^① 它仍然必须以生产这根棍子的活动为前提。因此任何历史观的第一件事情就是必须注意上述基本事实的全部意义和全部范围，并给予应有的重视。"^②

马克思提出："五官感觉的形成是迄今为止全部世界历史的产物。……对于一个忍饥挨饿的人来说并不存在人的食物形式，而只有作为食物的抽象存在；食物同样也可能具有最粗糙的形式，而且不能说，这种进食活动与动物的进食活动有什么不同。忧心忡忡的、贫穷的人对最美丽的景色都没有什么感觉；经营矿物的商人只看到矿物的商业价值，而看不到矿物的美和独特性；他没有矿物学的感觉。因此，一方面为了使人的感觉成为人的，另一方面为了创造同人的本质和自然界的本质的全部丰富性相适应的人的感觉，无论从理论方面还是从实践方面来说，人的本质的对象化都是必要的。"^③

马克思进一步指出，"整个所谓世界历史不外是人通过人的劳动而诞生的过程，是自然界对人来说的生成过程，所以关于他通过自身而诞生、关于他的形成过程，他有直观的、无可辩驳的证明。因为人和自然界的实在性，即人对人来说作为自然界的存在以及自然界对人来说作为人的存在，已经成为实际的、可以通过感觉直观的，所以关于某种异己的存在物、关于凌驾于自然界和人之上的存在物的问题，即包含着对自然界的和人的非实在性的承认的问题，实际上已经成为不可能的了"。^④在此意义上，经典作家指出："并不是'历史'把人当做手段来达到自己——仿佛历史是一个独具魅力的人——的目的。历史不过是追求着自

---

① 《马克思恩格斯文集》第 1 卷，第 531 页，编者注 4，指布·鲍威尔在《评路德维希·费尔巴哈》一文中的观点。

② 《马克思恩格斯文集》第 1 卷，第 531 页。

③ 《马克思恩格斯文集》第 1 卷，第 191~192 页。

④ 《马克思恩格斯文集》第 1 卷，第 196~197 页。

己目的的人的活动而已。"① 他们认为，"历史向世界历史的转变，不是
'自我意识'、世界精神或者某个形而上学幽灵的某种纯粹的抽象行动，
而是完全物质的、可以通过经验证明的行动，每一个过着实际生活的、
需要吃、喝、穿的个人都可以证明这种行动。"②

经典作家认为："一定的生产方式或一定的工业阶段始终是与一定
的共同活动方式或一定的社会阶段联系着的，而这种共同活动方式本身
就是'生产力'；由此可见，人们所达到的生产力的总和决定着社会状
况，因而，始终必须把'人类的历史'同工业和交换的历史联系起来研
究和探讨。"③ 资本主义大工业的发展"首次开创了世界历史，因为它使
每个文明国家以及这些国家中的每一个人的需要的满足都依赖于整个世
界，因为它消灭了各国以往自然形成的闭关自守的状态"。④ 生产力的发
展、社会分工和地区间交往的扩大冲破了地域性的壁垒，促进了各个民
族之间的普遍交往，使世界连为一个整体，推动了从地域性历史向世界
性历史的转变。因此，马克思指出，世界史不是过去一直存在的，作为
世界史的历史是结果。相应地，生产对于世界历史的基础性作用也在经
典作家的理论视野中获得了充分的表达。

（二）生产与交往的互相促进

经典作家指出，"只有随着生产力的这种普遍发展，人们的普遍交
往才能建立起来"。⑤ 实际上，马克思"世界历史"理论包含着两个核心
概念，一个是生产，另一个则是交往。生产力的发展促进了交往的扩大，
交往的扩大则有利于生产力的保持，两者相辅相成。

经典作家系统阐释了生产和交往的关系，指出："各民族之间的相

---

① 《马克思恩格斯文集》第 1 卷，第 295 页。
② 《马克思恩格斯文集》第 1 卷，第 541 页。
③ 《马克思恩格斯文集》第 1 卷，第 532~533 页。
④ 《马克思恩格斯选集》第 1 卷，第 114 页。
⑤ 《马克思恩格斯文集》第 1 卷，第 538 页。

互关系取决于每一个民族的生产力、分工和内部交往的发展程度……然而不仅一个民族与其他民族的关系，而且这个民族本身的整个内部结构也取决于自己的生产以及自己内部和外部的交往的发展程度。一个民族的生产力发展的水平，最明显地表现于该民族分工的发展程度。任何新的生产力，只要它不是迄今已知的生产力单纯的量的扩大（例如，开垦土地），都会引起分工的进一步发展"。①

历史地看，"分工的进一步扩大是生产和交往的分离，是商人这一特殊阶级的形成。这种分离在随历史保存下来的城市（其中有住有犹太人的城市）里被继承下来，并很快就在新兴的城市中出现了。这样就产生了同邻近地区以外的地区建立贸易联系的可能性，这种可能性之变为现实，取决于现有的交通工具的情况，取决于政治关系所决定的沿途社会治安状况（大家知道，整个中世纪，商人都是结成武装商队行动的）以及取决于交往所及地区内相应的文化水平所决定的比较粗陋或比较发达的需求。"②

交往与生产的相互作用将促使人类社会不断克服历史发展中的地域局限性。"随着交往集中在一个特殊阶级手里，随着商人所促成的同城市近郊以外地区的通商的扩大，在生产和交往之间也立即发生了相互作用。城市彼此建立了联系，新的劳动工具从一个城市运往另一个城市，生产和交往之间的分工随即引起了各城市之间在生产上的新的分工，不久每一个城市都设立一个占优势的工业部门。最初的地域局限性开始逐渐消失。"③

交往对于生产的发展具有重要的作用。"某一个地域创造出来的生产力，特别是发明，在往后的发展中是否会失传，完全取决于交往扩展的情况。当交往只限于毗邻地区的时候，每一种发明在每一个地域都必须单独进行；一些纯粹偶然的事件，例如蛮族的入侵，甚至是通常的战

---

① 《马克思恩格斯文集》第 1 卷，第 520 页。
② 《马克思恩格斯文集》第 1 卷，第 559 页。
③ 《马克思恩格斯文集》第 1 卷，第 559 页。

争，都足以使一个具有发达生产力和有高度需求的国家陷入一切都必须从头开始的境地。在历史发展的最初阶段，每天都在重新发明，而且每个地域都是独立进行的。发达的生产力，即使在通商相当广泛的情况下，也难免遭到彻底的毁灭。关于这一点，腓尼基人的例子就可以说明。由于这个民族被排挤于商业之外，由于他们被亚历山大征服以及继之而来的衰落，他们的大部分发明都长期失传了。再如中世纪的玻璃绘画术也有同样的遭遇。只有当交往成为世界交往并且以大工业为基础的时候，只有当一切民族都卷入竞争斗争的时候，保持已创造出来的生产力才有了保障。"①

关于生产和交往在世界历史中的作用，经典作家还指出，"……生产力、社会状况和意识，彼此之间可能而且一定会发生矛盾，因为分工使精神活动和物质活动②、享受和劳动、生产和消费由不同的个人来分担这种情况不仅成为可能，而且成为现实，而要使这三个因素彼此不发生矛盾，则只有再消灭分工。此外，不言而喻，'幽灵'、'枷锁'、'最高存在物'、'概念'、'疑虑'显然只是孤立的个人的一种观念上的、思辨的、精神的表现，只是他的观念，即关于真正经验的束缚和界限的观念；生活的生产方式以及与此相联系的交往形式就在这些束缚和界限的范围内运动着"③。④ 经典作家进一步指出："各种交往形式的联系就在于：已成为桎梏的旧交往形式被适应于比较发达的生产力，因而也适应于进步的个人自主活动方式的新交往形式所代替；新的交往形式又会成为桎梏，然后又为另一种交往形式所代替。由于这些条件在历史发展的

---

① 《马克思恩格斯文集》第 1 卷，第 559~560 页。
② 《马克思恩格斯文集》第 1 卷，第 535 页，编者注 2，手稿中删去以下这句话："活动和思维，即没有思想的活动和没有活动的思想。"
③ 《马克思恩格斯文集》第 1 卷，第 535 页，编者注 3，手稿中删去以下这句话："这种关于现存的经济界限的观念上的表现，不是纯粹理论上的，而且在实践的意识中也存在着，就是说，使自己自由存在的并且同现存的生产方式相矛盾的意识，不是仅仅构成宗教和哲学，而且也构成国家。"
④ 《马克思恩格斯文集》第 1 卷，第 535 页。

每一阶段都是与同一时期的生产力的发展相适应的，所以它们的历史同时也是发展着的、由每一个新的一代承受下来的生产力的历史，从而也是个人本身力量发展的历史。"① 这就辩证地阐明了人的生产与交往的历史统一性。

经典作家鲜明地指出："一切历史冲突都根源于生产力和交往形式之间的矛盾。此外，不一定非要等到这种矛盾在某一国家发展到极端尖锐的地步，才导致这个国家内发生冲突。由广泛的国际交往所引起的同工业比较发达的国家的竞争，就足以使工业比较不发达的国家内产生类似的矛盾（例如，英国工业的竞争使德国潜在的无产阶级显露出来了）。"②

在总体上，"各个相互影响的活动范围在这个发展进程中越是扩大，各民族的原始封闭状态由于日益完善的生产方式、交往以及因交往而自然形成的不同民族之间的分工消灭得越是彻底，历史也就越是成为世界历史"。③

马克思所说的交往是指与生产力发展水平和劳动分工一致的人类交往，他认为交往对世界历史的形成具有非常重要的推动意义。世界历史中的"世界"是指人类活动地理范围不断扩大与人类社会成为有机整体的辩证统一。

（三）世界历史发展中的合力

恩格斯的"合力"思想是马克思"世界历史"理论的重要组成部分。"合力"思想的内容可以概括为：根据唯物史观的基本原理，"历史过程中的决定性因素归根到底是现实生活的生产和再生产。……经济状况是基础，但是对历史斗争的进程发生影响并且在许多情况下主要是决定着这一斗争的形式的，还有上层建筑的各种因素，……，这里表现出这一切因素间的相互作用，而在这种相互作用中归根到底是经济运动作

---

① 《马克思恩格斯文集》第 1 卷，第 575～576 页。
② 《马克思恩格斯文集》第 1 卷，第 567～568 页。
③ 《马克思恩格斯文集》第 1 卷，第 540～541 页。

为必然的东西通过无穷无尽的偶然事件向前发展"。① 恩格斯的"合力"思想是我们理解世界历史发展动力的理论金匙。它在充分肯定生产力因素对历史发展起决定性作用的同时，强调了上层建筑和精神因素在社会历史发展中的作用，进而说明上述因素共同构成了世界历史发展的动力机制。

恩格斯在 1886 年指出："无论历史的结局如何，人们总是通过每一个人追求他自己的、自觉预期的目的来创造他们的历史，而这许多按不同方向活动的愿望及其对外部世界的各种各样作用的合力，就是历史。因此，问题也在于，这许多单个的人所预期的是什么。愿望是由激情或思虑来决定的。而直接决定激情或思虑的杠杆是各式各样的。有的可能是外界的事物，有的可能是精神方面的动机，如功名心、'对真理和正义的热忱'、个人的憎恶，或者甚至是各种纯粹个人的怪想。但是，一方面，我们已经看到，在历史上活动的许多单个愿望在大多数场合下所得到的完全不是预期的结果，往往是恰恰相反的结果，因而它们的动机对全部结果来说同样地只有从属的意义。另一方面，又产生了一个新的问题：在这些动机背后隐藏着的又是什么样的动力？在行动者的头脑中以这些动机的形式出现的历史原因又是什么？"②

恩格斯批驳了旧唯物主义和唯心主义在这个问题上的主张。他认为，"旧唯物主义从来没有给自己提出过这样的问题。因此，它的历史观——如果它有某种历史观的话——本质上也是实用主义的，它按照行动的动机来判断一切，把历史人物分为君子和小人，并且照例认为君子是受骗者，而小人是得胜者。旧唯物主义由此得出的结论是，在历史的研究中不能得到很多有教益的东西；而我们由此得出的结论是，旧唯物主义在历史领域内自己背叛了自己，因为它认为在历史领域中起作用的精神的动力是最终原因，而不去研究隐藏在这些动力后面的是什么，这

① 《马克思恩格斯选集》第 4 卷，人民出版社，1995，第 695~696 页。
② 《马克思恩格斯文集》第 4 卷，第 302~303 页。

些动力的动力是什么。不彻底的地方并不在于承认精神的动力，而在于不从这些动力进一步追溯到它的动因"；至于唯心主义，"特别是黑格尔所代表的历史哲学，认为历史人物的表面动机和真实动机都决不是历史事变的最终原因，认为这些动机后面还有应当加以探究的别的动力；但是它不在历史本身中寻找这种动力，反而从外面，从哲学的意识形态把这种动力输入历史"。①

恩格斯进一步提出了世界历史演变的整体动力机制，即"合力"思想。他指出："历史是这样创造的：最终的结果总是从许多单个的意志的相互冲突中产生出来的，而其中每一个意志，又是由于许多特殊的生活条件，才成为它所成为的那样。这样就有无数互相交错的力量，有无数个力的平行四边形，由此就产生出一个合力，即历史结果，而这个结果又可以看做一个作为整体的、不自觉地和不自主地起着作用的力量的产物。因为任何一个人的愿望都会受到任何另一个人的妨碍，而最后出现的结果就是谁都没有希望过的事物。所以到目前为止的历史总是像一种自然过程一样地进行，而且实质上也是服从于同一运动规律的。但是，各个人的意志——其中的每一个都希望得到他的体质和外部的、归根到底是经济的情况（或是他个人的，或是一般社会性的）使他向往的东西——虽然都达不到自己的愿望，而是融合为一个总的平均数，一个总的合力，然而从这一事实中决不应作出结论说，这些意志等于零。相反，每个意志都对合力有所贡献，因而是包括在这个合力里面的。"② 这就拓宽了对世界历史演变内在动力和线索的认识。

在此基础上，恩格斯深入分析了历史发展中的必然性和偶然性问题。

恩格斯认为，"偶然性只是相互依存性的一极，它的另一极叫做必然性。在似乎也是受偶然性支配的自然界中，我们早就证实，在每一个领域内，都有在这种偶然性中去实现自身的内在的必然性和规律性。而

① 《马克思恩格斯文集》第 4 卷，第 303 页。
② 《马克思恩格斯文集》第 10 卷，人民出版社，2009，第 592~593 页。

适用于自然界的，也适用于社会。一种社会活动，一系列社会过程，越是超出人们的自觉的控制，越是超出他们支配的范围，越是显得受纯粹的偶然性的摆布，它所固有的内在规律就越是以自然的必然性在这种偶然性中去实现自身"。①

针对社会发展史和自然发展史的不同，恩格斯进一步分析指出，"在自然界中（如果我们把人对自然界的反作用撇开不谈）全是没有意识的、盲目的动力，这些动力彼此发生作用，而一般规律就表现在这些动力的相互作用中。在所发生的任何事情中，无论在外表上看得出的无数表面的偶然性中，或者在可以证实这些偶然性内部的规律性的最终结果中，都没有任何事情是作为预期的自觉的目的发生的。相反，在社会历史领域内进行活动的，是具有意识的、经过思虑或凭激情行动的、追求某种目的的人；任何事情的发生都不是没有自觉的意图，没有预期的目的的。但是，不管这个差别对历史研究，尤其是对各个时代和各个事变的历史研究如何重要，它丝毫不能改变这样一个事实：历史进程是受内在的一般规律支配的。因为在这一领域内，尽管各个人都有自觉预期的目的，总的说来在表面上好像也是偶然性在支配着。人们所预期的东西很少如愿以偿，许多预期的目的在大多数场合都互相干扰，彼此冲突，或者是这些目的本身一开始就是实现不了的，或者是缺乏实现的手段的。这样，无数的单个愿望和单个行动的冲突，在历史领域内造成了一种同没有意识的自然界中占统治地位的状况完全相似的状况。行动的目的是预期的，但是行动实际产生的结果并不是预期的，或者这种结果起初似乎还和预期的目的相符合，而到了最后却完全不是预期的结果。这样，历史事件似乎总的说来同样是由偶然性支配着的。但是，在表面上是偶然性在起作用的地方，这种偶然性始终是受内部的隐蔽着的规律支配的，而问题只是在于发现这些规律"。② 这些对于历史动力的具体分析，有利

---

① 《马克思恩格斯文集》第 4 卷，第 194 页。
② 《马克思恩格斯文集》第 4 卷，第 301~302 页。

于研究者扩展对历史规律的理解和认识。

恩格斯认为，"人们自己创造自己的历史，但是到现在为止，他们并不是按照共同的意志，根据一个共同的计划，甚至不是在一个有明确界限的既定社会内来创造自己的历史。他们的意向是相互交错的，正因为如此，在所有这样的社会里，都是那种以偶然性为其补充和表现形式的必然性占统治地位。在这里通过各种偶然性来为自己开辟道路的必然性，归根到底仍然是经济的必然性"。①

对此马克思也曾指出："如果斗争只是在机会绝对有利的条件下才着手进行，那么创造世界历史未免就太容易了。另一方面，如果'偶然性'不起任何作用的话，那么世界历史就会带有非常神秘的性质。这些偶然性本身自然纳入总的发展过程中，并且为其他偶然性所补偿。但是，发展的加速和延缓在很大程度上是取决于这些'偶然性'的，其中也包括一开始就站在运动最前面的那些人物的性格这样一种'偶然情况'"。②

恩格斯也以所谓伟大人物问题为例，对此做出了说明。如果"恰巧某个伟大人物在一定时间出现于某一国家，这当然纯粹是一种偶然现象。但是，如果我们把这个人去掉，那时就会需要有另外一个人来代替他，并且这个代替者是会出现的，不论好一些或差一些，但是最终总是会出现的。恰巧拿破仑这个科西嘉人做了被本身的战争弄得精疲力竭的法兰西共和国所需要的军事独裁者，这是个偶然现象。但是，假如没有拿破仑这个人，他的角色就会由另一个人来扮演。这一点可以由下面的事实来证明：每当需要有这样一个人的时候，他就会出现，如凯撒、奥古斯都、克伦威尔等等。如果说马克思发现了唯物史观，那么梯叶里、米涅、基佐以及1850年以前英国所有的历史编纂学家则表明，人们已经在这方面作过努力，而摩尔根对于同一观点的发现表明，发现这一观点的时机已经成熟了，这一观点必定被发现"。③ 这是对历史人物、历史事件和历

① 《马克思恩格斯文集》第10卷，第669页。
② 《马克思恩格斯文集》第10卷，第354页。
③ 《马克思恩格斯文集》第10卷，第669页。

史条件内在关联的辩证分析。

恩格斯指出，"并不像人们有时不加思考地想象的那样是经济状况自动发生作用，而是人们自己创造自己的历史，但他们是在既定的、制约着他们的环境中，是在现有的现实关系的基础上进行创造的，在这些现实关系中，经济关系不管受到其他关系——政治的和意识形态的——多大影响，归根到底还是具有决定意义的，它构成一条贯穿始终的、唯一有助于理解的红线"。①

（四）世界历史的发展阶段

马克思从经济因素入手，对"中世纪以来私有制发展的时期"进行了划分，实际上是在 1500 年前后到 1845 年的三百多年的时间内，把世界历史划分为三个时期。第一个时期是欧洲中世纪后期，"随着美洲和通往东印度的航线的发现，交往扩大了，工场手工业和整个生产运动有了巨大的发展。从那里输入的新产品，特别是进入流通的大量金银完全改变了阶级之间的相互关系，并且沉重地打击了封建土地所有制和劳动者；冒险的远征，殖民地的开拓，首先是当时市场已经可能扩大为而且日益扩大为世界市场，所有这一切产生了历史发展的一个新阶段"。②

"第二个时期开始于 17 世纪中叶，它几乎一直延续到 18 世纪末。商业和航运比那种起次要作用的工场手工业发展得更快；各殖民地开始成为巨大的消费者；各国经过长期的斗争，彼此瓜分了已开辟出来的世界市场。这一时期是从航海条例和殖民地垄断开始的。"③

第三个时期，"商业和工场手工业不可阻挡地集中于一个国家——英国。这种集中逐渐地给这个国家创造了相对的世界市场，因而也造成了对这个国家的工场手工业产品的需求，这种需求是旧的工业生产力所不能满足的。这种超过了生产力的需求正是引起中世纪以来私有制发展

---

① 《马克思恩格斯文集》第 10 卷，第 668 页。
② 《马克思恩格斯选集》第 1 卷，第 110 页。
③ 《马克思恩格斯选集》第 1 卷，第 111 页。

的第三个时期的动力，它产生了大工业——把自然力用于工业目的，采用机器生产以及实行最广泛的分工。"①

与这三个历史阶段相对应的历史内容分别是：世界市场的建立、对世界市场的瓜分和资本主义大工业的产生。对这三个发展阶段的分析说明："各民族之间的相互关系取决于每一个民族的生产力、分工和内部交往的发展程度。"② 生产力的发展以及由此引起的分工和交往的发展，必然引起世界性的交往和普遍联系，进而形成世界历史。

（五）世界历史指向共产主义

经典作家认为应当批判看待世界历史，客观分析其积极后果和消极后果。也就是说，要批判分析资本主义在世界历史形成过程中的地位和作用。"资产阶级在历史上曾经起过非常革命的作用"，"资产阶级，由于开拓了世界市场，使一切国家的生产和消费都成为世界性的了"。③"资产阶级在它的不到一百年的阶级统治中所创造的生产力，比过去一切世代创造的全部生产力还要多，还要大。"④ 资产阶级对世界市场的开拓推动了世界历史的进程。但是，资本主义是一种扩张的制度，它推动历史向世界历史的转变是通过暴力和殖民压迫等方式实现的，是在广大相对落后的国家付出沉重代价的基础上实现的。因此，马克思在肯定资本主义积极的历史作用的同时，对资本主义的殖民主义进行了严厉谴责。

《资本论》分析指出资本主义的历史暂时性："对资本主义生产方式的科学分析却证明：资本主义生产方式是一种特殊的、具有独特历史规定性的生产方式；它和任何其他一定的生产方式一样，把社会生产力及其发展形式的一个既定的阶段作为自己的历史条件，而这个条件又是一个先行过程的历史结果和产物，并且是新的生产方式由以产生的既定基

---

① 《马克思恩格斯选集》第 1 卷，第 113 页。
② 《马克思恩格斯选集》第 1 卷，第 68 页。
③ 《马克思恩格斯选集》第 1 卷，第 274、276 页。
④ 《马克思恩格斯选集》第 1 卷，第 277 页。

础；同这种独特的、历史地规定的生产方式相适应的生产关系——即人们在他们的社会生活过程中、在他们的社会生活的生产中所处的各种关系——，具有一种独特的、历史的和暂时的性质；最后，分配关系本质上和这些生产关系是同一的，是生产关系的反面，所以二者共有同样的历史的暂时的性质。"①

而由资本主义开创的世界历史进程，明显地具有双重后果。其积极方面是世界历史的形成为人类的彻底解放创造了必要条件。其消极方面则是世界历史具有深刻的资本主义烙印，世界的整体发展出现失衡的现象。马克思"世界历史"理论强调指出世界各民族共同创造了世界的历史，这就鲜明地批判了"欧洲中心论"的资产阶级意识形态。

马克思认为，世界历史的形成和发展为埋葬资本主义和最终实现共产主义创造了条件。虽然世界历史的形成是由资本主义开创的，但是世界历史的发展将突破资本主义，指向共产主义。资本主义的世界历史最终将被共产主义的世界历史所取代。

经典作家从生产力和生产关系的矛盾运动入手，深刻地指出，"如果说资本主义生产方式是发展物质生产力并且创造同这种生产力相适应的世界市场的历史手段，那么，这种生产方式同时也是它的这个历史任务和同它相适应的社会生产关系之间的经常的矛盾"。② 而"共产主义对我们来说不是应当确立的状况，不是现实应当与之相适应的理想。我们所称为共产主义的是那种消灭现存状况的现实的运动。"③

经典作家从生产和交往相结合的角度指出共产主义如何实现，即"生产力的这种发展之所以是绝对必需的实际前提，……普遍交往，一方面，可以产生一切民族中同时都存在着'没有财产的'群众这一现象（普遍竞争），使每一民族都依赖于其他民族的变革；最后，地域性的个人为世界历史性的、经验上普遍的个人所代替。不这样，（1）共产主义

① 《马克思恩格斯文集》第 7 卷，人民出版社，2009，第 994 页。
② 《马克思恩格斯文集》第 7 卷，第 279 页。
③ 《马克思格斯选集》第 1 卷，第 87 页。

就只能作为某种地域性的东西而存在；（2）交往的力量本身就不可能发展成为一种普遍的因而是不堪忍受的力量：它们会依然处于地方的、笼罩着迷信气氛的'状态'；（3）交往的任何扩大都会消灭地域性的共产主义。共产主义只有作为占统治地位的各民族'一下子'同时发生的行动，在经验上才是可能的，而这是以生产力的普遍发展和与此相联系的世界交往为前提的"。① 这实际上为人类解放如何得以实现提供了从现实出发的实证根基。正如有学者指出：这是"对人的生存和价值的最激动人心的关怀"。②

（六）个人与世界历史的内在统一

实际上，马克思"世界历史"理论强调无产阶级的解放，以及人的全面、自由的发展。马克思把个人的自由解放与世界历史的发展结合起来，认为个人是未来世界历史的真正主体。也就是说，历史越是转变为世界历史，个人也就越是获得更大程度的解放，"每个人的自由发展是一切人的自由发展的条件"，③ 而这正是共产主义的根本原则。只有实现了共产主义，"单个人才能摆脱种种民族局限和地域局限而同整个世界的生产（也同精神的生产）发生实际联系，才能获得利用全球的这种全面的生产（人们的创造）的能力"。④

经典作家指出："如果我们把共产主义本身——因为它是否定的否定——称为对人的本质的占有，而这种占有以否定私有财产作为自己的中介，因而还不是真正的、从自身开始的肯定，而只是从私有财产开始的肯定，［……］⑤ 可见，既然人的生命的现实的异化仍在发生，而且人们越意识到它是异化，它就越成为更大的异化；所以，对异化的扬弃只

---

① 《马克思恩格斯文集》第 1 卷，第 538~539 页。
② 吴晓明、陈立新：《马克思主义本体论研究》，"总序"，第 8 页。
③ 《马克思恩格斯选集》第 1 卷，第 294 页。
④ 《马克思恩格斯选集》第 1 卷，第 89 页。
⑤ 《马克思恩格斯文集》第 1 卷，第 231 页，编者注 2。手稿这一页的左下角破损，最后六行原文残缺不全，本卷没有翻译。

有通过付诸实行的共产主义才能完成。要扬弃私有财产的思想，有思想上的共产主义就完全够了。而要扬弃现实的私有财产，则必须有现实的共产主义行动。历史将会带来这种共产主义行动，而我们在思想中已经认识到的那正在进行自我扬弃的运动，在现实中将经历一个极其艰难而漫长的过程。但是，我们从一开始就意识到了这一历史运动的局限性和目的，并且有了超越历史运动的意识，我们应当把这一点看做是现实的进步。"①

经典作家尖锐地指出："当人们还不能使自己的吃喝住穿在质和量方面得到充分保证的时候，人们就根本不能获得解放。'解放'是一种历史活动，不是思想活动，'解放'是由历史的关系，是由工业状况、商业状况、农业状况、交往状况促成的"。② 而"无产阶级只有在世界历史意义上才能存在，就像共产主义——它的事业——只有作为'世界历史性的'存在才有可能实现一样。而各个人的世界历史性的存在，也就是与世界历史直接相联系的各个人的存在"。③ 这些科学论断对于研究者把握人的发展和解放的内涵具有积极的指导意义。

经典作家提出：在人类社会发展进程中，"单个人随着自己的活动扩大为世界历史性的活动，越来越受到对他们来说是异己的力量的支配（他们把这种压迫想象为所谓世界精神等等的圈套），受到日益扩大的、归根结底表现为世界市场的力量的支配，这种情况在迄今为止的历史中当然也是经验事实。但是，另一种情况也具有同样的经验根据，这就是：随着现存社会制度被共产主义革命所推翻以及与这一革命具有同等意义的私有制的消灭，……同时，每一个单个人的解放的程度是与历史完全转变为世界历史的程度一致的④"。⑤

---

① 《马克思恩格斯文集》第 1 卷，第 231~232 页。
② 《马克思恩格斯文集》第 1 卷，第 527 页。
③ 《马克思恩格斯文集》第 1 卷，第 539 页。
④ 《马克思恩格斯文集》第 1 卷，第 541 页，编者注 1。马克思加了边注："关于意识的生产"。
⑤ 《马克思恩格斯文集》第 1 卷，第 541 页。

　　马克思从生产和交往的关系入手探讨了如何实现个人的全面发展。他指出："交往的普遍性，从而世界市场成了基础。这种基础是个人全面发展的可能性，而个人从这个基础出发的实际发展是对这一发展的限制的不断扬弃，这种限制被意识到是限制，而不是被当做神圣的界限。个人的全面性不是想象的或设想的全面性，而是他的现实联系和观念联系的全面性。由此而来的是把他自己的历史作为过程来理解，把对自然界的认识（这也作为支配自然界的实践力量而存在着）当做对他自己的现实躯体的认识。发展过程本身被设定为并且被意识到是这个过程的前提。但是，要达到这点，首先必须使生产力的充分发展成为生产条件，不是使一定的生产条件表现为生产力发展的界限。"①

　　综上所述，马克思"世界历史"理论是对历史本质和人类社会发展规律的严肃探索和科学论断。它从客观历史整体的高度深入考察并论证了人类社会在生产力推动下由分散向整体的发展趋势，指出这种趋势就是从民族性和地方性的历史向普遍性和世界性的历史的发展和转变，世界历史的未来就是共产主义，人类本身则同时从地域性的封闭条件下的个人向世界历史性的自由发展的个人转变。

　　马克思"世界历史"理论本身就意味着理论与实践的统一。从方法论的角度来说，马克思"世界历史"理论是从生产力和生产关系的矛盾运动入手，分析世界历史的发展变化，进而揭示了人类社会发展演进的一般规律。从价值目标的角度来说，马克思"世界历史"理论研究的目的在于指明人类获得彻底解放的道路。

二　马克思"世界历史"理论在世界史研究中的方法论价值

　　面对纷繁复杂的世界历史，只要史学家开始从事具体研究，就会意识到自己的工作面临三个方面的要求，这就是历史观、方法论和价值判断体系。如果没有科学的历史观、方法论和价值判断体系，研究者的设

————————
① 《马克思恩格斯文集》第 8 卷，人民出版社，2009，第 171~172 页。

想与其研究结果可能就会南辕北辙。这就要求我们在新的时代条件下必须重视马克思"世界历史"理论。马克思"世界历史"理论为我们深入理解世界历史发展的动力、深刻把握世界历史演变的规律提供了科学的理论与方法论支持,在世界史研究和编撰领域具有重要的学术价值和积极的实践意义。

如前所述,当今世界史研究和编撰的核心难题在于,如何克服"欧洲中心论"的局限,在"世界"或"全球"的广泛的时空框架内构建一个能够充分说明人类历史发展、演变及其本质的系统、科学的阐释体系。在具体的编撰实践中,这一问题尚未获得根本性的解决。

在这样的情况下,深入理解和领会马克思"世界历史"理论在世界史研究和编撰方面的方法论价值,就显得尤为重要。实际上,作为一种科学的世界历史观,马克思"世界历史"理论深入揭示了生产力因素在人类社会历史进程中所发挥的决定性作用,以及由生产和交往构成的世界历史发展的整体动力机制,为当代的世界史研究和编撰提供了具有方法论意义的科学指南。

(一) 世界历史研究的方法

在研究方法上,世界历史作为人类本身的发展过程,是一个变化和运动的过程,只有用整体和辩证的研究方法才能做出充分理解。

恩格斯曾经指出:"当我们通过思维来考察自然界或人类历史或我们自己的精神活动的时候,首先呈现在我们眼前的,是一幅由种种联系和相互作用无穷无尽地交织起来的画面,其中没有任何东西是不动的和不变的,而是一切都在运动、变化、生成和消逝。所以,我们首先看到的是总画面,其中各个细节还或多或少地隐藏在背景中,我们注意得更多的是运动、转变和联系,而不是注意什么东西在运动、转变和联系。这种原始的、素朴的、但实质上正确的世界观是古希腊哲学的世界观,而且是由赫拉克利特最先明白地表述出来的:一切都存在而又不存在,因为一切都在流动，都在不断地变化，不断地生成和消逝。但是，这种观点虽然正确地把握了现象的总画面的一般性质，却不足以说明构成这幅总画面的各个细节；而我们要是不知道这些细节，就看不清总画面。为了认识这些细节，我们不得不把它们从自然的或历史的联系中抽出来，从它们的特性、它们的特殊的原因和结果等等方面来分别加以研究。"① 因此，"要精确地描绘宇宙、宇宙的发展和人类的发展，以及这种发展在人们头脑中的反映，就只有用辩证的方法，只有不断地注意生成和消逝之间、前进的变化和后退的变化之间的普遍相互作用才能做到"。② 这样才能透过一切错综复杂的表象来探索历史过程中的各个发展阶段，进而穿透表面的偶然性揭示历史过程蕴含的内在规律。

恩格斯以如何理解历史中的进步与退步为例进行了分析："在历史上出现的最初的阶级对立，是同个体婚制下夫妻间的对抗的发展同时发生的，而最初的阶级压迫是同男性对女性的压迫同时发生的。个体婚制是一个伟大的历史的进步，但同时它同奴隶制和私有制一起，却开辟了一个一直继续到今天的时代，在这个时代中，任何进步同时也是相对的退步，因为在这种进步中，一些人的幸福和发展是通过另一些人的痛苦和受压抑而实现的。个体婚制是文明社会的细胞形态，根据这种形态，我们就可以研究文明社会内部充分发展着的对立和矛盾的本质。"③

恩格斯还以阶级剥削为例分析指出："由于文明时代的基础是一个阶级对另一个阶级的剥削，所以它的全部发展都是在经常的矛盾中进行的。生产的每一进步，同时也就是被压迫阶级即大多数人的生活状况的一个退步。对一些人是好事，对另一些人必然是坏事，一个阶级的任何新的解放，必然是对另一个阶级的新的压迫。这一情况的最明显的例证就是机器的采用，其后果现在已是众所周知的了。如果说在野蛮人中间，像我们已经看到的那样，不大能够区别权利和义务，那么文明时代却使

---

① 《马克思恩格斯文集》第 3 卷，第 538~539 页。
② 《马克思恩格斯文集》第 9 卷，第 26 页。
③ 《马克思恩格斯文集》第 4 卷，第 78 页。

这两者之间的区别和对立连最愚蠢的人都能看得出来，因为它几乎把一切权利赋予一个阶级，另方面却几乎把一切义务推给另一个阶级。"① 这些理论阐释对于历史研究中的定性问题尤其具有方法论上的启发意义。

实际上，在世界历史的发展过程中，各个民族或国家不可避免地融合为一个整体，这个整体一旦形成，各个部分就只有在整体的范围内才能被正确理解了，辩证的、综合性的研究成为一种必须。这也表明，只有用整体和辩证的研究方法才能对推动世界历史演变的不同层次、不同方面的各种力量做出充分理解和阐释。

（二）世界历史研究的立足点和内容

世界历史研究的立足点是现实的、有生命的个人本身，是从事实际活动的人；相应地，世界历史研究的内容是现实的人的能动的生活过程。正如马克思指出，"整个历史也无非是人类本性的不断改变而已"。② 如前所述，人的发展与世界历史的发展是内在统一的。世界历史意义的人的能动的生活过程同时也就是各民族相互影响并逐渐融合最终走向共产主义的过程和趋势。人的自由、全面的发展实现之日，也就是共产主义到来之时。

经典作家指出，世界历史中的"人"，"不是处在某种虚幻的离群索居和固定不变状态中的人，而是处在现实的、可以通过经验观察到的、在一定条件下进行的发展过程中的人。只要描绘出这个能动的生活过程，历史就不再像那些本身还是抽象的经验主义者所认为的那样，是一些僵死的事实的汇集，也不再像唯心主义者所认为的那样，是想象的主体的想象活动"。③ 人们之间是有物质联系的，"这种联系是由需要和生产方式决定的，它与人本身有同样长久的历史；这种联系不断采取新的形式，因而就表现为'历史'"。④ 对此马克思曾经指出："人们不能自由选择

---

① 《马克思恩格斯文集》第 4 卷，第 196~197 页。
② 《马克思恩格斯文集》第 1 卷，第 632 页。
③ 《马克思恩格斯文集》第 1 卷，第 525~526 页。
④ 《马克思恩格斯选集》第 1 卷，第 81 页。

自己的生产力——这是他们的全部历史的基础，因为任何生产力都是一种既得的力量，是以往的活动的产物。可见，生产力是人们应用能力的结果，但是这种能力本身决定于人们所处的条件，决定于先前已经获得的生产力，决定于在他们以前已经存在、不是由他们创立而是由前一代人创立的社会形式。后来的每一代人都得到前一代人已经取得的生产力并当做原料来为自己新的生产服务，由于这一简单的事实，就形成人们的历史中的联系，就形成人类的历史，这个历史随着人们的生产力以及人们的社会关系的愈益发展而愈益成为人类的历史。由此就必然得出一个结论：人们的社会历史始终只是他们的个体发展的历史，而不管他们是否意识到这一点。他们的物质关系形成他们的一切关系的基础。这种物质关系不过是他们的物质的和个体的活动所借以实现的必然形式罢了。"①

同时，经典作家提出，无数人的意志相互作用而形成一个不以个人意志为转移的意志合力，推动历史进程的发展，"每个意志都对合力有所贡献"，这就肯定了人的主观能动性在世界历史发展中的作用。

恩格斯明确指出："我们自己创造着我们的历史。"② 马克思对此做过生动描述："人们自己创造自己的历史，但是他们并不是随心所欲地创造，并不是在他们自己选定的条件下创造，而是在直接碰到的、既定的、从过去承继下来的条件下创造。一切已死的先辈们的传统，像梦魇一样纠缠着活人的头脑。当人们好像刚好在忙于改造自己和周围的事物并创造前所未有的事物时，恰好在这种革命危机时代，他们战战兢兢地请出亡灵来为自己效劳，借用它们的名字、战斗口号和衣服，以便穿着这种久受崇敬的服装，用这种借来的语言，演出世界历史的新的一幕。"③

世界历史包含时间和空间两个范畴，由前述可知，世界史研究和编撰的核心难题是如何在"世界"的广泛时空框架内构建一个能够充分说明人类历史发展演变的阐释体系，其中一个重要研究领域就是时间、空

① 《马克思恩格斯文集》第 10 卷，第 43 页。
② 《马克思恩格斯文集》第 10 卷，第 592 页。
③ 《马克思恩格斯文集》第 2 卷，第 470~471 页。

间及两者间的关系问题，马克思从人的角度对此进行了探讨。在 1861 年马克思曾经指出："时间实际上是人的积极存在，它不仅是人的生命的尺度，而且是人的发展的空间。"[①] 1865 年他又指出："时间是人类发展的空间。一个人如果没有自己处置的自由时间，一生中除睡眠饮食等纯生理上必需的间断以外，都是替资本家服务，那么，他就还不如一头役畜。他不过是一架为别人生产财富的机器，身体垮了，心智也变得如野兽一般。现代工业的全部历史还表明，如果不对资本加以限制，它就会不顾一切和毫不留情地把整个工人阶级投入这种极端退化的境地。"[②] 笔者以为，150 余年后读来，仍觉此言犀利生风。

（三）世界历史研究的双重层次

世界历史研究的内容决定了其研究层次的双重性，即从宏观和微观两个层面入手才能获得对人类历史的整体认识。对于具体的史学研究而言，正如经典作家所说，一切历史的第一个前提无疑是："人们为了能够'创造历史'，必须能够生活。但是为了生活，首先就需要吃喝住穿以及其他一些东西。因此第一个历史活动就是生产满足这些需要的资料，即生产物质生活本身，而且这是这样的历史活动，一切历史的一种基本条件，人们单是为了能够生活就必须每日每时去完成它，现在和几千年前都是这样。"[③] 另外，马克思在 1877 年还指出："极为相似的事变发生在不同的历史环境中就引起了完全不同的结果。如果把这些演变中的每一个都分别加以研究，然后再把它们加以比较，我们就会很容易地找到理解这种现象的钥匙；但是，使用一般历史哲学理论这一把万能钥匙，那是永远达不到这种目的的，这种历史哲学理论的最大长处就在于它是超历史的。"[④] 这些观点实际上强调了具体的实证研究在理论研究中的必

---

① 《马克思恩格斯全集》第 47 卷，人民出版社，1979，第 532 页。
② 《马克思恩格斯文集》第 3 卷，第 70 页。
③ 《马克思恩格斯选集》第 1 卷，第 78~79 页。
④ 《马克思恩格斯文集》第 3 卷，第 466~467 页。

要性与重要性。

换言之，现实的人的物质生活资料的生产是世界历史研究的起点，这一层面的研究即人类的日常生活史当属微观性的世界历史研究，展示的是人类社会的现实和具体的发展史。在此基础上对人类历史进行较长时段或整体性的抽象分析则属宏观性的世界历史研究，揭示的是人类社会发展演变的内在规律。这两个层面的研究相辅相成，缺一不可。实际上，这正是马克思主义理论活力的源泉所在。

（四）世界历史演变的动力

世界历史的演变具有内在的整体动力机制，这就是以生产和交往为纵向和横向主线、包括经济因素和上层建筑等一切因素间的相互作用。在世界历史的发展过程当中，物质因素和精神因素、经济基础和上层建筑，每一种动力因素都并非孤立地发挥作用，它们通过融合共同构成了历史发展的合力，共同推动世界历史由分散到整体的发展。"合力"思想正是对前述这个人本身的能动的生活过程的深刻理论描绘。秉承这一宗旨，我们才能在研究中对各种复杂的世界史事件和现象做出科学的理论解答。

对此恩格斯一方面指出，"一切重要历史事件的终极原因和伟大动力是社会的经济发展，是生产方式和交换方式的改变，是由此产生的社会之划分为不同的阶级，是这些阶级彼此之间的斗争"；[1] 另一方面指出，"我们自己创造着我们的历史，……我们是在十分确定的前提和条件下创造的。其中经济的前提和条件归根到底是决定性的。但是政治等等的前提和条件，甚至那些萦回于人们头脑中的传统，也起着一定的作用，虽然不是决定性的作用"。[2]

世界历史是人类整体的历史和人类活动的产物，其根本动力是社会

---

① 《马克思恩格斯文集》第3卷，第509页。

② 《马克思恩格斯文集》第10卷，第592页。

生产力的发展和分工与交往的发展。如前所述，生产力的发展促进了交往的扩大，交往的扩大则有利于生产力的保持，各民族和国家通过普遍交往，实现相互联系和相互依存并使世界整体化的历史，就是世界历史。因此，在推动世界历史演变的各种不同角度、不同层次的力量中，生产和交往分别是纵向和横向的两条主线。

《德意志意识形态》系统论述了物质交往和精神交往在人类历史进程中的作用。马克思和恩格斯明确指出，"思想、观念、意识的生产最初是直接与人们的物质活动，与人们的物质交往，与现实生活的语言交织在一起的。人们的想象、思维、精神交往在这里还是人们物质行动的直接产物"。① 也就是说，物质交往决定精神交往。

经典作家进一步指出："人们在生产中不仅仅影响自然界，而且也互相影响。他们只有以一定的方式共同活动和互相交换其活动，才能进行生产。为了进行生产，人们相互之间便发生一定的联系和关系；只有在这些社会联系和社会关系的范围内，才会有他们对自然界的影响，才会有生产。"②

经典作家还指出："生产力与交往形式的关系就是交往形式与个人的行动或活动的关系。[这种活动的基本形式当然是物质活动，一切其他的活动，如精神活动、政治活动、宗教活动等都取决于它。当然，物质生活的这样或那样的形式，每次都取决于已经发达的需求，而这些需求的产生，也像它们的满足一样，本身是一个历史过程，这种历史过程在羊或狗那里是没有的（这是施蒂纳顽固地提出来反对人的主要论据③），尽管羊或狗的目前形象无疑是历史过程的产物——诚然，不以它们的意愿为转移。]个人相互交往的条件，在上述这种矛盾产生以前，是与他们的个性相适合的条件，对于他们来说不是什么外部的东西；在

---

① 《马克思恩格斯文集》第 1 卷，第 524 页。
② 《马克思恩格斯选集》第 1 卷，第 344 页。
③ 《马克思恩格斯文集》第 1 卷，第 575 页，编者注 1。麦·施蒂纳《施蒂纳的评论者》一文中的议论；并见麦·施蒂纳《唯一者及其所有物》1845 年莱比锡版第 443 页。

这些条件下，生存于一定关系中的一定的个人独立生产自己的物质生活以及与这种物质生活有关的东西，因而这些条件是个人的自主活动的条件，并且是由这种自主活动产生出来的①。"②

这实际上提示我们，世界史上的各种"交往"现象必须与"生产"联系起来方能获得充分的理解。在历史学领域，交往一词描述了人类社会发展过程中普遍存在的历史现象和客观事实，即分布于地球表面不同区域的人类与自然及彼此间发生联系、相互间产生影响。对于世界史编撰而言，交往意味着人类社会"怎样由原始的、闭塞的、各个分散的人群集体的历史，发展为彼此密切联系的形成一个全局的世界历史"，也就是"历史的横向发展过程"。③ 人类的交往不仅包含各种交往活动，也包含各种交往关系，交往既是实践的产物，也是实践得以进行的必要形式，因此，生产与交往实际上互为前提，生产对交往而言具有基础性作用。这也就意味着，世界历史中的交往是与生产力发展水平和劳动分工相一致的。换言之，在世界史研究和编撰过程中，生产和交往是两个具有核心意义的概念，体现着历史发展纵向和横向线索的互相支撑。从生产力因素在人类历史进程中的决定性作用出发，才能充分地理解交往关系与社会形态发展的同步性，才能科学地解释交往现象演变的原因和结果。这样才能拨开笼罩在世界历史上的种种迷雾，看清真实的历史运动和历史的发展动力。

（五）世界历史研究的任务

世界历史研究的任务是要发现和揭示人类发展过程的运动规律。探索这个过程的"逐步发展的阶段"，揭示这个过程各种偶然性中的必然

---

① 《马克思恩格斯文集》第 1 卷，第 575 页，编者注 2。马克思加了边注："交往形式本身的生产"。

② 《马克思恩格斯文集》第 1 卷，第 575 页。

③ 吴于廑：《吴于廑文选》，武汉大学出版社，2007，第 33~35 页。

联系，显然是世界历史研究面临的两个基本要求。① 正如恩格斯指出：
"在表面上是偶然性在起作用的地方，这种偶然性始终是受内部的隐蔽
着的规律支配的，而问题只是在于发现这些规律。"②

如何在广泛的世界时空内、在各种纷繁复杂的历史现象中探索和发
现历史规律？恩格斯在 1880 年已经做出鲜明的回答，这就是前述的经典
论断："生产以及随生产而来的产品交换是一切社会制度的基础；在每
个历史地出现的社会中，产品分配以及和它相伴随的社会之划分为阶级
或等级，是由生产什么、怎样生产以及怎样交换产品来决定的。所以，
一切社会变迁和政治变革的终极原因，不应当到人们的头脑中，到人们
对永恒的真理和正义的日益增进的认识中去寻找，而应当到生产方式和
交换方式的变更中去寻找；不应当到有关时代的哲学中去寻找，而应当
到有关时代的经济中去寻找。"③ 这是如何认识人类社会发展规律性的根
本原则。

关于把握规律的重要性，他进一步分析指出："社会力量完全像自然
力一样，在我们还没有认识和考虑到它们的时候，起着盲目的、强制的和
破坏的作用。但是，一旦我们认识了它们，理解了它们的活动、方向和作
用，那么，要使它们越来越服从我们的意志并利用它们来达到我们的目
的，就完全取决于我们了。这一点特别适用于今天的强大的生产力。只要
我们固执地拒绝理解这种生产力的本性和性质（而资本主义生产方式及其
辩护士正是抗拒这种理解的），它就总是像上面所详细叙述的那样，起违
反我们、反对我们的作用，把我们置于它的统治之下。但是，它的本性一
旦被理解，它就会在联合起来的生产者手中从魔鬼似的统治者变成顺从的
奴仆。这里的区别正像雷电中的电的破坏力同电报机和弧光灯的被驯服的
电之间的区别一样，正像火灾同供人使用的火之间的区别一样。"④

---

① 《马克思恩格斯选集》第 3 卷，第 737~738 页。
② 《马克思恩格斯文集》第 4 卷，第 302 页。
③ 《马克思恩格斯文集》第 3 卷，第 547 页。
④ 《马克思恩格斯文集》第 3 卷，第 560 页。

1886 年恩格斯在述及意识与存在的关系时，对此指出："如果要去探究那些隐藏在——自觉地或不自觉地，而且往往是不自觉地——历史人物的动机背后并且构成历史的真正的最后动力的动力，那么问题涉及的，与其说是个别人物，即使是非常杰出的人物的动机，不如说是使广大群众、使整个整个的民族，并且在每一民族中间又是使整个整个阶级行动起来的动机；而且也不是短暂的爆发和转瞬即逝的火光，而是持久的、引起重大历史变迁的行动。探讨那些作为自觉的动机明显地或不明显地，直接地或以意识形态的形式，甚至以被神圣化的形式反映在行动着的群众及其领袖即所谓伟大人物的头脑中的动因——这是能够引导我们去探索那些在整个历史中以及个别时期和个别国家的历史中起支配作用的规律的唯一途径。使人们行动起来的一切，都必然要经过他们的头脑；但是这一切在人们的头脑中采取什么形式，这在很大程度上是由各种情况决定的。"① 这些理论判断实际上阐明了实证研究对探索历史规律的重要性。

在 1894 年恩格斯进一步指出："历史上所有其他的偶然现象和表面的偶然现象都是如此。我们所研究的领域越是远离经济，越是接近于纯粹抽象的意识形态，我们就越是发现它在自己的发展中表现为偶然现象，它的曲线就越是曲折。如果您画出曲线的中轴线，您就会发现，所考察的时期越长，所考察的范围越广，这个轴线就越是接近经济发展的轴线，就越是同后者平行而进。"②

在 1895 年恩格斯又以对剩余价值的分析为例指出："从马克思的观点看，迄今为止的整个历史进程，就重大事件来说，都是不知不觉地完成的，就是说，这些事件及其所引起的后果都是不以人的意志为转移的。要么历史事件的参与者所希望的完全不是已成之事，要么这已成之事又引起完全不同的未曾预见到的后果。用之于经济方面就是：单个资本家

① 《马克思恩格斯文集》第 4 卷，第 304 页。
② 《马克思恩格斯文集》第 10 卷，第 669 页。

都各自追求更大的利润。资产阶级经济学发现，每一单个资本家这种对更大的利润的追求，产生一般的、相同的利润率，差不多人人相同的利润率。但是，不论资本家还是资产阶级经济学家都没有意识到：这种追求的真正目的是全部剩余价值按同等的比例分配给总资本。"① 这对于研究者把握资本主义社会运行规律具有重大的指导意义。

正是由于历史向世界历史的转变，才能为研究人类社会发展规律提供充分的全球视野。而使人们了解人类社会发展的客观规律，则应当是一部真正的世界历史著作的目标和作用。

（六）在世界历史研究中正确运用马克思"世界历史"理论

马克思"世界历史"理论是对整个人类历史一般规律的理论阐述，是经典作家在实证研究基础上的科学抽象。其活力来源于具体的历史研究，其发展亦是如此。离开了人类丰富多彩的现实生活和历史研究本身，便是将马克思"世界历史"理论推向其反面，使之变成僵化的教条。这是我们在世界史研究和编撰中必须要注意的问题。

关于这一点，恩格斯在 1859 年指出："即使只是在一个单独的历史事例上发展唯物主义的观点，也是一项要求多年冷静钻研的科学工作，因为很明显，在这里只说空话是无济于事的，只有靠大量的、批判地审查过的、充分地掌握了的历史资料，才能解决这样的任务。二月革命把我们党推上了政治舞台，因此使它不可能进行纯科学的探讨。虽然如此，这个基本观点却像一根红线贯穿着党的一切文献。在所有这些文献中，每个场合都证明，每次行动怎样从直接的物质动因产生，而不是从伴随着物质动因的词句产生，相反地，政治词句和法律词句正像政治行动及其结果一样，倒是从物质动因产生的。"②

恩格斯在 1886 年还指出，"我们对未来非资本主义社会区别于现代

---

① 《马克思恩格斯文集》第 10 卷，第 691 页。
② 《马克思恩格斯文集》第 2 卷，第 598 页。

社会的特征的看法，是从历史事实和发展过程中得出的确切结论；不结合这些事实和过程去加以阐明，就没有任何理论价值和实际价值"。① 理论研究特别是历史理论研究从来不是容易的事情。在历史、现实与未来的辩证关系中才能更好地认识世界。

恩格斯针对当时德国一部分学者在研究中套用唯物史观的情况分析指出："对德国的许多青年著作家来说，'唯物主义'这个词大体上只是一个套语，他们把这个套语当做标签贴到各种事物上去，再不作进一步的研究，就是说，他们一把这个标签贴上去，就以为问题已经解决了。但是我们的历史观首先是进行研究工作的指南，并不是按照黑格尔学派的方式构造体系的杠杆。必须重新研究全部历史，必须详细研究各种社会形态的存在条件，然后设法从这些条件中找出相应的政治、私法、美学、哲学、宗教等等的观点。在这方面，到现在为止只做了很少的一点工作，因为只有很少的人认真地这样做过。在这方面，我们需要人们出大力，这个领域无限广阔，谁肯认真地工作，谁就能做出许多成绩，就能超群出众。但是，许许多多年轻的德国人却不是这样，他们只是用历史唯物主义的套语（一切都可能被变成套语）来把自己的相当贫乏的历史知识（经济史还处在襁褓之中呢！）尽速构成体系，于是就自以为非常了不起了。"②

因此，恩格斯一再强调要科学运用唯物史观基本原理的研究态度。例如，恩格斯在 1876 年指出："在思维的领域中我们也不能避免矛盾，例如，人的内部无限的认识能力和这种认识能力仅仅在外部受限制的而且认识上也受限制的各个人身上的实际存在这二者之间的矛盾，是在至少对我们来说实际上是无穷无尽的、连绵不断的世代中解决的，是在无穷无尽的前进运动中解决的。"③ 1886 年他指出，"我们的理论不是教条，

① 《马克思恩格斯文集》第 10 卷，第 548 页。
② 《马克思恩格斯文集》第 10 卷，第 587 页。
③ 《马克思恩格斯文集》第 9 卷，第 127~128 页。

而是对包含着一连串互相衔接的阶段的发展过程的阐明";① 1887 年又指出，"我们的理论是发展着的理论，而不是必须背得烂熟并机械地加以重复的教条";② 1890 年指出，"如果不把唯物主义方法当做研究历史的指南，而把它当做现成的公式，按照它来剪裁各种历史事实，那它就会转变为自己的对立物";③ 1895 年指出，"马克思的整个世界观不是教义，而是方法。它提供的不是现成的教条，而是进一步研究的出发点和供这种研究使用的方法";④ 等等。前辈伟人的理论自觉和谆谆提点，可贵可亲，催人自省。

三 马克思"世界历史"理论的当代意义

如何认识和把握今天我们置身其中的经济全球化迅猛发展的变动世界，是包括历史学在内的哲学社会科学各个学科所面临的一个重大问题。从经济学角度而言，经济全球化的含义主要指生产要素的跨国界流动、跨国商品与服务贸易的增加、资本流动的规模和形式的增多、技术的迅速广泛的传播、各国经济的相互依赖日益增强。简单地说，经济全球化主要表现为生产、投资、贸易、金融等方面的全球化。在当代世界，所谓"经济全球化"，不仅成为一种流行符号，而且已经成为学术研究的知识背景或者经验前提。研究者往往从经济、文化、历史、技术、政治、全球性问题等诸多角度出发提出各自的观点。

20 世纪中期以后，特别是 90 年代以来向纵深发展的信息革命，强有力地推动了经济全球化的发展。在经济全球化进程中，随着资本的全球流动和跨国公司的全球扩张，各国在经济、生态、环境、信息、科技等领域的相互依存程度日益加深。同时，以美国为首的西方发达国家凭借自身在经济格局、国际政治中的优势地位，在极力维护自身主权和利

① 《马克思恩格斯文集》第 10 卷，第 560 页。
② 《马克思恩格斯文集》第 10 卷，第 562 页。
③ 《马克思恩格斯文集》第 10 卷，第 583 页。
④ 《马克思恩格斯文集》第 10 卷，第 691 页。

益的同时，借民主、自由和人权之名，对广大发展中国家行野蛮掠夺和残酷剥削之实，输出西方发达国家的价值标准和思想观念，甚至公开践踏国际法，粗暴干涉发展中国家内政。资本追逐利润的本质，资本主义无限扩张的生产方式和消费方式，使得当今世界面临着贫富两极分化、环境污染、生态破坏、动荡冲突甚至局部战争的各种难题，各种全球社会问题日益突出。

不管怎样，未来源于现在，取决于我们每一个人的作为。《周易·系辞上传》有言："动静有常，刚柔断矣。方以类聚，物以群分，吉凶生矣。在天成象，在地成形，变化见矣。是故刚柔相摩，八卦相荡，鼓之以雷霆，润之以风雨。"此语正可注解我们所面对的纷繁世事。当今世界，西方国家的现代化理论和发展理论在解读现实的时候日益乏力。频繁的金融危机更暴露出资本主义的制度性危机。中国人民探索出的中国道路开辟了一种新的社会主义发展模式，使世界历史的内涵更加丰富多彩。

不能充分理解世界历史的演变，自然无法知道当代世界从何而来并走向何处。自马克思之后，资本的全球扩张和经济全球化进程开始呈现出新的特点。不过，资本主义的性质并没有发生根本的变化，而资本主义社会中的内在矛盾也没有根本解决。因此，马克思"世界历史"理论仍然是当代性的，其总体框架是科学的，体现出马克思和恩格斯对历史和人性的深刻洞察。换言之，马克思"世界历史"理论有助于我们更加深入地理解当前以经济全球化的名义所发生的历史和现实，有利于我们对其进行全面的研究和判断。

马克思"世界历史"理论为我们科学考察当代世界提供了一种革命性的思维方式。世界历史形成之后，看似孤立的各个局部事件实际上都具有世界历史（整体）的意义，相应地，研究者必须具有世界历史的眼光，才能从探索中获得符合实际情况的正确解答。在经济全球化迅猛发展的今天，这种思维方式对我们理解当今的变动世界尤为重要。

马克思"世界历史"理论能引导我们正确认识经济全球化进程的主

导力量，深入理解其性质和本质。人类历史从民族的历史转变为世界的历史，实际上是开始了经济全球化的进程。这种转变的实现或者说经济全球化进程的动因，就是人类社会生产力的发展。这个过程是由生产力发展决定的一个客观历史进程，也就是说，经济全球化首先是一个客观的物质过程，生产力的发展是经济全球化的主导力量。经济全球化进程就是在生产力发展和科学技术不断进步的前提下，世界各国在经济、文化、政治、生态等各方面联系日益紧密的国际化过程，换言之，经济全球化就是马克思阐述的客观的世界历史进程。

马克思"世界历史"理论能引导我们正确认识资本主义在经济全球化中的地位和作用，有助于我们把握经济全球化发展的趋势并采取相应的措施。当代世界中资本的全球流动和跨国公司的全球扩张都是经济全球化的内容，而这些是资本主义合乎逻辑的发展结果。资本的全球扩张推动了资本主义世界市场的形成，使世界经济成为一个整体。但是，资本主义不是世界历史的终结，在世界历史的背景下，社会生产力和世界交往的普遍发展的结果就是实现共产主义。经济全球化的发展将为人的自由发展和共产主义的实现提供物质条件。在经济全球化过程中，社会主义将与资本主义长期并存，社会主义国家只有抓住经济全球化的契机大力发展社会生产力，才能逐渐改变发达资本主义国家主导世界经济和世界市场的局面，使共产主义早日实现。

从根本上说，马克思"世界历史"理论是一种革命性的思维方式和科学的世界观念，它具体阐发了唯物史观的基本原理。唯物史观是关于人类社会发展规律的科学，是科学的社会历史观和一般方法论。作为唯物史观的有机组成部分，马克思"世界历史"理论从历史向世界历史的转变这个命题入手，阐明了人类社会的发展规律和共产主义的实现途径。马克思曾经指出，"哲学家们只是用不同的方式解释世界，问题在于改变世界"。[①] 马克思"世界历史"理论的当代意义正蕴涵在理论与实践的

---

① 《马克思恩格斯选集》第1卷，第57页。

契合之中。它为我们深入理解人类历史和改造世界提供了科学的理论与方法论支持，因此在当代世界具有重大的理论价值和不容低估的实践意义。

更重要的是，马克思主义是开放的体系，具有与时俱进的理论品质，它并不认为世界上存在任何终极状态和终极真理。着眼于新的变化和新的实践不断发展和完善自身的理论，是马克思主义理论价值的基础和源泉。也就是说，对于今天我们在世界历史研究和编撰过程中遇到的各种具体问题，试图从马克思"世界历史"理论中寻求具体而微的细节答案是不可行的，只有在深入理解其理论精髓的基础上，并从其基本立场和观点出发，才能做出正确的理解和评判。

第二节　马克思"世界历史"理论对西方全球史的影响

霍布斯鲍姆曾经指出：马克思思想的普遍性并非在于传统意义上的跨学科性，而是力图对所有学科进行整合；在马克思之前的哲学家们按照人的总体性思考了人，但他是第一个把世界作为政治、经济、科学和哲学的整体来理解的人。[①] 马克思"世界历史"理论正是这种思想普遍性的结晶。马克思"世界历史"理论的突出特点正是对世界历史演变动力的探讨，并形成一个从生产和交往两个角度互相支撑的内在体系。

正如马克思在 1858 年所言："现代历史著述方面的一切真正进步，都是当历史学家从政治形式的外表深入到社会生活的深处时才取得的。"[②] 他实际上强调的是对历史发展动力的研究将推动历史叙事的发展。20 世纪尤其是 20 世纪中期以来，这一理论框架在西方哲学社会科学领域被广泛借鉴。在历史学领域，我们可以看到，西方著名的世界史

---

① 〔英〕埃里克·霍布斯鲍姆：《如何改变世界：马克思和马克思主义的传奇》，吕增奎译，中央编译出版社，2014，第 11 页。

② 《马克思恩格斯全集》第 12 卷，人民出版社，1962，第 450 页。

著作几乎都受到其不同程度的影响。约翰·布罗指出，"刺激全球观点的来源之一是马克思主义，马克思主义从一开始就将资本主义视为一股国际力量与现代世界史的发动机"。①

作为"当今世界影响最大的史学流派之一"②的法国年鉴学派，其史学理论和方法的基础是由创始人吕西安·费弗尔（1878~1956）和马克·布洛赫（1886~1944）奠定的，而费弗尔和布洛赫在一定程度上受到马克思主义的影响，③怀有"创建打破不同人文学科界限的全面历史学的抱负"，④主张"唯有总体的历史，才是真历史"，"史学的主题就是人类本身及其行为，历史研究的最终目的显然在于增进人类的利益"。⑤年鉴学派第二代核心人物费尔南·布罗代尔（1902~1985），则将总体史的观念落实在他1949年出版的两卷本《地中海与菲利普二世时代的地中海世界》、1963年出版的《文明史》、1979年出版的三卷本《15至18世纪的物质文明、经济与资本主义》等作品中。在《地中海与菲利普二世时代的地中海世界》中，布罗代尔"为了阐明地中海1550年至1600年这短短一瞬间的生活"，提出"漫长的16世纪"（long 16th century）这样一个时间单位，即"1450年和1650年之间的这些热火朝天的年代"，以便对16世纪的地中海进行总量分析，"确定其大量的经济活动之间的基本关系"。⑥在晚期的著作中，"布罗代尔对马克思的提及越来越多于对法

---

① 〔英〕约翰·布罗：《历史的历史：从远古到20世纪的历史书写》，黄煜文译，广西师范大学出版社，2012，第481页。

② 〔法〕费尔南·布罗代尔：《地中海与菲利普二世时代的地中海世界》第1卷，唐家龙等译，吴模信校，商务印书馆，2013，"出版说明"，第1页。

③ 张芝联：《费尔南·布罗代尔的史学方法》，《历史研究》1986年第2期。

④ 〔法〕费尔南·布罗代尔：《地中海与菲利普二世时代的地中海世界》第1卷，"中译本序"（布罗代尔夫人作），第7页。

⑤ 〔法〕马克·布洛赫：《为历史学辩护》，张和声、程郁译，中国人民大学出版社，2006，第7、40页。

⑥ 〔法〕费尔南·布罗代尔：《地中海与菲利普二世时代的地中海世界》第1卷，第19、607页；《地中海与菲利普二世时代的地中海世界》第2卷，吴模信译，商务印书馆，2013，第404页。Fernand Braudel, " Qu'est-ce que le XVIe Siècle?", *Annales*, *Histoire*, *Sciences Sociales*, 8e Année, No.1, 1953, pp.69-73.

国或外国其他任何作家的提及。这位著名的历史学家不是马克思主义者，但关于资本主义的主要著作不可能不提到马克思"。① 布罗代尔在方法论上的创见，是用地理时间、社会时间和个人时间即长时段、中时段和短时段的划分把复杂的历史现象区分为三个层次，努力以此展现出连续性的、全面的历史。他在 1963 年指出：这些阐述在纵的方向从一个时间"台阶"到另一个时间"台阶"，在每一级"台阶"上也有横向联系和相互关系。② 显然，他在强调自己对历史发展纵向联系与横向联系的重视。

在西方史学界，堪称誉满全球的最为著名的两位马克思主义史学家，毫无疑问是艾瑞克·霍布斯鲍姆和伊曼纽尔·沃勒斯坦。霍布斯鲍姆（1917~2012）见证了马克思主义理论与资本主义在 20 世纪的演变，撰有著名的"年代（Age）四部曲"，被视作"所有英语世界印刷的历史书中，最有力和连贯的"世界史杰作。③ 其中，1962 年出版的《革命的年代：1789—1848》、1975 年出版的《资本的年代：1848—1875》、1987 年出版的《帝国的年代：1875—1914》构成了霍布斯鲍姆的"漫长的 19世纪"（1789—1914）三部曲。第四部则是 1994 年出版的描述"短促的20 世纪"的《极端的年代：1914—1991》。此外，他还撰有《断裂的年代：20 世纪的文化与社会》（原作名：Fractured Times），对 20 世纪的文化与社会进行了分析。霍布斯鲍姆的"漫长的 19 世纪"和"短促的 20世纪"，显然受到了布罗代尔"漫长的 16 世纪"的影响，其意在对 19世纪的世界历史进行总体考察。年代系列的著述目的，就是"要了解和解释 19 世纪及其在历史上的地位，了解和解释一个处于革命性转型过程中的世界，在过去的土壤上追溯我们现代的根源"。④ 霍布斯鲍姆用以组

① 〔英〕埃里克·霍布斯鲍姆：《如何改变世界：马克思和马克思主义的传奇》，第 347 页。
② 〔法〕费尔南·布罗代尔：《地中海与菲利普二世时代的地中海世界》第 1 卷，"第二版序言"，第 15~16 页。
③ 〔英〕C. A. 贝利：《现代世界的诞生：1780—1914》，第 5~6 页。
④ 〔英〕艾瑞克·霍布斯鲍姆：《帝国的年代：1875—1914》，贾士蘅译，中信出版社，2014，"序言"，第 IX 页。

织 19 世纪的主题，"是自由主义资产阶级特有的资本主义的胜利和转型"。① 他认为，1789 年的世界是一个乡村世界，但是法国大革命和同期发生的（英国）工业革命，即"双元革命"，使得 1789 年后的世界发生巨大变革；许多非欧洲的国家和文明在 18 世纪后期仍然与欧洲国家保持平等地位，双元革命促使欧洲扩张霸权，同时也为非欧洲国家的反击提供了条件。② 霍布斯鲍姆深谙马克思主义的方法论精髓，这一点在年代系列中表现得非常充分。他虽然从纵向上把 19 世纪划分为三个时段，但是始终把历史看作一个整体，而不是国别史、政治史、经济史和文化史等专门领域的集合，始终用理论来统领对同一个研究主题的分章叙述。

沃勒斯坦（1930~2019）于 1974 年出版了多卷本《现代世界体系》的第一卷《16 世纪的资本主义农业与欧洲世界经济体的起源》。该书的核心是讲述现代世界体系即资本主义世界经济体的起源与历史发展。沃勒斯坦认为，世界体系是一种社会体系，具有范围、结构、成员集团、规则与凝聚力，其内部冲突的各种力量构成整个体系的生命力；现代世界体系发端于西欧，并逐渐扩展到世界其他地区，最后覆盖全球；欧洲并不是当时唯一的世界经济体，不过只有欧洲走上资本主义道路并超越其他世界经济体；世界经济体在空间层面可以划分为半边缘、中心与边缘地区，现代世界经济体是一个资本主义世界经济体。沃勒斯坦也采用了源自布罗代尔的"漫长的 16 世纪"这一时间单位，说明资本主义世界经济体形成于"延长的 16 世纪"（使用的是同一个单词 long，中译本翻译不同），即 1450—1640 年，并自那时以来从地域上向世界扩展。③《现代世界体系》的第二卷出版于 1980 年，第三卷出版于 1989 年，第四

---

① 〔英〕艾瑞克·霍布斯鲍姆：《帝国的年代：1875—1914》，第 10 页。
② 〔英〕艾瑞克·霍布斯鲍姆：《革命的年代：1789—1848》，王章辉等译，中信出版社，2014，第 14、31~32 页，"序言"，第 Ⅸ 页。
③ 〔美〕伊曼纽尔·沃勒斯坦：《现代世界体系》第 1 卷，尤来寅等译，罗荣渠审校，高等教育出版社，1998，第 80 页；《现代世界体系》第 2 卷，吕丹等译，庞卓恒主译兼总审校，高等教育出版社，1998，第 6 页。

卷出版于 2011 年。第四卷是《中庸的自由主义的胜利：1789—1914》，从时段上看与霍布斯鲍姆的界定相同，同样要讲述"延长的 19 世纪"的历史，即中庸的自由主义"驯服"保守主义与激进主义、在 19 世纪取得胜利的历史。他认为现代性开始于延长的 19 世纪，并延续到 20 世纪。① 沃勒斯坦还提出了"延长的 20 世纪"② 的时间单位，以便从联系和辩证的角度审视 19 世纪和 20 世纪的世界史。在这整个历史阐述框架中，沃勒斯坦的分析单位是世界体系，即"唯一的社会系统"，他把主权国家看成是这个社会系统内诸多结构中的一种有组织的结构，把主权国家的变迁作为世界体系演进与相互作用的结果来解释。③ 他"注重在某种抽象的层面上研究世界体系，即描述整个体系结构的演进"。④ 沃勒斯坦指出："我不采用多学科的方法来研究社会体系，而采用一体化学科的研究方法。"⑤ 有学者认为，在沃勒斯坦的分析方法中有三个要素证明是有效的：第一点是从世界体系到私人家庭的研究规模，而非将重点放在民族国家；第二点是持续扩展的资本主义世界经济中边缘地区的外部区域"合并"观念，这种合并过程可描述亦可区分；第三点是半边缘这个术语，意味着经济中心与边缘地区之间的可变的第三种位置。⑥

实际上，"漫长的 16 世纪"对应的是对近代早期全球状况的分析，正如马克思所说，"资本主义时代是从 16 世纪才开始的"，⑦ "漫长的 19 世纪"对应的则是欧洲由于工业化而与世界其他地区发生力量对比转变的时期，这两个时段的区分意味着对资本主义不同历史阶段意义的判定，和对近代以来复杂的全球演变的重新评估。这两个时间观念与中心区、

---

① 〔美〕伊曼纽尔·沃勒斯坦：《现代世界体系》第 4 卷，吴英译，庞卓恒校，社会科学文献出版社，2013，第 7~8、341 页。

② 〔美〕伊曼纽尔·沃勒斯坦：《现代世界体系》第 4 卷，第 8 页。

③ 〔美〕伊曼纽尔·沃勒斯坦：《现代世界体系》第 1 卷，第 6 页。

④ 〔美〕伊曼纽尔·沃勒斯坦：《现代世界体系》第 1 卷，第 7 页。

⑤ 〔美〕伊曼纽尔·沃勒斯坦：《现代世界体系》第 1 卷，第 11 页。

⑥ Jürgen Osterhammel and Niels P. Petersson, *Globalization: A Short History*, pp. 20-21.

⑦ 《马克思恩格斯文集》第 5 卷，人民出版社，2009，第 823 页。

半边缘、边缘地区等空间观念，在兴起于 20 世纪中期的西方全球史的研究与编撰中深受重视。众多学者从各自的学术背景出发做出相应的分析。① 经典作家和布罗代尔、霍布斯鲍姆、沃勒斯坦等人的观点在其中被作为某种参照系反复讨论。布罗代尔、霍布斯鲍姆、沃勒斯坦的作品也被归入全球史之列。在西方涌现出的众多全球史著作中，C. A. 贝利 2004 年出版的《现代世界的诞生：1780—1914》和于尔根·奥斯特哈梅尔 2009 年出版的《世界的转变：19 世纪全球史》，就是两本探讨"漫长的 19 世纪"的单卷本名著。

英国剑桥大学的 C. A. 贝利（1945~2015）这本《现代世界的诞生：1780—1914》，开宗明义便提出研究的是"19 世纪在国家、宗教、政治意识形态和经济生活方面全球一致性的起源"，认为各个社会之间外在表现的不同在增强，但这些不同越来越趋向于用相同的方式来表达，西方的统治有残酷的一面，但西方的优势只是部分和暂时的。② 贝利在书中首先考察了史学家一直使用的重要概念如现代国家、科学、工业化、自由主义、宗教等等，然后按时间顺序，并从全球联系的角度叙述 1780~1914 年的世界事件，如欧洲的革命、中国的太平天国运动、印度 1857~1859 年的起义、美国内战等等。他认为现代化具有多样性的起源，并非简单地从欧美向其他地区传播，试图为读者呈现一种蕴含着各种联系和进程的 19 世纪世界史，而这一时期可以描述为"现代世界的诞生"。贝利受到了霍布斯鲍姆的年代四部曲的启发，但是不完全同意霍布斯鲍姆对唯物主义力量的强调。他提出，要把"横向史"（即联系史）与"纵向史"（即特殊制度与意识形态发展史）结合起来，"要说明任何

---

① Patrick Manning, "The Problem of Interactions in World History", *The American Historical Review*, Vol. 101, No. 3, 1996, pp. 771-782; Jerry H. Bentley, "Cross-Cultural Interaction and Periodization in World History", *The American Historical Review*, Vol. 101, No. 3, 1996, pp. 749-770; Lloyd Kramer and Sarah Maza, eds., *A Companion to Western Historical Thought*; Stefan Berger, ed., *A Companion to Nineteenth-Century Europe：1789-1914*, Malden, MA: Blackwell Publishing, 2006.

② 〔英〕C. A. 贝利：《现代世界的诞生：1780—1914》，第 1~3 页。

世界史都需要设定政治组织、政治思想与经济活动之间更复杂的互动"，甚至提出"从最广的意义上说，历史的发展似乎由经济变化、意识形态构建和国家机制所构成的复杂的四边形的合力来决定。世界经济一直未简单直接地'先于'意识形态和政治结构而发展"。① 贝利的这些论述从方法论的角度来看，是对马克思"世界历史"理论的直接的借鉴吸收。这与杰弗里·巴勒克拉夫在 1955 年的《变动世界中的历史学》里首倡全球史观，并在 1978 年的《当代史学主要趋势》中的判断可以互为印证。巴勒克拉夫当年便指出：马克思主义作为哲学和总体观从五个主要方面对历史学家的思想产生了影响；在专业历史学家中，当前占绝对优势的趋势是采取比较广泛的唯物主义立场。② 纵观 20 世纪中期以来西方全球史的发展历程，便知此言非虚。贝利的创见在于，他"把 19 世纪的世界作为一个网络重叠的全球复合体来描写，但同时要承认每个网络固有的实力差别"，所以他明确提出，自己"既反对西方例外论，又反对完全相对论"。③

德国康斯坦茨大学的于尔根·奥斯特哈梅尔（1952~）在《世界的转变：19 世纪全球史》（德文版出版于 2009 年，英文版出版于 2014 年）中，首先声明他的这部同样研究 19 世纪的著作并非要反贝利，而是提供一种志趣相投的选择。奥斯特哈梅尔的著作在时间年代上比贝利的设定更开放，书名中没有标注具体年限，正文中列有专章讨论分期和时间结构，内容则视行文需要追溯到 1780 年之前或延伸到当代，以便使 19 世

---

① 〔英〕C. A. 贝利：《现代世界的诞生：1780—1914》，第 4、6、8 页。
② 这五个方面如下：第一，它既反映又促进了历史学研究方向的转变，从描述孤立的、主要是政治的事件转向对社会和经济的复杂而长期的过程的研究；第二，马克思主义使历史学家认识到需要研究人们生活的物质条件，把工业关系当作整体的而不是孤立的现象，并在这个背景下研究技术和经济发展的历史；第三，马克思促进了对人民群众历史作用的研究，尤其是他们在社会和政治动荡时期的作用；第四，马克思的社会阶级结构观念以及他对阶级斗争的研究不仅对历史产生了广泛的影响，而且特别引起了对研究西方早期资产阶级社会中阶级形成过程的注意，也引起了对研究其他社会制度（尤其是奴隶制社会、农奴制社会和封建制社会）中出现类似过程的注意；第五，马克思主义重新唤起了对历史研究的理论前提的兴趣以及对整个历史学理论的兴趣。参见〔英〕杰弗里·巴勒克拉夫《当代史学主要趋势》，杨豫译，北京大学出版社，2006，第 21~22、200 页。
③ 〔英〕C. A. 贝利：《现代世界的诞生：1780—1914》，第 527、520 页。

纪的意义在更长的时间内显示出来，更清楚地探讨某些过程或事件的意义。① 两书的重点设置也有所差异，因为贝利的学术背景起于印度史，而奥斯特哈梅尔则起于中国史；贝利特别感兴趣的主题包括民族主义、宗教、生活习惯，奥斯特哈梅尔更加关注迁移、经济、环境、国际政治和科学。② 《世界的转变：19 世纪全球史》在内容上分成三个部分，第一部分"方法"有三章，分别是"记忆与自我观察：19 世纪的持续存在""时间：19 世纪是何时？""空间：19 世纪在哪里？"，说明了该书预设或通用的分析工具；第二部分"概论"有八章，对移动社区、生活水平、城市、边疆、帝国和国家、权力系统、革命和国家变化意义等领域展开全景概述；第三部分"主题"研究有七章，是对不相关联的各种主题如能源与工业、劳动力、网络、等级结构、知识、文明、宗教的更加具体的讨论；从全景概述到主题研究，体现出该书在布局上从综合到分析的转换。③ 奥斯特哈梅尔分析了贝利和自己的全球史叙事策略。他把贝利的叙事方法描述为一种意在去中心的空间发散方法，研究者进入同时性和横截面的历史细节之中，寻找类比分析，进行比较，搜寻出史实中隐藏的相互依存，相应地在年代学上会有意表现得开放和模糊，叙事过程也不会明确地从时间顺序上组织起来；而且，专心于个体现象，并从全球视野中去审视这些现象。④ 他认为贝利这种横向的、由空间确定的历史编纂学与霍布斯鲍姆那种更加强调纵向的、时间性的历史编纂学之间的关系似乎显示出一种不可避免的模糊性，将两者融合起来的尝试没有获得完全的和谐，因此他怀疑用历史学家的认知工具能否在单一模式中

① Jürgen Osterhammel, *The Transformation of the World*: *A Global History of the Nineteenth Century*, Princeton and Oxford: Princeton University Press, 2014, "Introduction to the First German Edition", p. xviii.

② Jürgen Osterhammel, *The Transformation of the World*: *A Global History of the Nineteenth Century*, "Introduction to the First German Edition", p. xvii.

③ Jürgen Osterhammel, *The Transformation of the World*: *A Global History of the Nineteenth Century*, "Introduction to the First German Edition", pp. xxi-xxii.

④ Jürgen Osterhammel, *The Transformation of the World*: *A Global History of the Nineteenth Century*, "Introduction to the First German Edition", p. xviii.

反映出一个时代的动态。① 奥斯特哈梅尔倾向于贝利的方法，但他认为自己走得更远，也可能比贝利更多一点以欧洲为中心，更明确地把 19 世纪看作"欧洲的世纪"。② 对此他解释道：世界史的目的是超越"欧洲中心论"和所有其他形式的天真的文化自我参照，要避免一位全知的叙述者或者一种"全球的"观察点的虚幻中立性，自觉地运用考察方法的相对性；这意味着不能忘记谁来为谁写史，一位欧洲的（德国的）作者为欧洲的（德国的）读者写史这个事实，不可能不在文本中留下印记，尽管蕴含着全球的意图；而且，期待、先验知识和文化假设从来没有立场中立，这种相对性导致了认知的核心不能脱离历史事实中的中心/边缘结构。③ 所以，奥斯特哈梅尔采用了布罗代尔的叙事比喻，"历史学家首先推开了他最熟悉的那扇门，但是如果他寻求尽可能地远望，就必然会发现自己在敲另一扇门，然后又一扇门"。④

　　前述学者的史学实践与彼此之间的相互影响，共同构成了西方全球史发展的重要成就，同时也展现了西方世界史发展的过程和脉络。例如，霍布斯鲍姆与布罗代尔私交颇笃，称布罗代尔是"一位和蔼可亲、纡尊降贵的师父，而这种角色正是我仰慕他和喜欢他之处"。⑤ 霍布斯鲍姆作为主要奠基人的著名左派杂志《过去与现在》，在创刊号中"开宗明义就感谢《年鉴》所带来的启发"。⑥ 他们的作品无疑从广度和深度两方面拓展了西方世界史研究的层次和范围，使人类生活复杂的众多面相获得

① Jürgen Osterhammel, *The Transformation of the World*: *A Global History of the Nineteenth Century*, "Introduction to the First German Edition", p. xix.

② Jürgen Osterhammel, *The Transformation of the World*: *A Global History of the Nineteenth Century*, "Introduction to the First German Edition", p. xvii.

③ Jürgen Osterhammel, *The Transformation of the World*: *A Global History of the Nineteenth Century*, "Introduction to the First German Edition", p. xx.

④ Jürgen Osterhammel, *The Transformation of the World*: *A Global History of the Nineteenth Century*, "Introduction to the First German Edition", pp. xix-xx.

⑤ 〔英〕艾瑞克·霍布斯鲍姆：《趣味横生的时光：我的 20 世纪人生》，周全译，中信出版社，2010，第 388 页。

⑥ 〔英〕艾瑞克·霍布斯鲍姆：《趣味横生的时光：我的 20 世纪人生》，第 347 页。

了更加鲜明的立体呈现。同时，这也证明了马克思"世界历史"理论这个框架的内在包容性与理论解释能力。人类交往史中丰富多彩的社会实践的重要性在全球史中获得了体现。不过，西方全球史虽然与西方学术界把实践精神化的传统路径有所区别，与马克思主义世界历史理论的实践维度有所接近，但其实际上就此止步于描述跨文化互动的各种历史现象，而没有进一步以人类交往史为基础来探索社会历史规律。

第九章　中国的通史传统与世界史编撰

兼收并蓄历来是中国文化的特色之一，保持这种文化上的开放理念在经济全球化不断发展的当代世界尤显重要。中国的世界史研究尤其是世界通史编撰要在新的时代条件下获得更大的发展，应当在唯物史观的理论指导下，广泛吸收包括西方全球史研究在内的各国史学界的一切优秀成果，将之与中国史学研究实践相结合，并对马克思"世界历史"理论和包括通史传统在内的中国史学优秀传统进行深入挖掘和发扬，不断拓宽研究领域，不断加大研究力度，使中国的世界历史学具有坚实的理论与现实基础，彰显出中国世界史理论研究的民族品牌和民族特色，从而进一步推动中国世界史研究理论体系的建设，为中国历史学和中国民族文化的发展开辟更加广阔的世界舞台，使世界对中国人的历史和现实有更加深入的了解和认同，更好地塑造和树立中国的国际形象。在此意义上，从发扬中国通史传统入手，显然将是进一步连通中国全球史与西方全球史、打通中国史与世界史之间学科界限的良好路径。

第一节　中国的通史传统

在当代中国，全球化时代的发展已经向世界历史学提出新的要求和挑战，这就是尽快构建有中国特色的历史认识和阐释体系，向世界阐明我们对人类发展和世界演变的观点和看法。实际上，欲面向世界，须立足自身；欲面向未来，须立足历史和现实。为了实现这一目标，在世界史研究和编撰过程中继承和发扬中国传统史学中的精华成分，应当而且必须受到研究者的充分重视。事实上，中国传统史学中蕴含着丰富的理论宝藏，其中，通史传统就是中国历史编撰领域重要的理论资产之一。笔者认为，在世界史研究和编撰过程中，应当通过对通史传统的深入挖掘和不断发扬，赋予当代中国世界史研究理论体系鲜明的民族特色，并进一步推进马克思"世界历史"理论、中国史学优秀传统和当代中国世界史研究的融会贯通。

中国的史学发展源远流长。梁启超在《中国历史研究法》中认为：中国于各种学问中，惟史学为最发达；史学在世界各国中，惟中国为最发达（二百年前，可云如此）。① 朱本源也指出，中国传统史学（指西方史学传入中国以前的史学）不仅在历史编撰方面为任何民族所不及，而且在历史理论方面也有可以媲美西方近代历史思维之处，并非如巴特费尔德所武断的那样（英国历史学家巴特费尔德认为：古代中国在科学和工艺方面以及历史编撰方面都是卓有成效的；但是，并未取得任何可以媲美西方 17 世纪科学革命和 18 世纪后期到 19 世纪前期历史运动的成就。他还认为，没有其他文明曾以 1450 年到 1850 年间西欧那种方式历史地思维着）。② 可以说，数千年来，中国传统史学积累了丰富的理论资源，反映了中国人在历史学方面高度的理论思维。

通史是指连贯叙述各时代历史的史书。中国的通史传统是指在长期、丰富的通史编撰实践中，中国历史学家逐渐形成的以通古今之变为核心的历史认识理论和通史编撰思想。中国的通史传统由来已久。刘家和曾经指出，中国的通史传统来自先秦诸子的富有历史倾向的思想，《尚书·周书》是中国史学通史传统的源头，因为它既是原始的历史，又是反省的历史；而且在反省中不仅看到了常，同时还看到了变。③ 在战国

---

① 梁启超：《中国历史研究法》，上海古籍出版社，1998，第 10 页。
② 朱本源：《"〈诗〉亡然后〈春秋〉作"论》，《史学理论研究》1992 年第 2 期。
③ 刘家和：《论通史》，《史学史研究》2002 年第 4 期。

时期的《竹书纪年》和《世本》之后，西汉时期司马迁撰著纪传体《史记》，成为中国古代通史编撰的开山之作，同时也树立了中国通史编撰领域的丰碑。司马迁正式提出其撰著宗旨在于究天人之际，通古今之变，成一家之言，自此通古今之变成为中国通史编撰的核心理念。魏晋南北朝时期，梁武帝敕命编写《通史》，"通史"即从此得名。盛唐以降，通史编撰和著述不断发展，涌现出一大批影响深远的通史作品，如杜佑的《通典》、司马光的《资治通鉴》、郑樵的《通志》、袁枢的《通鉴纪事本末》、朱熹的《通鉴纲目》、马端临的《文献通考》等等。其中，《通典》为典制体通史、《资治通鉴》为编年体通史、《通志》为纪传体通史、《通鉴纪事本末》为纪事本末体通史、《通鉴纲目》为纲目体通史、《文献通考》则为文献专史体通史。这表明中国的通史编撰体例灵活多样，其着重点在于时间上的贯通。贯通的时间成为通史体例的首要特征。明清以后，出现了《历代通鉴纂要》等通俗性通史作品。中国古代历史学中这一编撰通史的传统，被清代的章学诚称为"通史家风"。[①]

历代史学家在编撰通史的实践中，不断丰富和发展对"通古今之变"的通史理论的认识和理解。司马光在《资治通鉴·进书表》中表明，《资治通鉴》的宗旨就在于"监前世之兴衰，考当今之得失，嘉善矜恶，取是舍非，足以懋稽古之盛德，跻无前之至治"。[②] 郑樵在《通志·总序》中倡导会通之义，认为"百川异趋，必会于海，然后九州无浸淫之患。万国殊途，必通诸夏，然后八荒无壅滞之忧"；"会通之义大矣哉"。[③] 这表明，中国古代历史学家已经超越了单纯通过编撰通史来借鉴历史经验和教训的阶段，上升到通过编撰通史来探索中国历史发展规律的阶段。后世史学家认为，"吾国史家之见及通史一体者，当仍首推刘知几为树之风声，至郑樵而旗帜鲜明，而章学诚为最能发扬光大。……章氏发挥通史之意义，辨别通史之利弊，以及叙述通史编纂之沿革，诚可谓详尽无遗，首

---

① 　章学诚：《文史通义新编新注》，仓修良编注，浙江古籍出版社，2005，第249页。
② 　司马光编撰《资治通鉴》第18册，中华书局，2009，第12510页。
③ 　郑樵编撰《通志》第1册，中华书局，1987，志一。

尾完具"。① 章学诚指出，"梁武帝以迁、固而下断代为书，于是上起三皇，下讫梁代，撰为《通史》一编，欲以包罗众史。史籍标通，此滥觞也。嗣是而后，源流渐别"。② 他认为，通史有六便二长三弊，"其便有六：一曰免重复，二曰均类例，三曰便铨配，四曰平是非，五曰去抵牾，六曰详邻事。其长有二：一曰具翦裁，二曰立家法。其弊有三：一曰无短长，二曰仍原题，三曰忘标目"。③ 何炳松认为，章学诚对通史六便二长三弊的总结，"凡此虽仅就吾国旧史而言，然即通诸现代西洋之所谓通史，亦可当至理名言之评语而无愧色矣"。④ 章学诚还指出，"所以通古今之变而成一家之言者，必有详人之所略，异人之所同，重人之所轻，而忽人之所谨，绳墨之所不可得而拘，类例之所不可得而泥，而后微茫秒忽之际有以独断于一心。及其书之成也，自然可以参天地而质鬼神，契前修而俟后圣，此家学之所以可贵也"。⑤ 这是对中国通史家风的高度评价。

第二节 "通史家风"的不断发扬

19 世纪中期以来，在波澜壮阔的社会变革大潮中，中国历史学的"通史家风"不断得到发扬。随着进化论、进化史观的广泛传播，20 世纪初，中国史学界出现了用进化史观指导编撰新型中国通史的热潮。有学者认为，20 世纪初的中国通史编撰，是进化史观传入后中国史学所产生的最丰硕的成果，应该是符合实际的。⑥ 从章太炎、梁启超到夏曾佑、刘师培、钱穆、张荫麟等人，都以进化史观来进行通史研究或编撰。随

---

① 何炳松：《通史新义》，广西师范大学出版社，2005，"自序"，第 4 页。
② 章学诚：《文史通义新编新注》，第 237 页。
③ 章学诚：《文史通义新编新注》，第 238~239 页。
④ 何炳松：《通史新义》，"自序"，第 5 页。
⑤ 章学诚：《文史通义新编新注》，第 252 页。
⑥ 赵梅春：《二十世纪中国通史编纂研究》，中国社会科学出版社，2007，第 107 页。

着通史编撰实践的发展，历史学家们不断深化对通史编撰理论的探索。例如，何炳松在《通史新义》中对我国传统历史学中的通史编撰进行了总结。他指出：编撰通史绝非易事，"唯是通史性质，经纬纵横；编纂之功，初无规矩。所谓心知其意传诸其人者是矣。纪昀在《通志》提要中尝谓通史之例，'非学问足以该通，文章足以镕铸，则难以成书。故后有作者，率莫敢措意于斯'。又在史纬提要中亦谓'网罗百代，其事本难。梁武帝作《通史》六百卷，刘知几深以为讥；司马光进《通鉴》表亦称其中牴牾不能自保'。吾国通史一体之曲高和寡，此殆为其最大之原因矣。……至于章学诚通史观念之明确，固远驾西洋史家之上；然亦终以时代关系，未能以切实之方诏示后世"。① 何炳松借鉴了西方史学的思想方法，他对新式通史的观点是：吾人所谓通史者，其特性在于描写具体之真相，叙述社会人群之行为与伟业；故通史之为物无异一切专史之连锁，通史中之事实无异专史中事实之配景；实际上此种共通事象之足以联络或驾驭人类之特殊活动者，皆属影响及于大众及足以变更一般状况之事实。② 这就要求"通史家对于各类事实之关系必须具有明白公正之观念，然后方能权其轻重而综合之，既不可失其相对之重要，亦不引入主观臆测于事实之因果关系中。通史家应用极谨严之方法，将各种结果秉笔直书，且必先将几种已知之演化加以比较，然后再断定各种变动之因果为何"。③

又如，张荫麟在通史编撰中注重研究史实的选择和综合，总结出通史"笔削"的五条标准，这就是新异性的标准、实效性的标准、文化价值的标准、训诲功用的标准、现状渊源的标准。他认为训诲功用的标准应予以放弃。因为学术的分工，历史的训诲功用应由各专史承担，如历史中战事与战术的教训属于军事学的范围。张荫麟指出，训诲功用的标准以外的四条标准皆今后写通史的人应当自觉地、严格地合并采用。虽

① 何炳松：《通史新义》，"自序"，第 7 页。
② 何炳松：《通史新义》，第 84 页。
③ 何炳松：《通史新义》，第 130 页。

然这些标准不是他新创出来的，但将这些标准批判地加以审视，为通史编撰确立了明确的"笔削"原则，却是他的贡献。其目的是使中国通史既要显示出全社会的变化所经诸阶段和每一段之新异的面貌和新异的精神，也能反映人民大众的生活，说明现实社会之由来。许冠三认为，张荫麟的通史取材理论解决了长期以来困惑历代史家的问题，自司马迁倡笔削说以来，困扰中国新旧史家 2000 多年的书事义理问题，至此乃有一个深切而允当的现代解答。①

1917 年俄国十月革命后，马克思主义在中国得到日益广泛的传播。李大钊等人开始用唯物史观认识和分析中国历史，向封建主义史学和当时颇有影响的历史进化论提出了强有力的挑战。马克思主义的史学理论对 20 世纪中国史学的发展，产生了无可替代的重要影响。② 唯物史观是科学的历史观和方法论，是关于人类社会发展一般规律的科学，有效地解决了进化史观不能揭示人类历史和社会演变深层动因的根本问题，从而将中国的通史研究和编撰推进到新的理论高度。在唯物史观的指导下，范文澜、吕振羽、翦伯赞、白寿彝等人在中国通史编撰方面做出了重要的贡献。例如，范文澜把在直通、旁通的基础上达到会通，作为中国通史撰述的任务。这是要求以发展和联系的观点，从纵横两方面对中国历史进程进行整体的、全面的把握，以揭示中国历史发展的规律和趋势。③

有学者统计，从 1900 年章太炎提出撰写新型中国通史著作，到 1999 年白寿彝作为总主编的多卷本《中国通史》的全部完成，百年中，出版了 130 余部中国通史著作。④ 中国史学界在通史编撰方面不断进行新的探索并取得新的进展。多卷本《中国通史》，共 12 卷 22 册 1400 万字，除第一、二卷外，其余各卷都包含序说、综述、典志、传记四部分，记述

①　赵梅春：《二十世纪中国通史编纂研究》，第 38~41 页。
②　于沛：《史学思潮和社会思潮——关于史学社会价值的理论思考》，北京师范大学出版社，2007，第 75 页。
③　赵梅春：《二十世纪中国通史编纂研究》，第 57 页。
④　赵梅春：《建立中国通史编纂学的初步设想》，载瞿林东主编《史学理论与史学史学刊》2007 年卷，社会科学文献出版社，2007，第 31 页。

了从远古时代到 1949 年中华人民共和国成立前的中国历史，被称为 20
世纪中国通史的压轴之作。多卷本《中国通史》是在系统总结中国通史
的理论基础上的创新，它在唯物史观的指导下，以既反映历史的规律性，
又反映历史的丰富性为目标，发展了具有民族特色的新体裁，在某种程
度上，甚至可以说是对司马迁以来中国史学通史撰述传统的总结。①

　　白寿彝总主编的《中国通史》第一卷是导论卷，论述了与中国通史
编撰有关的一些重要的历史理论问题。其中，对统一多民族历史编撰的
核心问题、历史理论和新综合体裁的探索尤其具有重要的学术价值。此
处稍加详述。

　　《中国通史》的导论卷明确提出：中国是一个统一的多民族的国家，
编撰统一多民族的历史，有三个重要的问题需要研究，即疆域问题、历
史时期的划分问题和多民族的统一问题。在历史分期上，该书认为，自
有文字记载以后中原地区进入上古时代，即奴隶制时代；春秋战国是上
古时代向中古时代的过渡，即奴隶制在中原地区向封建制过渡时期；公
元前 221 年秦始皇统一六国，是封建制在全国占支配地位的标志。② 自
1840 年到 1949 年，是中国史上的近代，是由封建时代进入半殖民地半
封建社会时代，也是中国各族人民反对帝国主义、封建主义的时代。
1949 年中华人民共和国成立，中国跨进了社会主义的新时代。③ 而在封
建社会的历史阶段如何划分上，该书认为可以分为四个时期。第一个时
期是秦汉时期，在中原地区是中国封建社会的成长时期；当时的少数民
族还处在前封建社会阶段，作为中国主体民族的汉族，是经过有关部落
和民族的融合而在秦汉时期形成的；泾渭、伊洛平原和黄河下游地区是
当时最富饶的地区。第二个时期是三国两晋南北朝隋唐时期，是中国封
建社会的发展时期；这一时期发生了民族间的长期斗争，发生了民族的

①　赵梅春：《二十世纪中国通史编纂研究》，第 77~81 页。
②　白寿彝总主编《中国通史》第 2 版第 1 卷，上海人民出版社、江西教育出版社，2015，第
　　66 页。
③　白寿彝总主编《中国通史》第 2 版第 1 卷，第 71~73 页。

大规模流动和移居，汉族充实了自己，少数民族提高了生产水平和生活水平，内迁的少数民族跟汉人很难区别；民族重新组合的出现促进了原来地区的封建化过程，这是封建社会发展时期的一个重要特征；长江中下游经济的发展在向黄河流域的富饶地区看齐。第三个时期是五代以后到元末，是中国封建社会的进一步发展时期；广大的边区基本上都进入了封建社会，而汉族与各民族间又经历了一次新的组合，这是封建社会进一步发展时期的重要标志；东南经济的发展超过了北方，长江中下游地区成为全国最富饶的地区。第四个时期是明朝及清朝大部分的年代，是中国封建社会的衰老时期；民族间的关系比前一历史时期要密切，但封建枷锁更加沉重；明初已有的资本主义萌芽虽然有所发展，但没有足够的力量突破已经衰老的封建制度。① 这个从生产方式和社会经济、社会交往状况入手的分期思路展现了历史连续发展和通史书写的基本脉络。

《中国通史》的导论卷对"多民族的统一"的分析也很值得重视。该书指出，在中国历史上，有单一民族内部的统一和多民族的统一，后者又包含区域性的多民族的统一、全国性的多民族的统一和社会主义的全国性的多民族的统一，并做出了具体的史实分析。② 单一民族的内部统一，主要是由氏族、部落或部落联盟发展而来，例如，松赞干布时的吐蕃、阿保机时的契丹、成吉思汗时的蒙古，都有一个统一民族内部的过程，都是由分散的许多部落统一起来，形成较高发展阶段的民族共同体。多民族的统一，当然不限于一个民族，但在多民族中往往要有一个主体民族，例如，战国七雄都是地区性的多民族的统一体；三国时期的魏、蜀、吴也都是地区性的多民族的统一；秦汉、隋唐、元、明、清等时期都形成了以汉族为主体的全国性的多民族的统一。元代的最高统治者是蒙古贵族，清代的最高统治者是满洲贵族，但汉族人民在这两个时

① 白寿彝总主编《中国通史》第 2 版第 1 卷，第 66~71 页。
② 白寿彝总主编《中国通史》第 2 版第 1 卷，第 73 页。

期仍然是社会生产力的主要承担者，元、清的政权实质上也是蒙古贵族、满洲贵族跟汉族地主阶级联合统治的政权。从历史发展的全貌来看，全国性的多民族统一才是主流。社会主义的统一的多民族国家，是历史上统一的多民族国家的继承，而在本质上跟历史上的统一又有区别，即中华人民共和国这个国家是消灭剥削和压迫的社会主义国家，是各族人民当家作主的国家，是只有在中国共产党的领导下才能建立起来的社会主义国家。[1] 这些建立在史实基础上的理论认识，从中华民族形成和不断发展的角度，揭示出通史之通在中国历史上的蕴含与展现。

《中国通史》的导论卷还分析了通史编撰中的历史理论问题。该书认为，作为社会意识形态的构成部分，历史理论提出了两个关于历史的重要问题，即历史的客观性和可知性问题；从中国历史来看，有两个应该在已有成果上继续探索的重要理论问题，一个是关于中国历史发展规律的问题，另一个是关于中国史学发展规律的问题。[2] 从这两个问题出发，会更好地认识中国历史的连续性。该书指出：一个文明在文化史上的连续性必须有以下两个方面的体现，一方面是语言文字发展的连续性，这是一种文化赖以流传的工具或形式的连续性；另一方面是学术传统（其中尤其是直接反映历史连续性的史学传统）的连续性，这是一种文化的精神内容的连续性。[3] 该书认为，中国文明的连续性最明显地表现在以下两点：第一，中国古代的语言文字在发展过程中未曾发生爆发性的断裂现象；第二，中国历史和文化的传统从未中断，历史记录和著作是客观历史发展过程的文字反映，中国文明的连续性在历代的历史记录和历史著作中也有反映。[4] 该书对此分析指出，司马迁的《史记》创为通史，上起黄帝，下迄汉武，尤其反映了中国古代文明的连续性的特点；自《史记》以下，历代均有断代的纪传体正史，它们首尾相衔，形成一

---

① 白寿彝总主编《中国通史》第 2 版第 1 卷，第 73~80 页。

② 白寿彝总主编《中国通史》第 2 版第 1 卷，第 226~236 页。

③ 白寿彝总主编《中国通史》第 2 版第 1 卷，第 286 页。

④ 白寿彝总主编《中国通史》第 2 版第 1 卷，第 289~290 页。

条史的长龙。中国历史著作的可贵之处还不限于时间上的前后衔接，而且中国历代史书从体裁到内容都有内在的发展脉络可寻；中国文明发展的连续性的实质，恰恰在于中国文明所具有的不断的自我更新、自我代谢的能力。① 这个从历史发展过程和历史研究过程双重视角来分析中国通史连续性的思路，对于通史编撰而言具有十分重要的理论价值。

白寿彝总主编的《中国通史》不仅对通史编撰的核心问题和相关历史理论进行了分析，而且对新综合体裁进行了探索，力求能够多体裁配合、多层次地反映历史。该书的思路是以序说开宗明义，以综述阐明历史发展的总向，以典志展开对历史现象的剖视，以传记描绘历史人物群像。具体而言，综述是融合了本纪、编年、纪事本末、章节等体裁的要素，力图抓住每一历史时期的纲，只写对历史全局有影响的大事，其中包括政治、经济、文化、民族、中外关系等方面，重点写的是历史发展的动向。综述的时间观念要鲜明，要注意到历史时期的划分，一个时代内部大小阶段的划分，使其能尽量显示出历史发展的规律性。综述是该书的主干部分，因此，该书将之称为"综述体"。② 典志在综述之后，传记之前，包含如下门类：地理、民族、社会经济、政治制度、军事制度、法律等等，典志的书写内容一般限制在制度性的范围。典志的篇目设立，都是企图从各个社会剖面来反映一个历史时期的特点，都是为体现历史发展的整体服务的。该书认为有两点特别紧要：第一，对于经济、政治制度等内容，不是作为一个制度静体来写，而是作为动的即从历史的运动中来写；第二，不仅要讲一种制度的发展，还应该讲制度跟社会发展的关系。③ 如何编写人物传记，该书也做出了相应的分析：这就是既要在传记中写出历史人物的历史作用，还要写出他们身上所反映的时代特点；要在一定的历史条件下看人物，同时还要从人物身上看时代；写传记不只要熟悉传主所生活的时代历史的全貌，有时还须有通史的见识，

---

① 白寿彝总主编《中国通史》第 2 版第 1 卷，第 290～291 页。
② 白寿彝总主编《中国通史》第 2 版第 1 卷，第 256～258 页。
③ 白寿彝总主编《中国通史》第 2 版第 1 卷，第 258～261 页。

而不能简单地专就某人的事迹写他的传记。① 该书的新综合体裁书写实践是对通史体例的重要探索。

在序说、综述、典志、传记这四种体裁配合的基础上，白寿彝总主编《中国通史》分析了如何在历史书写中落实"通"的要求。该书归纳指出：中国史学上关于"通"的主张可分为两派，分别以司马迁和郑樵为代表。司马迁的贡献在于同时写出了"变"和"通"，他不只是在编撰形式上的通，他是要探索历史发展的道理，并且与历史的未来联系起来。而郑樵所谓的"通"，总是和"会"字并举，称作"会通"，"会"是大量汇集历史文献并加以编排；郑樵的学术兴趣是知识性的，重点在文献学方面，跟司马迁"通古今之变"有很大的区别。《中国通史》意在吸取两派的长处，并在马克思主义的指导下，在搜集丰富的文献资料的基础上，通过对资料的研究上升到理论化的高度，力求全书各部分之间的脉络贯通，要从历史沿革流变之中探索历史的发展规律。② 这些观点对于通史编撰而言，不仅具有学术史上的重要推进意义，而且具有积极的实践意义。

21世纪以来，在新的历史条件下，在与国际史坛的不断交流中，中国史学工作者继续加强对通史传统的理论提升和总结，反映出中国历史学的"通史家风"在新时期的不断发扬和发展。例如，赵梅春提出，有必要系统地总结中国通史编撰的实践与理论，以推动当代中国通史撰述水平和质量的提高，同时促进历史编撰的丰富和发展。③ 刘家和则对通史观念及其理论实质进行了深入的剖析，并对中国的通史传统与西方的普遍史传统进行了比较研究。他指出，通史固然必须以空间为纬，但其重点却在历时性的时间之经；到了司马迁《史记》的出现，中国史学的通史传统，已经不仅在时历古今的体例层面而且在通古今之变的思想层面上

---

① 白寿彝总主编《中国通史》第2版第1卷，第261~264页。

② 白寿彝总主编《中国通史》第2版第1卷，第264~266页。

③ 赵梅春：《建立中国通史编纂学的初步设想》，载瞿林东主编《史学理论与史学史学刊》2007年卷，第31页。

基本确立了；古代希腊罗马人的史学思想是人文主义加实质主义（反历史主义），而古代中国人的史学思想是人文主义加历史主义（反实质主义），这一点也就是西方普遍史传统与中国的通史传统的区别的渊源所在。刘家和还对通史精神进行了深入剖析。他指出，一部史书所述时间长且经历不止一朝一代，严格地说，这只是作为通史的必要条件，还不具备作为通史的充分条件；必须具备通史精神，才能成为通史，通古今之变就是通史的精神；有了一项在时间上有足够长度的历史题材，也有了史家的反省，那仍是以今人思想去反思古代历史，因此写出的只能是黑格尔所说的"反省的历史"，如李维的《罗马史》；为了形成通史，那还需要对反思再反思，用黑格尔的话说，那就是要有"后思"（das Nachdenken）；司马迁经过对古今历史的反复思索，写出了一部纪传体通史《史记》，写出三代时人不同于春秋战国时人，春秋战国时人不同于汉代的人，可是相互间又是可以沟通理解的。这就是古今有变而又相通，使得古代历史具备了直接性与间接性的统一。"通史作为传统，既是中国史学体例的一种表现也是史学精神的一种展现；如果推展而言，这也是中国文明发展的连续性与统一性相互作用的一种在精神上的反映"。①

2018 年面世的《中国大通史》是又一部多卷本大型系列中国通史著作，上限起于史前时期，下限止于民国时期，全书共计 15 卷 25 册 1700多万字，各卷大体以时序衔接，又独立成书；每卷均有综述和治乱兴衰编、经济编、社会结构编、国家控制编、精神文化编、社会生活编共六编。该书重视文化的多重涵义和充分展现，包括注意把握文化精神和生活方式、制度以及各种意识形态等文化具象之间的内在关联，考察中国传统文化成为一种特殊类型的原因及其社会效应和历史影响；该书还考虑展现社会经济结构的长期的、较缓慢的变化，注重中国历史发展的多样性和不平衡性，重视动态的研究和空间的研究，注重反映人民大众的生产、生活史，对占人口大多数的下层人民给予较大的关注；这部《中

① 刘家和：《论通史》，《史学史研究》2002 年第 4 期。

国大通史》是中国学界通史书写实践中的又一个"阶段性产物"。①

　　归纳而言，历史著作在时间上的简单贯通，只是具备了通史体例，并不能使之成为一部真正的通史，只有"通古今之变"，才能成为真正意义上的通史。中国通史传统的核心理念就在于通古今之变。通古今之变实际上包含时间和空间的双重向度，即不仅要在时间纵向上反映人类历史演变的脉络和规律，而且要在空间横向上揭示出各种复杂历史现象的内在联系，最终在此基础上实现内在的会通，清晰深刻地阐释人类丰富多彩的社会生活。换言之，"通古今之变"中的通变思想和会通思想，蕴含着深刻的反思精神，既知古今有变，也知古今有通，是一种科学的思维方式和历史认识论。这对于当代中国世界史研究和编撰具有重大的理论价值和积极的实践意义。

第三节　通史传统对世界史编撰的学术价值

　　从 19 世纪中期中国先进知识分子"睁眼看世界"开始，中国的世界史研究一直与中国社会发展的时代脉搏紧密联系在一起，始终表现出关注现实和求真致用的精神理念。如前所述，以"全球史"之名在西方史学界发生的这种对世界史的新探索和新发展，20 世纪中期以来同样也在中国进行着。例如，周谷城在《世界通史》（1949）中指出，世界通史并非国别史之总和，故叙述时力避分国叙述的倾向，而着重世界各地相互之关联；欧洲通史并非世界通史之中心所在；概括的叙述不能转为抽象的空谈。② 又如，雷海宗在《世界史上一些论断和概念的商榷》（1954）中指出，研究中国和世界的关系要注意彼此间的联系和相互影响，自觉清除"欧洲中心论"的影响。③ 吴于廑关于世界历史"纵向发

---

① 王震中、李衡眉主编《中国大通史·导论·史前》，曹大为等总主编，学苑出版社，2018，"导论"，第3~38页。

② 周谷城：《世界通史》第1册，"弁言"，第4~5页。

③ 雷海宗：《世界史上一些论断和概念的商榷》，《历史教学》1954年第5期。

展和横向发展"的整体世界史观成为中国世界史学界的主流理论。他认为，人类历史发展为世界历史，经历了纵向发展和横向发展漫长的过程；纵向发展是指人类物质生产史上不同生产方式的演变和由此引起的不同社会形态的更迭；横向发展是指历史由各地区间的相互闭塞到逐步开放，由彼此分散到逐步联系密切，终于发展成为整体的世界历史；历史正是在不断地纵向、横向发展中在越来越大的程度上成为世界历史，因此，研究世界历史就必须以世界为全局，考察它怎样由相互闭塞发展为密切联系，由分散演变为整体的全部历程，这个全部历程就是世界历史。①彭树智提出的文明交往观，把世界历史看作自然和人类相互作用的发展过程，认为文明自觉实质上是文明交往的自觉，是以思想文化自觉为核心、以文明交往自觉活动为主线的人类创造历史的理论与实践活动。他将要点概括为如下相互联系、相互区别的九个方面：一个中轴律（人类文明交往互动的辩证规律）；两类经纬线（人类文明交往互动的经线为相同文明之内的相互融合，纬线为不同文明之间的相互交流）；三角形主题（人类文明交往互动围绕着人与自然、人与社会和人与自我身心这三大主题构成的三角形运行）；四个层面（人类文明交往包括物质文明、精神文明、制度文明和生态文明四个层面的无数互相交错的力量，这些力量的作用与反作用推动着历史事件的产生和发展）；五种社会交往形态（人类文明交往史上存在着社会结构、社会制度、社会关系、社会意识和社会生活等五种社会交往形态）；六条交往力网络（人类文明交往的驱动力是生产力及其相伴随的交往力，生产力和交往力构成了人类文明的历史积累和现实生命力的创造源泉，六条交往力为：精神觉醒力、思想启蒙力、信仰穿透力、经贸沟通力、政治制权力和科技推动力）；七对交往概念（人类文明交往的自觉也是哲学的自觉，其概念有七对：传承与传播、善择与择善、了解与理解、对话与对抗、冲突与和解、包容与排斥、适度与极端）；八项变化（教化、涵化、内化、外化、同化、

---

① 吴于廑：《世界历史》，载《中国大百科全书·外国历史》，第 1~15 页。

人化、异化、互化）；九何而问（人类文明交往的自觉在于问题意识的引导，这些问题可归纳为"九何"：何时？何地？何人？何事？何故？何果？何类？何向？何为？"九何"之"九"意指数之极，言问题之多而求索不止，并非限于"九"而止步）。[①] 彭树智的文明交往观内涵丰富，在国家教育部组织编写的《中国高校哲学社会科学发展报告（1978~2008）》中，文明交往史观与整体史观、现代化史观一起并称为中国世界史研究理论体系的三大史观，被誉为"中国世界史学界二十多年来的进步和成熟的标志"。[②]

这些情况表明，中国的世界史研究始终努力在新的时代条件下发展自身，其观点亦取得与国际史学界可以同步切磋、印证的成绩。这也正是西方全球史能够迅速进入中国学者的视野，并在中国引起广泛关注的基础。随着经济全球化的迅速发展和中国国家实力的不断提高，当代中国的世界史研究面临着在国际史学界如何进行自身定位的突出问题。由于史学是文化中的文化，这个问题的实质就是中国的世界史研究能否独立自主地参与对世界历史的界定，能否在与西方世界史研究体系的交流碰撞中获得自身的话语权，能否在当代中国文化自立于世界文化之林的建设过程中做出应有的贡献。通史传统对世界史编撰的学术价值也正蕴含在这个过程之中。

首先，发扬通史传统有助于解决中国世界史研究和编撰中所遇到的核心问题。如前所述，世界史或全球史编撰的核心难题在于，如何克服"欧洲中心论"的局限，在"世界"或"全球"的广泛的时空框架内构建一个能够充分说明人类历史发展、演变及其本质的系统、科学的阐释体系。长期以来，中西方的世界史学者在这一问题上虽然多有研究，但这一问题并未获得根本性的解决。在这样的情况下，中国历史学丰富的通史编撰实践对世界史编撰而言，具有积极的可资借鉴之处。世界史的

---

① 彭树智等：《世界历史上的文明交往》，《史学理论研究》2011年第2期。
② 彭树智：《我的文明观》，西北大学出版社，2013，"编后记"。

编撰不仅应当具备通史体例，而且要求鲜明的通史精神。一部真正的世界史著作，自然而然地要通古今之变，要既知古今有变，又知古今有通，要准确、科学地把握变和通，并在此基础上阐明人类社会的发展规律。通史传统是中国历史学原生的理论资源，通变和会通的思想历经实践的检验并且具有鲜活的生命力，可以在唯物史观基本原理的指导下，用来构建我们自己的研究体系和话语体系，从而避免对外国史学理论的生搬硬套，彰显民族特色和中国风格。我们对此应当具有清醒的理论自觉。因此，深入挖掘和发扬通史传统，在编撰体例、理论、文字表述等多方面均有利于进一步推进中国世界史编撰实践。

其次，发扬通史传统有利于确定中国和中国的历史文化在世界历史进程中的定位。中国丰富的通史编撰实践和悠久的通史传统，实际上是中华民族和中华文明坚韧性的一种表现。在漫长的历史过程中，中华文明历经磨难，独立发展至今，泽被广阔，影响深远。也就是说，中国历史和中华文明在人类历史进程中具有十分重要的世界历史意义。包括中国在内的非西方国家的经历和视角都是客观认识世界历史不可缺少的部分。我们自身的历史经历应当用来形成我们自己对世界历史的认识和阐释。中国的全球史要发展自身将世界历史理论化的道路和方式，以便获得更加深刻的历史洞察并把握世界历史的全貌，在 21 世纪拥有更多话语权，并且能够与西方全球史进行对等的交流。世界史理论研究本身也是世界历史的一部分，将我们自身的理论成果在世界史编撰中系统、科学地表述出来，不仅是中国世界史研究工作者的学术使命，同时也将为国际史坛做出重要的积极贡献。

再次，发扬通史传统有助于推动马克思主义史学中国化进程的进一步发展。马克思"世界历史"理论通过深入揭示生产力因素在人类社会发展过程中所发挥的决定性作用，为我们认识、理解和把握世界历史进程的整体发展指明了基本方向。通史传统是中国历史学的优秀传统之一，具有鲜明的唯物主义倾向，与马克思主义唯物史观的基本原理内在贯通，是探索马克思"世界历史"理论与中国世界史编撰实践紧密结合的内在通道之一。

最后,发扬通史传统有利于促进中国史研究工作者和世界史研究工作者的交流合作,从而共同推进中国的历史学研究在新的历史条件下获得更大发展。没有深厚中国史背景的世界史研究,和没有深厚世界史背景的中国史研究一样,不能对中国与世界的关系做出透彻、深刻的综合性研究。刘家和指出,"需要治中国史和治外国史两方面的学者进行合作,我们的世界历史才能具有中国人的研究特色和自己的贡献"。[①] 对通史传统的深入挖掘和发扬能够为中国史研究工作者与世界史研究工作者的交流与合作提供良好的契机,进而在通史编撰体例、编撰理论、文字表述等方面获得更多的共识与研究成果。

综上所述,自先秦以来,在长期的历史编撰实践中,经过中国历代史学家的探讨和推进,特别是在马克思主义唯物史观的理论指导下,中国的通史传统已经成为一种科学的、辩证的历史认识理论和编撰思想。中国的通史家风不仅对中国史编撰,而且对世界史编撰都具有积极的学术价值和现实意义,是中国历史学对国际史坛做出的重要贡献。在经济全球化的复杂时代条件下,我们应当从自身实际出发,扎扎实实地做好包括通史传统在内的中国史学优秀传统的继承和发扬工作,更好地推进构建有民族特色的、彰显中国风格的当代世界史研究学术体系的各项工作。

---

① 刘家和:《谈世界古代史研究中要处理好的一些关系》,《北京师范大学学报》(社会科学版) 2003 年第 1 期。

第十章　构建双主线、多支线的中国世界史编撰线索体系

如前所述，作为哲学社会科学中的一个重要词语，"世界历史"不仅指代着人类社会发展的进程，而且包含着认识、理解人类历史发展的历史哲学，同时也涵盖着描述、总结人类社会生活的历史叙述形式。20世纪以来，特别是 20 世纪中期以来，生产力的不断进步推动形成了一个前所未有的、变动剧烈的、全球性的当代世界。各种新情况层出不穷、各种新现象纷至沓来，促使人们迫切希望能够打通历史、现实和未来之间的联系，以便更好地认识我们生活在其中的这个变动世界的基本结构和未来趋向。世界史的研究和编撰日益受到世人的关注。当前世界史编撰所面临的核心任务之一，就是如何避免各种片面或局限，构建系统、科学的世界通史阐释体系。实际上，世界史编撰的成果业已成为各国在经济全球化进程中努力传承民族文化、构建国家认同的重要资源与载体。

从各自的历史背景出发，中外的世界史编撰都表现出自身的特点。马克垚曾经撰文在分析第二次世界大战后三种世界史体系特点的基础上，探讨了编写世界史的困境。这三种世界史体系分别是苏联编写的多卷本《世界通史》，麦克尼尔所写的《西方的兴起：人类共同体史》，吴于廑、齐世荣主编的六卷本《世界史》。[①] 齐世荣亦曾撰文从史学史的角度回顾

---

① 马克垚：《编写世界史的困境》，载刘新成主编《全球史评论》第 1 辑，第 5~22 页。

了世界史形成的背景和演进，并就如何编写世界史的问题提出了富有启发性的建议。① 上述两文立意深远，切中要害，自不待言。从全球范围来看，显然，伴随着当代世界的演变，如何撰写世界史将会受到持续的关注。

第一节　变动世界中的世界史

纵观历史，任何一个时代相对于前一个时代而言，均可视作一个新的时代；每一代人置身其中的世界相对前一代人而言，亦可视作新的世界。我们面临的这个变动世界，其与以往不同的首要特点是生产力的飞速进步推动着人类社会加速发展，整个世界进入了前所未有的一体化阶段。人类获得制造石器、建造居所的能力所需时间至少以 10 万年计，但在过去的 100 多年中，社会生产力的发展速度十分惊人。据有关研究，全球生产在 20 世纪几乎增加了 20 倍，仅在 1995 年到 1998 年这 3 年间的增长，据估计就超过 1900 年前 1 万年的增长。② 在总体上，人类的社会财富不断增加，生产社会化程度和劳动生产率迅速提高，产业结构也在发生明显的变化。有学者指出，在发达经济体、新兴经济体和其他发展中经济体中，第一产业所占比重均下降，第三产业所占比重均上升；发达国家第二产业的比重也在下降，反映出其进入后工业化阶段的特点，发展中国家的第二产业比重在上升，反映出工业化、城市化阶段的特点。③ 而且，正如有研究表明，在当代的大规模消费社会中，技术型工业化经济源源不断地生产信息及声像、文字、记忆和象征这类文化产品，数量巨大，人的生活为之饱和，这在历史上是绝无仅有的。④

---

① 齐世荣：《编写一部简明的世界通史是时代的需要》，载刘新成主编《全球史评论》第 2 辑，第 143~150 页。
② 〔美〕大卫·克里斯蒂安：《时间地图：大历史导论》，第 481 页。
③ 方晋等：《新兴经济体崛起——理论、影响和政策分析》，中国发展出版社，2012，第 25 页。
④ 〔英〕艾瑞克·霍布斯鲍姆：《断裂的年代：20 世纪的文化与社会》，林华译，中信出版社，2014，"序言"，第 X 页。

首先，在科技快速进步的推动下，人对外部空间、对自身的探索能力都在不断提高。一方面，2006 年国际空间站装配完成，是有史以来规模最为庞大、设施最为先进的人造天宫，可供六名航天员在轨工作。人类实现了长期在太空轨道上对地观测和天文观测的目标。另一方面，基因技术的发展，基因组计划、蛋白质组计划等项目的进展，使得人类能够在分子水平上认识自身。基因技术产业成为继信息产业之后推动经济发展的重要动力。另外，对暗物质、反物质、暗能量、信息技术、量子通信技术、新型网络技术等领域的研究，也都在不断深化。人类改造外部世界的能力不断提高，相应地，其中隐含的风险也在加大，两次世界大战的惨烈自然无须赘言，二战后的突出表现之一则是军事手段的不断发展和一些国家军费开支的不断攀升。全球军费支出最高的国家是美国，2011 年总支出超过 10000 亿美元，这个数字超过军费支出排名第 2 到第 43 位的 42 个国家的支出总和。①

其次，人类不同群体之间的交往、人与地球环境之间的互动，在范围上大大扩展，在程度上大大加深，形式也更加多样，呈现出显著的全球性特征。伴随着人类社会组织的发展，大规模人口迁徙，跨文化贸易，战争，生物物种、疾病的传播，技术、宗教、文化的传播等，各种物质交往和精神交往不断进行，20 世纪中期以来，人类不同群体之间的各种联系基本均向纵深发展。仅以贸易一项为例，根据有关统计，从 1947 年到 20 世纪 90 年代末，世界贸易总值已经从 570 亿美元猛增至 60000 亿美元。② 而且，正如有研究指出，20 世纪中期以来出现了很多"新型的全球联系"，例如，因特网、电视、卫星、光纤电缆、航空、全球会议、洲际连锁生产、全球营销策略、电子货币和金融、洲际导弹、国际刑警网、联合国体系、气候变化、生物多样性丧失、全球性体育竞赛，等等，在此之前的数代人都对这些全球性的事物一无所知或知之甚少；而一些

---

① 〔美〕威廉·恩道尔：《目标中国：华盛顿的"屠龙"战略》，戴健、顾秀林、朱宪超译，中国民主法制出版社，2013，第 98~99 页。
② 〔美〕曼弗雷德·B. 斯蒂格：《全球化面面观》，第 35 页。

以前就存在的全球联系现在则发展到更高的水平，比如电话、无线电广播、多边协议、洲际投资、全球通货和外币交易市场等曾经罕见的东西，现已成为全球各地司空见惯的事物。①

在这个变动世界中，"所有国家……都在努力扩张自己的文化"。②而且，各种力量不断组合、博弈，多种不同的联系使多层次的利益空间、多角度的行为主体形成。与全球化并行的还有地方化的发展。正如阿朱那·阿帕杜莱所言，全球力量与地方力量"互相残杀"又彼此依靠的矛盾在当代人文科学中是广为人知的。③

到 1800 年，世界人口才不过 10 亿人，但是，130 年后就实现翻番，1930 年达到 20 亿人；此后增长速度越来越快，1960 年达到 30 亿人，1999 年达到 60 亿人，2011 年已经高达 70 亿人。人类包括衣食住行在内的各种生理和心理需求，直接或间接皆需从自然环境中获得满足。人口越是增长，活动空间越广，索取的地球能源越多，对我们这个行星生态演变的影响程度越高。例如，在 20 世纪末，人类消耗的全部能量为新石器时代初期的 6 万到 9 万倍。④ 另据有关研究，自从 1850年人口数量显著增长以来，全世界大约 15% 的森林被砍伐，目前，农田面积大约占地表面积的 1/3。⑤ 还有学者指出，伴随着工业化和城市化的进程，受到污染的水在 20 世纪杀死了几千万人口；工业化的副产品空气污染的规模如今业已扩展到全球性的层面；贫穷而又无权势的人承担着当今的生态问题；从生态角度看，当今的形势严重偏离了人类历史。⑥

再次，经济全球化进程在不断发展的同时逐渐显露出其本身的问题。

---

① 〔英〕罗兰·罗伯逊、〔英〕扬·阿特·肖尔特主编《全球化百科全书》，"导言"，第 2 页。
② 〔英〕艾瑞克·霍布斯鲍姆：《断裂的年代：20 世纪的文化与社会》，第 52 页。
③ 〔英〕C. A. 贝利：《现代世界的诞生：1780—1914》，"导言"，第 2 页。
④ 〔美〕大卫·克里斯蒂安：《时间地图：大历史导论》，第 495 页。
⑤ 〔美〕安东尼·N. 彭纳：《人类的足迹：一部地球环境的历史》，第 281 页。
⑥ 〔美〕J. R. 麦克尼尔：《阳光下的新事物：20 世纪世界环境史》，第 118、150～151、367、368 页。

全球化进程实际上就是在生产力发展的前提下，世界各国在经济、文化、政治、生态等各方面联系日益紧密的一体化过程，20 世纪中期以后因凸显而被概念化。经济全球化主要表现为生产、投资、贸易、金融等方面的全球化。二战后西方学者极力鼓吹新自由主义，积极倡导资本主义、个人主义和市场自由的普遍性，反对国家过多干预经济。始于 2007 年夏的美国次贷危机引发了发达国家的主权债务危机，并很快演变为资本主义世界的全面危机。这无疑宣告了新自由主义的破产。有学者统计，2011 年上半年在发达经济体中，美国联邦政府负债达到 GDP 的 95.6%；欧元区公共债务达到 GDP 的 85%，希腊、意大利、比利时、爱尔兰、葡萄牙则接近或已超过 100%；日本的公共债务更是高达 GDP 的两倍还多。① 这场金融危机充分暴露出经济全球化进程本身存在的问题。正如有学者指出，伴随着信息产业和电信技术的进步，金融业成为融入全球化程度最高的领域，极大地增加了泡沫破灭导致资本外逃最后波及整个体系的金融危机风险；从 20 世纪 90 年代起，世界的"金融化"发展超过了世界实体经济的发展。② 2000 年，仅仅在全球货币市场上，每天的资金交易额就相当于 20000 亿美元。③ 另据有关研究，进入 21 世纪以来，全球金融衍生品以超过年均 30% 的速度增长，而世界经济总体的增长速度才为 2%~3%；2008 年，全球金融衍生品交易总额高达 680 万亿美元，而全球实体经济为 50 万亿美元。④ 金融衍生品的实质是为资本跨越生产环节直接攫取金钱提供便利工具。欧美国家实行的扩张货币政策，同时造成了虚拟经济与实体经济的偏离和脱节。美国采取的手段是凭借其在国际货币体系中的主导地位，通过印制美元来换取其他国家的产品与服务，掠夺全球特别是发展中国家的实体财富。有研究指出，人类历史上

① 张宇燕、徐秀军：《2011—2012 年世界经济形势分析与展望》，《当代世界》2011 年第 12 期。

② 〔法〕玛丽—弗朗索瓦·杜兰等：《全球化地图：认知当代世界空间》，许铁兵译，社会科学文献出版社，2011，第 64 页。

③ 〔美〕曼弗雷德·B. 斯蒂格：《全球化面面观》，第 38 页。

④ 李飞：《二十世纪以来两次重大金融危机的研究与思考——基于实体经济与虚拟经济互动视角》，《中国财经信息资料》2012 年第 9 期。

还没有哪个国家如此严重地透支未来，美国不仅透支了自己人民的财富，也同样严重地透支着其他国家人民的未来财富。[①]

最后，伴随着资本的全球流动和跨国公司的全球扩张，各种全球性的社会问题日益突出。例如，根据世界银行的资料，从 20 世纪 80 年代以来，以日均消费 1.25 美元的贫困线所衡量的全球贫困已经有所减少，生活在极端贫困中的人口已由 1981 年的 19 亿降至 1990 年的 18 亿，再到 2005 年的 14 亿，但这一点掩盖了地区间的巨大差异，而且那些摆脱极端贫困的人口依旧非常贫困，日生活费低于 2 美元的人口还是基本保持在 25 亿。[②] 联合国开发计划署《2006 年人类发展报告》对 175 个国家与地区进行排名，指出全球的人类发展差距在扩大；该报告认为排名第一的挪威的人均富裕程度是排名最后的尼日尔的 40 倍，而世界上最富的 500 人的收入超过最贫穷的 4.16 亿人的总收入。

世界一体化的加速发展，不仅对历史学提出了新的时代要求，而且也为史学家研究人类历史提供了一种宏观的全球视角，以及进行综合研究的物质基础与技术手段。历史学家不断地回顾遥远的过去，实际上是为了不断获得对现在和未来的更好理解。这个变动世界中各种宏观和微观因素对世界史编撰的影响，显然正在逐渐地释放。

西方全球史在通史编撰上的突出特点，就是从人类社会中的交往（互动）入手来界定和描述世界史，并将之视为历史发展的主要动力，进而探讨全球化的演变。对世界不同区域的人类群体之间及其与自然之间的联系与影响的研究，是西方全球史编撰中的核心线索，同时也为其全球视野的实现提供了空间舞台，在传统世界史著作中往往被忽视的众多历史细节被囊括进来，全球史为读者提供了更加充实丰满的世界历史图景。不仅"哥伦布交流"、"环印度洋交流网络"、全球化形成、地球生态演变等历史现象和过程的意义在全球史框架中获得了

[①]　宋鸿兵编著《货币战争》，中信出版社，2011，第 226 页。

[②]　世界银行：《2011 年世界发展指标》，王辉等译，中国财政经济出版社，2011，第 65 页。

重视和表达，而且，日常生活史中的丰富内容如饮食的变迁等也被展示出来。①

全球史的研究对象并不局限于民族国家。② C. A. 贝利提出，"世界历史的一个目的是弄清和探讨世界不同地区的历史的联系和相似性"，他认为不同层次的政治、经济和思想变化的互动产生的变化之串接是变革的关键所在。③ 理查德·W. 布利特和柯娇燕等人的《地球与人类：全球历史》一书，则意在探讨那些把人类过去连为一体的共同挑战和经历，并试图说明这些人类经历的全球模式。④ 既然其意在"理解世界各地发生的变化"，⑤ 那么哪些内容可以体现变化？如何把各时代中世界范围内广泛的人类经历相互连接起来？⑥ 丹尼尔·R. 布劳尔认为，可以从三个方面的内容来强调全球相互影响的关联性，这三个方面的主题支配着对重大趋势的选择和对事件的描述：即各国的国际关系史；意识形态在形成政治运动与重塑文化和社会价值方面的作用；世界经济关系的演变。⑦ 理查德·戈夫等人则通过科技、经济、政治与社会发展、国际关系和文化五方面的内容来反映拉丁美洲、欧洲、亚洲、中东和非洲地区的历史。⑧ 前述理查德·W. 布利特和柯娇燕等人的《地球与人类：全球历史》则认为应从技术与环境、多样性与主导性两个主题

---

① Kyri W. Claflin and Peter Scholliers, eds., *Writing Food History*: *A Global Perspective*；〔英〕菲利普·费尔南多-阿梅斯托：《文明的口味：人类食物的历史》，韩良忆译，新世纪出版社，2013。

② 当然，这与从全球视野书写国家史并不矛盾。Stefan Berger, ed., *Writing the Nation*: *A Global Perspective*.

③ 〔英〕C. A. 贝利：《现代世界的诞生：1780—1914》，第 519、521、526 页。

④ Richard W. Bulliet, Pamela kyle Crossley, Daniel R. Headrick, Steven W. Hirsch, Lyman L. Johnson and David Northrup, *The Earth and Its Peoples*: *A Global History*, preface, p. xxiii.

⑤ Felipe Fernández-Armesto, "*What Is Global History*? (Review)", *Journal of Global History*, Volume 5, Issue 2, 2010, pp. 349-351.

⑥ David Northrup, "Globalization and the Great Convergence: Rethinking World History in the Long Term", *Journal of World History*, Vol. 16, No. 3, 2005, pp. 249-267.

⑦ 〔英〕丹尼尔·R. 布劳尔：《20 世纪世界史》，洪庆明译，东方出版中心，2013，"前言"，第 3 页。

⑧ 〔美〕理查德·戈夫等：《20 世纪全球史》第 7 版英文影印版，"导读"，第 1、8 页。

来连接人类经历。①

　　西方全球史标榜其宏观的全球视野，追求中立的价值判断，努力超越传统的民族国家史学框架，努力克服"欧洲中心论"的影响。杰里·H.本特利指出，全球史"理解全世界人类的历史经历，而不是将一些历史经历看作是完全特殊的、无从比较的并与其他人的历史经历毫无关系的，这就为摆脱欧洲中心主义和其他民族中心主义历史观提供了机会"。② 但是，西方全球史也要面对通史著作的内在要求之一，即要建立对西方文明本身的自我认同，其中不仅涉及对西方历史的认识，而且关系到西方国家当今的国际政治形象及政策取向，这就使得西方全球史的历史反思是以不危及对西方文化本身的自信心为前提的。例如，J.M.罗伯茨便认为，"……这些原则总是从西欧传统派生出来，无论我们是否将这个传统看作贪婪、暴虐、残酷、传统和剥削，或视作客观地改善，仁慈和人性化是无关紧要的。……欧洲重塑旧世界，创造了现代世界"；"其他传统没有像欧洲人那样在相异的设置里表现出相同的活力和吸引力：作为世界的塑造者，它没有竞争对手"。③ 他甚至直言，"我不应但却势必以一个年长的英国中产阶级白人男性身份来书写"。④ 多米尼克·萨克森迈尔也指出，虽然美国绝大部分学者都公开反对"欧洲中心论"，但这并不必然意味着"欧洲中心论"已经在美国销声匿迹了。⑤ 西方全球史固然取得了显著的学术成果，但在殖民主义、帝国主义、非殖民化研究等问题上的回护之情显而易见，其中很多观点和处理手法是我们需要注意和分析的。从西方全球史目前的编撰实践来看，可以做到"放眼

---

① Richard W. Bulliet, Pamela kyle Crossley, Daniel R. Headrick, Steven W. Hirsch, Lyman L. Johnson and David Northrup, *The Earth and Its Peoples：A Global History*, preface, p. xxiii.

② 〔美〕杰里·H.本特利：《新世界史》，载夏继果、杰里·H.本特利主编《全球史读本》，北京大学出版社，2010，第64页。

③ 〔英〕J.M.罗伯茨：《全球史》下册，第1257、1258页。

④ 〔英〕J.M.罗伯茨：《全球史》上册，"第五版序言"，第4页。

⑤ Dominic Sachsenmaier, *Global Perspectives on Global History：Theories and Approaches in a Connected World*, p. 109.

世界，展示全球"，但是要"不带成见和偏私，公正地评价各个时代和世界各地区一切民族的建树"，① 显然仍然有待解决。

西方全球史的发展本身，正是这个变动世界在历史学领域的反映。同时，这也说明与西方传统世界史相对而言，尽管全球史在实践中仍然存在问题与局限，但其关于人类历史的一种更加整体化和综合化的编撰视角已经得以确立。

第二节　构建中国世界史编撰线索体系：
双主线、多支线

对于西方学者而言，目前在世界史/全球史教学中的问题仍然是欧洲中心的历史叙事，即解释欧洲崛起及其获得现代的全球主导地位；在历史写作中，如何能够不用欧洲中心的方法而更好地考察"现代世界"，没有一个简单的答案。② 从历史编纂学的角度来看，前述全球史学者实际上都在努力探寻世界史研究的新思路、新方式，都在努力将世界历史的纵向发展与横向发展结合起来考察，只是在史学实践中各自有所侧重而已。即便冷静自持如霍布斯鲍姆，也承认"历史学家不可能非常客观地看待他所研究的历史时期"。③ 不过，他始终认为，历史学家的"主要功能，除了记住其他人已经忘记或想要忘记的事情之外，就是尽可能从当代的纪录中后退，以更宽广的脉络且更长远的视野去观看与理解"。④

另外我们也可以看出，出于立场和背景的不同，西方学者的相应观点存在着矛盾、冲突之处。从时间纵向来看，吕西安·费弗尔和马克·布洛赫在第一次世界大战时都曾在军中效力，且布洛赫在二战时因参加

---

① 〔英〕杰弗里·巴勒克拉夫主编《泰晤士世界历史地图集》，"前言"，第 13 页。
② John Pincince, "Jerry Bentley, World History, and the Decline of the 'West'", *Journal of World History*, Vol. 25, No. 4, 2014, pp. 631-643.
③ 〔英〕艾瑞克·霍布斯鲍姆：《资本的年代：1848—1875》，张晓华等译，中信出版社，2014，第 5 页。
④ 〔英〕艾瑞克·霍布斯鲍姆：《霍布斯鲍姆看 21 世纪》，"序"，第 1 页。

法国抵抗运动而罹难；布罗代尔、霍布斯鲍姆、巴勒克拉夫在二战时也都曾在军中服役，布罗代尔还曾经沦为德军战俘。这些亲身经历与切实感受到的时代形势变化，对历史学家的宏观视野与理论、方法论构建的影响绝不可低估。二战后成长起来的史学研究者，与前辈相比，关注点与着重点显然已经有所不同，尤其是对西方殖民主义、帝国主义给人类社会造成的沉重历史代价再无切肤之痛。例如，奥斯特哈梅尔便认为：霍布斯鲍姆的关于双重革命的似是而非的论点，不再是可持续的。[①] 他还认为，沃勒斯坦描述的"西方的兴起"，是一种毫无疑问的关于现代欧洲独特性的历史。[②] 这些情况既表明了时代的转换，也说明了学术研究的复杂性。

经过众多世界史研究者的推进，特别是在马克思主义唯物史观的理论指导下，中国的世界历史学已经成为一门独立的学科。2011 年，根据国务院学位委员会和教育部公布的《学位授予和人才培养学科目录》，世界史成为一级学科。当前，随着史学的国际交流日益频繁，中国的世界历史学面临着能否在与西方世界史的对话交流中获得自身话语权的突出问题。正如《尚书·大禹谟》所言："人心惟危，道心惟微，惟精惟一，允执厥中。"唯有实事求是，扎实推进具体的科研工作。

在当今的全球化时代中，从马克思"世界历史"理论出发，借鉴吸收前述中西方世界史研究与编撰的理论、方法论成果，笔者以为，在世界史编撰过程中，可以考虑构建双主线、多支线的世界史编撰线索体系，以便更加深入地从历史发展动力的角度来探讨世界历史的纵向发展与横向发展的关系。

双主线是指世界历史的纵向发展主线与横向发展主线，也就是"生产"（production）主线和"交往"（communication）主线。在当代的中文语境中，生产一词指的是人们使用工具来创造各种生产资料和生活资

① Jürgen Osterhammel, *The Transformation of the World: A Global History of the Nineteenth Century*, pp. 542–543.

② Jürgen Osterhammel and Niels P. Petersson, *Globalization: A Short History*, p. 31.

料；生产方式是指人们取得物质资料的方式，包括生产力和生产关系两个方面；生产力是指人类在生产过程中把自然物改造成适合自己需要的物质资料的力量，包括劳动者、劳动资料和劳动对象；生产关系是指人们在物质资料的生产过程中形成的社会关系，其中起决定作用的是生产资料所有制的形式。① 交往一词在中文里意为"互相来往"。② 在西文里，交往源自拉丁语中的单词"分享"（communis），还具有交流、交通、交换、联络、传播等含义。在马克思"世界历史"理论的框架中，交往的德文对应词是 Verkehr，包含着一切社会关系，包括单个人、社会团体以及国家之间的物质交往和精神交往。③ 对于世界史编撰而言，生产意味着人类社会生产力不断发展和在此基础上人类社会形态的演进，即历史的纵向发展过程；交往意味着人类社会"怎样由原始的、闭塞的、各个分散的人群集体的历史，发展为彼此密切联系的形成一个全局的世界历史"，即历史的横向发展过程。④ 生产与交往两条主线纵横互相支撑，说明了"整个所谓世界历史不外是人通过人的劳动而诞生的过程"。⑤

由生产和交往构成的世界历史总画面，正如恩格斯曾经指出："是一幅由种种联系和相互作用无穷无尽地交织起来的画面，……其中各个细节还或多或少地隐藏在背景中……而我们要是不知道这些细节，就看不清总画面。"⑥ 所谓支线，正是那些隐藏在背景中的、构成或依附主线的具体的、不同层面的、不同领域的细节线索。正如经典作家指出，"一定的生产决定一定的消费、分配、交换和这些不同要素相互间的一定关系。当然，生产就其单方面形式来说也决定于其他要素"，例如，交换范围扩大时生产的规模也就增大，生产的分工会更细化，城乡人口的不同分配会导致生产发生变动，消费的需要也决定着生产，"不同要

① 中国社会科学院语言研究所词典编辑室编《现代汉语词典》第 6 版，第 1160 页。
② 中国社会科学院语言研究所词典编辑室编《现代汉语词典》第 6 版，第 647 页。
③ 《马克思恩格斯文集》第 1 卷，第 808 页；《马克思恩格斯文集》第 10 卷，第 43~44 页。
④ 吴于廑：《吴于廑文选》，第 33~35 页。
⑤ 《马克思恩格斯文集》第 1 卷，第 196 页。
⑥ 《马克思恩格斯文集》第 3 卷，第 538~539 页。

素之间存在着相互作用。每一个有机整体都是这样"。① 为了认识和把握
这些具体的要素，"我们不得不把它们从自然的或历史的联系中抽出来，
从它们的特性、它们的特殊的原因和结果等等方面来分别加以研究"。②
刘家和曾经指出，要看出纵向发展与横向发展之间的内在关系，其坚实
的基础就在于切实的微观的研究。③ 前述的西方全球史对人类交往史的
挖掘，正是凭借深入的实证基础，扩展和深化了世界历史横向发展研究。
环境变化、跨文化贸易、物种传播交流、疾病传染、移民与离散社群、
人类饮食演变等全球史关注的研究主题，实际上均可视作历史发展中的
支线线索，只不过受其基本历史文化立场的制约，就此停步不前而已。对
各种支线的把握越是准确全面，越是能加深对生产与交往双主线的理解。
世界历史的演进就是在生产与交往两条主线以及包括跨文化贸易、环境变
化、物种传播、疾病传染、移民、战争、殖民主义扩张、帝国主义侵略、
宗教传播、文化交流等在内的各种支线的交互作用中进行的。双主线与多
支线共同构成了世界历史演变的动力体系，是历史发展合力的具体表现。

　　在生产与交往双主线中，生产，尤其是人类的物质生产，是更加具
有决定性的历史发展动力。正如恩格斯在 1875 年指出，"人类社会和动
物界的本质区别在于，动物最多是采集，而人则从事生产"；④ 1890 年指
出，现实生活的生产和再生产是历史过程中的决定性因素。⑤ "适应自己
的物质生产水平而生产出社会关系的人，也生产出各种观念、范畴，即
恰恰是这些社会关系的抽象的、观念的表现……它们是历史的和暂时的
产物。"⑥ 从世界范围来看，不仅"阶级的存在仅仅同生产发展的一定历
史阶段相联系"，⑦ 而且"各民族之间的相互关系取决于每一个民族的生

---

① 《马克思恩格斯文集》第 8 卷，第 23 页。
② 《马克思恩格斯文集》第 3 卷，第 539 页。
③ 刘家和、廖学盛主编《世界古代文明史研究导论》，"引论"，第 18 页。
④ 《马克思恩格斯文集》第 10 卷，第 412 页。
⑤ 《马克思恩格斯文集》第 10 卷，第 591 页。
⑥ 《马克思恩格斯文集》第 10 卷，第 49~50 页。
⑦ 《马克思恩格斯文集》第 10 卷，第 106 页。

产力、分工和内部交往的发展程度。……不仅一个民族与其他民族的关系，而且这个民族本身的整个内部结构也取决于自己的生产以及自己内部和外部的交往的发展程度"。① 不过，"只有随着生产力的这种普遍发展，人们的普遍交往才能建立起来"，② "生产归根到底是决定性的东西"。③ 也就是说，生产和交往虽然互为前提，但是生产具有基础性的作用。

双主线与人类时空演化的对应关系在总体上表现为：生产的发展与时间延续同向，交往的扩大与空间扩展同向。生产在特定时间点上，可能会在某一个或某几个空间位置上表现出超越其他空间位置的先进性。从古至今，人类历史在每个大时代都有领导时代发展潮流的力量中心，这些力量中心的存在揭示出世界历史与人类文明演进的多中心本质。多中心的世界历史本身，说明世界史是人类作为一个物种而言的整体历史。在生产与交往双主线的坐标系中，不同的国家、地区或文明都构成历史发展的支点，这些支点共同构成了人类社会整体性和多样性的辩证统一。"欧洲独特性"如果存在，那么它是世界历史中的众多独特性之一，正如资本主义是人类社会组织中的晚近阶段之一、状态之一。事实上，每一个生产关系的总和都意味着世界历史演进中的一个特殊阶段。在马克思的世界历史框架中，"关于亚细亚的、古代的、封建的和资产阶级的形态是'递进的'陈述并不意味着任何简单的、线性的历史观，也不意味着那种认为一切历史都是进步的简单观点。它仅仅是说，其中的每一种制度在关键的方面进一步摆脱了人类的原始状态"。④ 资本主义是人类的历史成就之一，同时也是造成当今世界整体发展严重失衡的主要根源；但其本身至今还在演变之中，并非历史的终点。只要人类继续存在，人的生产与交往都将继续发展，世界历史作为人的能动的生活过程也将继续演变。从这个角度而言，西方学界的"欧洲中心论"与"历史终结

---

① 《马克思恩格斯文集》第 1 卷，第 520 页。
② 《马克思恩格斯文集》第 1 卷，第 538 页。
③ 《马克思恩格斯文集》第 10 卷，第 595 页。
④ 〔英〕埃里克·霍布斯鲍姆：《如何改变世界：马克思和马克思主义的传奇》，第 142 页。

论"自身所暗含的本体论缺陷是清晰可见的。

在人类交往不断扩大的基础上，生产的纵向发展（在时间中的发展）便同横向扩展（在空间中的发展）日益紧密地交织在一起，形成活跃的、时空一体的人类历史画面。这也印证了马克思主义的判断，每一代人都是在前一代人所达到的基础上继续发展生产和交往方式，并根据自身需要的改变而改变社会制度。这一点有利于破解世界通史特别是世界现代史编撰中包括所谓西方与非西方"挑战与应战""冲击与反应"在内的各种认识论谜题。正如霍布斯鲍姆所指出，"价值和机制的扩散，很少是由突然性的外来压力所造成，除非当地早已存在可以接受这些价值机制或可以接受它们引入的条件"，"历史很少有快捷方式"。① 从根本上看，文明的发展具有一定的自我调节能力，源于外部的刺激自然是一种导致文明变革的动力，源于内部的活力与热情也同样不可轻视。如果内部的自我调节不力，文明将面临覆灭；但如果内部的调节达到足够的程度，文明将演变至新的阶段，而是否达到足够的程度，可以从生产与交往双主线来定位和判断。这种状况绝非"挑战与应战"或"冲击与反应"可以简单涵盖的，片面强调外部刺激的重要性显然失之偏颇，所以，将内外因素综合起来考量更为妥当。

在生产与交往双主线的分析中，研究者可以更好地把握人本身从地域性的封闭条件下的个人向自由发展的个人的转变。正如马克思所指出，具有狭隘本性的资本，为了利益最大化而"力求全面地发展生产力"，"资本一方面要力求摧毁交往即交换的一切地方限制，征服整个地球作为它的市场，另一方面，它又力求用时间去消灭空间，就是说，把商品从一个地方转移到另一个地方所花费的时间缩减到最低限度。资本越发展，从而资本借以流通的市场，构成资本流通空间道路的市场越扩大，资本同时也就越是力求在空间上更加扩大市场，力求用时间去更多地消灭空间"，"这种趋势是资本所具有的，但同时又是同资本这种狭隘的生

---

① 〔英〕艾瑞克·霍布斯鲍姆：《霍布斯鲍姆看 21 世纪》，"序"，第 12、13 页。

产形式相矛盾的，因而把资本推向解体，……同时意味着，资本不过表现为过渡点"。① 所以，资本主义生产"本身已经创造出了新的经济制度的要素，它同时给社会劳动生产力和一切生产者个人的全面发展以极大的推动；实际上已经以一种集体生产方式为基础的资本主义所有制只能转变为社会所有制"。② 这样，按照马克思主义的理论推演，其内在的逻辑结论就是：世界历史的下一个发展阶段将是共产主义，也就是人的自由、全面的发展实现之时。

对于西方资产阶级主流社会而言，马克思的上述思想意味着巨大的政治动员力量。所以，一些西方学者在借鉴马克思"世界历史"理论的同时，有意无意地划定其与这一理论的界限，甚至在某些方面停步不前。这一点即使在以破除"欧洲中心论"、重新书写世界历史为宗旨的全球史中也有所表现。自巴勒克拉夫以来，在威廉·H. 麦克尼尔、杰里·本特利等人的推动下，西方全球史在方法论上形成了研究不同人群接触后发生的多种交往即跨文化互动的基本路径，积极挖掘各种物质交往现象的意义，努力展现出历史的传承与变化。但是，西方全球史也基本上止步于对跨文化互动现象的横向归纳与分析，回避纵向的或因果必然性上的探讨。而且，在麦克尼尔的"全球史致力于研究地球人的整个历史"、③ 杰里·本特利的"对英语世界的大多数史学家而言，世界史与全球史之间并无区别"④ 等广义的全球史概念界定之外，还存在着将全球史的内涵缩小的观点。例如，奥斯特哈梅尔曾经指出，应当区分"世界史"和"全球史"两个概念，将之视作两种不同的思维模式；世界史是各个文明的历史，特别是各个文明的对照及其内部动力的历史；全球史是这些文明之间的联系与互动的历史；可以把全球史视作跨越民族历史

---

① 《马克思恩格斯文集》第 8 卷，第 169~170 页。

② 《马克思恩格斯文集》第 3 卷，第 465 页。

③ 〔美〕威廉·H. 麦克尼尔：《威廉·H. 麦克尼尔致（北京）首都师范大学全球史中心》，载刘新成主编《全球史评论》第 3 辑，第 1 页。

④ 夏继果：《理解全球史》，《史学理论研究》2010 年第 1 期。

的一种"对角线"探究，以及从权力政治与经济之外的某些视角去分析民族、国家与文明之间关系的一种尝试。① 这种观点体现出德国全球史学者重视跨地区研究的倾向，但是，倘若把世界史和全球史做如此拆分，明显是一种认识上的收缩或者退化。人作为世界历史演变的主体，对其生产与交往应当而且必须给予辩证和统一的考察。

由双主线和多支线构成的世界史编撰线索体系是中国世界史理论体系的有机组成部分，是世界历史演变的内在整体动力机制的体现，体现着物质因素和精神因素、经济基础和上层建筑等多种动力因素的相互作用，体现着人本身的能动的生活过程。同时它也意味着世界史理论研究与具体实证研究的结合，意味着从宏观和微观两个层面入手进行对世界历史的综合思考。从这一思路出发，还可以进一步推进对如何处理中国史与世界史的关系问题的考量，即充分发挥中国史在世界史编撰中的时间坐标效应。"时间实际上是人的积极存在，它不仅是人的生命的尺度，而且是人的发展的空间。"② 中华文明历史之悠久、泽被之广阔，使之在整个人类发展史上具有不可替代的参照性和坐标意义，这种历史经验是其他国家无法比拟的。将这一点在通史著作中充分表达出来，有利于开展中外文明史的比较研究，展现人类文明发展过程的多中心本质。在人类发展过程中，不同时期出现过多个不同的文明中心，每个时代都有领导时代发展潮流的力量中心。例如，非洲、中东、埃及、希腊、罗马、中国都曾是历史长河中的发展中心。如果我们从自身这 5000 多年的、包含着人类整体的历史背景和历史视野出发来看待各个文明，便会发现各文明自身的历史及其互动都是人类发展成就的组成部分，是人类多样性和创造性的体现，而不再是仅仅与西方的兴起、与资本主义的全球扩张发生联系时才具有意义。因此，发挥中国史在世界历史中的时间坐标效应，进而构建出一套清晰明确、易于理解、有民族特色的历史话语系统，

---

① Jürgen Osterhammel and Niels P. Petersson, *Globalization: A Short History*, pp. 19-20.

② 《马克思恩格斯全集》第 47 卷，第 532 页。

不仅有利于研究者把握中华民族 5000 多年文明史的重大价值，而且也是对整个世界的贡献。

从上述认识出发，可以更好地理解资本主义对世界历史的双重性影响。其积极方面是世界历史的形成为人类的彻底解放创造了必要条件，其消极方面则是世界历史具有深刻的资本主义烙印，当今世界的发展失衡表现尤为明显。资本主义无限扩张的生产方式和消费方式，使得全球面临着环境污染、生态破坏、资源竞争、贫富严重分化、地区动荡冲突甚至战争相交织等困境。对此，大卫·克里斯蒂安提出，"资本主义证明有能力生产丰富的物质财富；但是，迄今它已经证明不能平等地、人道地、可持续地分配全球财富"。① 霍布斯鲍姆也指出，"资产阶级文明哪里出了问题？虽然它建立在摧毁一切，改变一切的大规模生产模式的基础之上，但是它的实际活动、它的机构以及政治和价值制度都是由少数人为少数人设计的，尽管这个少数可以，也必然会扩大。它过去是，今天仍然是精英制度，也就是说，它既非平等主义，亦非民主制度"；"多数人对这个社会制度持容忍甚至赞同的态度，只要它能够保证稳定、和平和公共秩序，并能满足穷人合情合理的期望"，但是现在，"把民主等同于全民投票和代议制政府的政治制度的缺陷开始显露"。② 这也印证了马克思主义经典作家对资本主义的基本判断，"如果说资本主义生产方式是发展物质生产力并且创造同这种生产力相适应的世界市场的历史手段，那么，这种生产方式同时也是它的这个历史任务和同它相适应的社会生产关系之间的经常的矛盾"。③ 对资本主义的兴起、发展及其世界历史意义的研究，无疑需要更加谨慎的考察和分析。

---

① 〔美〕大卫·克里斯蒂安：《时间地图：大历史导论》，第 485 页。
② 〔英〕艾瑞克·霍布斯鲍姆：《断裂的年代：20 世纪的文化与社会》，"序言"，第Ⅷ、Ⅸ页。
③ 《马克思恩格斯文集》第 7 卷，第 279 页。

结　语

　　卡尔·雅斯贝斯曾经指出："世界历史在时空上囊括全球。"[①] 自有人类出现在地球以来，我们居住的这个蓝色星球便日益呈现色彩斑斓的万花筒景象。散居世界各地的人类，在塑造自身历史的同时，也在塑造我们这个蓝色星球的历史。几千年来，对人本身及其与世界之间关系的研究，都是人类社会生活中的一个重要组成部分。时至今日，对历史的研究，特别是对世界历史的研究，已经成为人类认识自身、理解和把握世界的重要方法和途径。

　　今天我们回顾西方全球史的演变历程，可以看到其发展诚为不易。"欧洲中心论"在西方史学界曾经占据统治地位自然无须赘言。如前所述，欧美学界始终不乏以西方文明为主体、带有浓厚"欧洲中心论"色彩的世界史著作。有学者指出，当年在美国教师发起的"世界历史"运动中，那些推动全球史发展的史学家，如芝加哥大学的威廉·H.麦克尼尔、西北大学的斯塔夫里阿诺斯、威斯康星州立大学的菲利普·柯丁，他们一离开所属机构，便发现他们的世界史教学计划在学校中也随之结束。[②] 威廉·H.麦克尼尔在谈到自己的世界历史课程教学经历时也曾慨叹："我这门课开设了22年，编写了《世界史》（1967）作为教材，……

---

① 何兆武主编《历史理论与史学理论——近现代西方史学著作选》，第669页。
② Daniel R. Headrick, "*The New World History: A Teacher's Companion* (Review)", *Journal of World History*, Vol.13, No.1, 2002, pp.183–186.

出版了 12 册《世界史读本》（1968～1973），收集了数百张幻灯片（多数是艺术作品）供课堂使用，以此来作为该课程的补充。但是 1987 年我退休后，世界历史伴随我一起退出了芝加哥大学。"① 西方全球史的进展正是有赖于众多研究者的不懈努力。到 2013 年威廉·H. 麦克尼尔的《世界史：从史前到 21 世纪全球文明的互动》中文版出版之际，约翰·R. 麦克尼尔指出，美国已有数千所大专院校、高中开设了世界历史课程，每年至少有 25 万学生学习世界历史课程。②

如何从整体上把握世界历史的进程，如何恰当地处理人类的时间发展和空间发展两者之间的关系，至今仍然是历史编纂学中的核心问题。按照大历史的观点，如果以 10 亿年为一个系数，将 130 亿年简化为 13 年，那么智人仅仅存在 50 分钟，整个有文字记载的文明只存在 3 分钟，现代工业革命只存在 6 秒钟。③ 抑或按照全球环境史的估算，如果将 100 亿年的地球能源系统生命规划期压缩成 1 年，那么所有人类有记载的历史都仅不足 1 分钟，而 20 世纪仅仅是 1/3 秒的时长。④ 正所谓"无边刹境，自他不隔于毫端。十世古今，始终不移于当念"。⑤ 不过，只要涉及人类自身的历史，中西方的世界史编撰实际上面临着同样的核心问题，即如何在"宇宙"、"世界"或"全球"的时空框架内将其组织起来。显然，过于概念化、过于简单化或者过于碎片化的处理方式均不可取。正如 1964 年巴勒克拉夫曾经指出，"除非我们同时也明白基本结构上的变化，否则只描述事件的经过，即使是以全世界为范围，也不大可能使我们对今日世界上的各种力量，有较佳的了解。今天我们最需要的是一种新构架，

① 〔美〕威廉·麦克尼尔：《追求真理：威廉·麦克尼尔回忆录》，高照晶译，浙江大学出版社，2015，第 98 页。
② 〔美〕威廉·麦克尼尔：《世界史：从史前到 21 世纪全球文明的互动》，"中文版序言"，第 ⅩⅧ 页。
③ 〔美〕大卫·克里斯蒂安：《时间地图：大历史导论》，第 538～539 页。
④ 〔美〕安东尼·N. 彭纳：《人类的足迹：一部地球环境的历史》，第 11 页。
⑤ 李通玄：《新华严经论》第 1 卷，西北大学出版社，2005，第 23 页。

一种新的回溯方式"。①

　　世界史的编撰过程同时也是史学家对世界进行综合认知与思考的过程。历史的长河滚滚而行，置身于其中的一代又一代的史学研究者，努力克服各种认识上的局限，努力触摸历史的真实，这显然是人类一种执着的本性。观照自身，2100 多年前，中国通史编撰的开山之作《史记》问世，司马迁提出其撰著的宗旨在于"究天人之际，通古今之变，成一家之言"。这短短 15 字包含着时间和空间的双重向度，即不仅要在时间纵向上反映人类历史演变的脉络和规律，而且要在空间横向上揭示出各种复杂现象之间的联系，进而在此基础上实现内在的会通，阐释人类复杂的社会生活。如今世界一体化加速发展这个现实前提，使得司马迁这 15 字的丰富内涵在今天受到前所未有的重视。显然，世界史编撰亦面临新的要求，即自觉站在时代的高度，从自身的历史经历出发，说明全球一体的演变，阐明我们对人类历史的基本观点，展现中国文化认识世界并将之理论化的道路和方式。全球化时代对世界史的迫切需求既是一种学术挑战，也为史学研究者提供了理论与实证分析的现实基础。

　　包括中国在内的各国的世界史编撰视角，实际上体现的是基于文化多样性基础之上的历史认识和历史判断的多样性。但是，各不相属的人类群体却同为一个物种，共处一个地球，这就要求认识主体自觉保持全球的视野。从这个意义上说，在各种探索的可能之中，构建双主线、多支线的世界史编撰线索体系显然是一种可以为之努力的方向，有利于深化对人类历史和世界格局的整体认识。

---

　　① 〔英〕艾瑞克·霍布斯鲍姆：《帝国的年代：1875—1914》，第 1 页。

参考文献

一　中文文献

阿尔温·托夫勒：《第三次浪潮》，朱志焱译，生活·读书·新知三联书店，1983。

阿努瓦·阿布戴尔-马里克：《文明与社会理论》，张宁、丰子义译，浙江人民出版社，1989。

阿诺德·汤因比：《历史研究》，曹未风等译，上海人民出版社，1997。

爱德华·H.卡尔：《历史是什么?》，吴柱存译，商务印书馆，1981。

爱德华·W.萨义德：《东方学》，王宇根译，生活·读书·新知三联书店，1999。

爱德华·W.萨义德：《文化与帝国主义》，李琨译，生活·读书·新知三联书店，2003。

埃德蒙·柏克三世、大卫·克里斯汀、罗斯·E.杜恩：《世界史：大时代》，杨彪等译，华东师范大学出版社，2012。

艾尔弗雷德·W.克罗斯比：《哥伦布大交换——1492年以后的生物影响和文化冲击》，郑明萱译，中国环境科学出版社，2010。

埃里克·范豪特：《世界史导论》，沈贤元译，新华出版社，2015。

埃里克·霍布斯鲍姆：《如何改变世界：马克思和马克思主义的传

奇》，吕增奎译，中央编译出版社，2014。

艾伦·麦克法兰主讲《现代世界的诞生》，刘北成评议，上海人民出版社，2013。

艾米·斯图尔特：《鲜花帝国：鲜花育种、栽培与售卖的秘密》，宋博译，商务印书馆，2014。

艾瑞克·霍布斯鲍姆：《霍布斯鲍姆看 21 世纪》，吴莉君译，中信出版社，2010。

艾瑞克·霍布斯鲍姆：《趣味横生的时光：我的 20 世纪人生》，周全译，中信出版社，2010。

艾瑞克·霍布斯鲍姆：《极端的年代：1914—1991》，马凡等译，江苏人民出版社，2011。

艾瑞克·霍布斯鲍姆：《帝国的年代：1875—1914》，贾士蘅译，中信出版社，2014。

艾瑞克·霍布斯鲍姆：《断裂的年代：20 世纪的文化与社会》，林华译，中信出版社，2014。

艾瑞克·霍布斯鲍姆：《革命的年代：1789—1848》，王章辉等译，中信出版社，2014。

艾瑞克·霍布斯鲍姆：《资本的年代：1848—1875》，张晓华等译，中信出版社，2014。

艾约博：《以竹为生：一个四川手工造纸村的 20 世纪社会史》，韩巍译，吴秀杰校，江苏人民出版社，2016。

安德烈·冈德·弗兰克、巴里·K. 吉尔斯主编《世界体系：500 年还是 5000 年？》，郝名玮译，社会科学文献出版社，2004。

安东尼·N. 彭纳：《人类的足迹：一部地球环境的历史》，张新、王兆润译，电子工业出版社，2013。

安妮·马克苏拉克：《微观世界的博弈：细菌、文化与人类》，王洁译，电子工业出版社，2015。

巴里·布赞、理查德·利特尔:《世界历史中的国际体系——国际关系研究的再构建》,刘德斌主译,高等教育出版社,2004。

白寿彝主编《中国通史》第1卷,上海人民出版社,1989。

彼得·弗兰科潘:《丝绸之路:一部全新的世界史》,邵旭东、孙芳译,徐文堪审校,浙江大学出版社,2016。

布尔努瓦:《丝绸之路》,耿昇译,中国藏学出版社,2016。

卜正民:《维梅尔的帽子——从一幅画看全球化贸易的兴起》,刘彬译,文汇出版社,2010。

曹义恒、曹荣湘主编《后帝国主义》,中央编译出版社,2007。

查尔斯·曼恩:《1491:前哥伦布时代美洲启示录》,胡亦南译,中信出版社,2016。

陈恒、洪庆明:《西方"世界历史"观念的源流与变迁》,《学术研究》2011年第4期。

陈立柱:《西方中心主义的初步反省》,《史学理论研究》2005年第2期。

陈启能主编《二战后欧美史学的新发展》,山东大学出版社,2005。

陈志强:《论吴于廑"整体世界史观"》,《世界历史》2013年第2期。

程光泉主编《全球化理论谱系》,湖南人民出版社,2002。

程美宝:《全球化、全球史与中国史学》,《学术研究》2005年第1期。

大卫·阿米蒂奇:《独立宣言:一种全球史》,孙岳译,商务印书馆,2014。

大卫·哈维:《新帝国主义》,初立忠、沈晓雷译,社会科学文献出版社,2009。

大卫·霍克尼、马丁·盖福德:《图画史——从洞穴石壁到电脑屏幕》,万木春等译,浙江人民美术出版社,2017。

大卫·克里斯蒂安:《时间地图:大历史导论》,晏可佳等译,上海社会科学院出版社,2007。

戴维·赫尔德、安东尼·麦克格鲁:《全球化与反全球化》,陈志刚译,社会科学文献出版社,2004。

戴维·S. 兰德斯:《国富国穷》,门洪华等译,新华出版社,2010。

丹尼尔·R. 布劳尔:《20 世纪世界史》,洪庆明译,东方出版中心,2013。

德里克·希特:《公民身份——世界史、政治学与教育学中的公民理想》,郭台辉、余慧元译,吉林出版集团有限责任公司,2010。

董欣洁:《巴勒克拉夫全球史研究》,中国社会科学出版社,2017。

董正华:《论全球史的多层级结构》,《贵州社会科学》2011 年第 11 期。

方汉文:《比较文明史——新石器时代至公元 5 世纪》,东方出版中心,2009。

方晋等:《新兴经济体崛起——理论、影响和政策分析》,中国发展出版社,2012。

费尔南·布罗代尔:《地中海与菲利普二世时代的地中海世界》第 1 卷,唐家龙等译,吴模信校,商务印书馆,2013。

费尔南·布罗代尔:《地中海与菲利普二世时代的地中海世界》第 2 卷,吴模信译,商务印书馆,2013。

菲利普·博雅尔:《16 世纪之前的印度洋和欧亚非世界体系——全球史的新视角》,《南洋资料译丛》2012 年第 4 期。

菲利普·费尔南德兹-阿迈斯托编著《世界:一部历史》第 2 版,叶建军等译,钱乘旦审读,北京大学出版社,2010。

菲利普·费尔南多-阿梅斯托:《1492:世界的开端》,赵俊、李明英译,东方出版中心,2013。

菲利普·费尔南多-阿梅斯托:《文明的口味:人类食物的历史》,

韩良忆译，新世纪出版社，2013。

丰子义、杨学功：《马克思"世界历史"理论与全球化》，人民出版社，2002。

高岱、郑家馨：《殖民主义史》总论卷，北京大学出版社，2003。

格奥尔格·伊格尔斯、王晴佳著，苏普里娅·穆赫吉参著《全球史学史——从18世纪至当代》，杨豫译，北京大学出版社，2011。

贡德·弗兰克：《白银资本：重视经济全球化中的东方》，刘北成译，中央编译出版社，2011。

郭小凌：《从全球史观及其影响所想到的》，《学术研究》2005年第1期。

哈立德·科泽：《国际移民》，吴周放译，译林出版社，2009。

哈特穆特·凯博：《历史比较研究导论》，赵进中译，北京大学出版社，2009。

海斯、穆恩、韦兰：《世界史》，冰心、吴文藻、费孝通等译，翦伯赞作序，世界图书出版公司，2011。

何芳川：《世界史体系刍议》，《史学理论研究》2005年第3期。

何平：《20世纪下半叶西方史学认识论的发展》，《史学理论研究》2001年第1期。

何平：《全球史对世界史编纂理论和方法的发展》，《世界历史》2006年第4期。

何平：《文化与文明史比较研究》，山东大学出版社，2009。

何平：《西方历史编纂学史》，商务印书馆，2010。

何兆武主编《历史理论与史学理论——近现代西方史学著作选》，商务印书馆，1999。

何兆武：《思想与历史：何兆武自选集》，首都师范大学出版社，2008。

何兆武、陈启能主编《当代西方史学理论》，中国社会科学出版社，

1996。

何兹全:《我们需要包括中国史的世界史》,《光明日报》1984年3月14日,第3版。

黑格尔:《法哲学原理》,范扬、张企泰译,商务印书馆,1982。

黑格尔:《历史哲学》,王造时译,上海书店出版社,1999。

贾斯廷·罗森伯格:《质疑全球化理论》,洪霞、赵勇译,江苏人民出版社,2002。

江湄:《怎样认识10至13世纪中华世界的分裂与再统一》,《史学月刊》2019年第6期。

姜芃等:《世纪之交的西方史学》,社会科学文献出版社,2012。

蒋竹山:《当代史学研究的趋势、方法与实践:从新文化史到全球史》,五南图书出版股份有限公司,2012。

蒋竹山:《人参帝国:清代人参的生产、消费与医疗》,浙江大学出版社,2015。

杰弗里·巴勒克拉夫:《当代史学主要趋势》,杨豫译,上海译文出版社,1987。

杰弗里·巴勒克拉夫:《当代史学主要趋势》,杨豫译,北京大学出版社,2006。

杰弗里·巴勒克拉夫主编《泰晤士世界历史地图集》,生活·读书·新知三联书店,1982。

杰克·古迪:《偷窃历史》,张正萍译,浙江大学出版社,2009。

杰里·本特利:《美国的世界史研究与研究生教育》,梁紫虹译,《暨南学报》(哲学社会科学)1988年第3期。

杰里·本特利、赫伯特·齐格勒:《新全球史:文明的传承与交流》,魏凤莲等译,北京大学出版社,2007。

杰里·本特利、赫伯特·齐格勒:《新全球史:文明的传承与交流》第5版,魏凤莲译,北京大学出版社,2014。

杰里·H. 本特利:《20 世纪的世界史学史》,《史学理论研究》2004 年第 4 期。

杰里·H. 本特利:《新世界史》,载夏继果、杰里·H. 本特利主编《全球史读本》,北京大学出版社,2010。

杰瑞·H. 本特利:《当今的世界史概念》,载刘新成主编《全球史评论》第 1 辑,商务印书馆,2008。

坎迪斯·古切尔、琳达·沃尔顿:《全球文明史——人类自古至今的历程》,陈恒等译,格致出版社、上海人民出版社,2013。

康灿雄:《西方之前的东亚:朝贡贸易五百年》,陈昌煦译,社会科学文献出版社,2016。

柯林武德:《历史的观念》,何兆武、张文杰译,中国社会科学出版社,1986。

雷海宗:《世界史上一些论断和概念的商榷》,《历史教学》1954 年第 5 期。

理查德·奥弗里主编《泰晤士世界历史》,原版主编为杰弗里·巴勒克拉夫,毛昭晰等译,希望出版社、新世纪出版社,2011。

理查德·戈夫等:《20 世纪全球史》第 7 版英文影印版,李世安导读,北京大学出版社,2011。

李飞:《二十世纪以来两次重大金融危机的研究与思考——基于实体经济与虚拟经济互动视角》,《中国财经信息资料》2012 年第 9 期。

李剑鸣:《世界通史教科书编纂刍议》,《史学月刊》2009 年第 10 期。

李敏:《全球化时代美国史的书写——托马斯·本德的跨国史研究》,《史学理论研究》2020 年第 2 期。

丽莎·A. 琳赛:《海上囚徒:奴隶贸易四百年》,杨志译,中国人民大学出版社,2014。

李世安:《全球化与全球史观》,《史学理论研究》2005 年第 1 期。

李通玄：《新华严经论》，西北大学出版社，2005。

李友东：《东西方文明比较中的两种不同视角》，《史学理论研究》2014 年第 1 期。

梁占军：《"全球史"与"世界史"异同刍议》，《首都师范大学学报》（社会科学版）2006 年第 3 期。

刘北成：《重构世界历史的挑战》，《史学理论研究》2000 年第 4 期。

刘德斌：《"全球历史观"的困局与机遇》，《史学理论研究》2005 年第 1 期。

刘德斌：《全球历史观：理想与现实之间的徘徊》，《史学集刊》2015 年第 5 期。

刘禾主编《世界秩序与文明等级：全球史研究的新路径》，生活·读书·新知三联书店，2016。

刘家和、廖学盛主编《世界古代文明史研究导论》，北京师范大学出版社，2010。

刘景华：《吴于廑：我国世界史学科的奠基者》，《民主与科学》2018 年第 4 期。

刘军：《全球化与全球化史观：一种长时段的观点》，《史学理论研究》2005 年第 1 期。

刘同舫：《马克思人类解放理论的叙事结构及实现方式》，《中国社会科学》2012 年第 8 期。

刘文明：《从全球视野与生态视角来考察历史——克罗斯比治史方法初探》，《史学理论研究》2011 年第 1 期。

刘文明：《全球史视野中的传染病研究——以麦克尼尔和克罗斯比的研究为例》，《上海师范大学学报》（哲学社会科学版）2011 年第 1 期。

刘文明：《全球史理论与文明互动研究》，中国社会科学出版社，2015。

刘文明：《全球史研究中的"他者叙事"》，《首都师范大学学报》

（社会科学版）2020 年第 3 期。

刘新成：《全球史观与近代早期世界史编撰》，《世界历史》2006 年第 1 期。

刘新成：《从怀特透视全球史》，《史学理论研究》2006 年第 3 期。

刘新成：《全球史观在中国》，《历史研究》2011 年第 6 期。

刘新成主编《全球史论集》，中国社会科学出版社，2015。

刘新成主编《全球史评论》第 1 辑，商务印书馆，2008；《全球史评论》第 2 辑，中国社会科学出版社，2009；《全球史评论》第 3 辑，中国社会科学出版社，2010；《全球史评论》第 4 辑，中国社会科学出版社，2011；《全球史评论》第 5 辑，中国社会科学出版社，2012；《全球史评论》第 6 辑，中国社会科学出版社，2013；《全球史评论》第 7 辑，中国社会科学出版社，2014；《全球史评论》第 8 辑，中国社会科学出版社，2015；《全球史评论》第 9 辑，中国社会科学出版社，2015；《全球史评论》第 10 辑，中国社会科学出版社，2016；《全球史评论》第 11 辑，中国社会科学出版社，2016。

刘耀辉：《历史上的交流与互动：威廉·麦克尼尔的世界史理论与实践》，《人文杂志》2015 年第 7 期。

罗兰·罗伯逊、扬·阿特·肖尔特主编《全球化百科全书》，中文版主编王宁，译林出版社，2011。

罗荣渠：《论一元多线历史发展观》，《历史研究》1989 年第 1 期。

罗荣渠：《历史学要关心民族和人类的命运》，《世界历史》1993 年第 3 期。

罗荣渠：《史学求索》，商务印书馆，2009。

马俊峰：《马克思世界历史理论的方法论意义》，《中国社会科学》2013 年第 6 期。

马克·布洛赫：《为历史学辩护》，张和声、程郁译，中国人民大学出版社，2006。

马克垚主编《世界文明史》，北京大学出版社，2004。

马克垚：《编写世界史的困境》，载刘新成主编《全球史评论》第 1 辑，商务印书馆，2008。

玛丽-弗朗索瓦·杜兰等：《全球化地图：认知当代世界空间》中文第 2 版，许铁兵译，社会科学文献出版社，2011。

麦克尔·哈特、安东尼奥·奈格里：《帝国：全球化的政治秩序》，杨建国等译，江苏人民出版社，2008。

曼弗雷德·B. 斯蒂格：《全球化面面观》，丁兆国译，译林出版社，2013。

孟广林：《世界历史研究的"通观"——吴于廑先生的学术境界》，《史学集刊》2013 年第 4 期。

孟广林：《世界史研究的视域与路向》，《社会科学战线》2016 年第 1 期。

米歇尔·波德：《资本主义的历史——从 1500 年至 2010 年》，郑方磊、任轶译，上海辞书出版社，2011。

尼克·雅普：《照片里的 20 世纪全球史》，赵思婷等译，海峡书局，2015。

欧阳军喜：《全球史视野下的改革开放及其历史书写》，《中共党史研究》2018 年第 1 期。

帕特里克·曼宁：《世界史学家、联合国教科文组织与全球研究机构的未来》，陈欣言译，载刘新成主编《全球史评论》第 5 辑，中国社会科学出版社，2012。

帕特里克·曼宁：《世界史导航：全球视角的构建》，田婧、毛佳鹏译，商务印书馆，2016。

彭慕兰：《大分流：欧洲、中国及现代世界经济的发展》，史建云译，江苏人民出版社，2008。

彭慕兰、史蒂夫·托皮克：《贸易打造的世界——社会、文化与世界经济》，黄中宪译，陕西师范大学出版社，2008。

　　皮特·N. 斯特恩斯等：《全球文明史》第3版，赵轶峰等译，中华书局，2006。

　　齐世荣：《编写一部简明的世界通史是时代的需要》，载刘新成主编《全球史评论》第2辑，中国社会科学出版社，2009。

　　齐世荣：《吴于廑先生与我国世界史学科的建立》，《武汉大学学报》（人文科学版）2013年第6期。

　　钱乘旦：《以现代化为主题构建世界近现代史新的学科体系》，《世界历史》2003年第3期。

　　钱乘旦：《关于开展"世界史"研究的几点思考》，《史学理论研究》2005年第3期。

　　钱乘旦：《现代化研究远未过时》，《历史教学问题》2011年第1期。

　　钱乘旦：《"世界史"的理论、方法和内容》，《光明日报》2015年1月10日，第11版。

　　乔·古尔迪、大卫·阿米蒂奇：《历史学宣言》，孙岳译，格致出版社、上海人民出版社，2017。

　　钦努阿·阿契贝：《非洲的污名》，张春美译，南海出版公司，2014。

　　清华国学院编《全球史中的文化中国》，北京大学出版社，2014。

　　瞿林东、邹兆辰等：《唯物史观与中国历史学》，上海人民出版社，2013。

　　任东波：《"欧洲中心论"与世界史研究》，《史学理论研究》2006年第1期。

　　任东波：《范例与超越：全球史观的实践和全球化时代的批判——评〈全球通史——从史前史到21世纪〉》，《北京大学学报》（哲学社会科学版）2007年第1期。

　　任剑涛：《"中西之争"的全球史呈像》，《四川大学学报》（哲学社会科学版）2019年第5期。

萨拉·罗斯：《茶叶大盗——改变世界史的中国茶》，孟驰译，社会科学文献出版社，2015。

萨米尔·阿明：《全球化时代的资本主义——对当代社会的管理》，丁开杰等译，李智校，中国人民大学出版社，2013。

施诚：《美国的世界历史教学与全球史的兴起》，《史学理论研究》2010 年第 4 期。

世界银行：《2011 年世界发展指标》，王辉等译，中国财政经济出版社，2011。

史景迁：《文化类同与文化利用》，廖世奇、彭小樵译，北京大学出版社，1997。

斯宾格勒：《西方的没落》，齐世荣等译，商务印书馆，1963。

斯塔夫里阿诺斯：《全球通史：从史前史到 21 世纪》第 7 版，董书慧等译，北京大学出版社，2005。

斯塔夫里阿诺斯：《全球通史：从史前史到 21 世纪》第 7 版修订版，吴象婴等译，北京大学出版社，2012。

斯塔夫里亚诺斯：《全球分裂：第三世界的历史进程》，迟越等译，黄席群等校，商务印书馆，1993。

宋鸿兵编著《货币战争》，中信出版社，2011。

孙隆基：《新世界史》第 1 卷，中信出版社，2015。

孙岳：《国际全球史与世界史组织联合会会议在德国举行》，《世界历史》2014 年第 6 期。

孙志伟：《全球化时代的历史书写——国外世界现当代史教材的译介与评析》，《历史教学》2019 年第 14 期。

特里·伊格尔顿：《马克思为什么是对的》，李扬、任文科、郑义译，新星出版社，2011。

腾尼·弗兰克：《罗马帝国主义》，宫秀华译，上海三联书店，2008。

田家康：《气候文明史：改变世界的 8 万年气候变迁》，范春飚译，东方出版社，2012。

田心铭：《论马克思主义的理论自觉和理论自信》，《马克思主义研究》2012 年第 10 期。

涂成林：《世界历史视野中的亚细亚生产方式——从普遍史观到特殊史观的关系问题》，《中国社会科学》2013 年第 6 期。

托马斯·皮凯蒂：《21 世纪资本论》，巴曙松等译，中信出版社，2014。

万明：《明代白银货币化的总体视野：一个研究论纲》，《学术研究》2017 年第 5 期。

王东等主编《马克思主义与全球化——〈德意志意识形态〉的当代阐释》，北京大学出版社，2003。

王加丰：《从西方宏大叙事变迁看当代宏大叙事走向》，《世界历史》2013 年第 1 期。

王立新：《在国家之外发现历史：美国史研究的国际化与跨国史的兴起》，《历史研究》2014 年第 1 期。

王林聪：《略论"全球历史观"》，《史学理论研究》2002 年第 3 期。

王晴佳：《历史思维的中国模式存在吗？——一种跨文化的分析》，董欣洁译，《史学理论研究》2013 年第 3 期。

王晴佳：《西方的历史观念：从古希腊到现在》，北京师范大学出版社，2013。

王斯德主编《世界通史》第 3 编《现代文明的发展与选择——20 世纪的世界史》，华东师范大学出版社，2001。

王晓辉：《苗族银饰的全球史内涵》，《贵州民族研究》2017 年第 12 期。

王永平：《全球史视野下的古代丝绸之路》，《中央社会主义学院学报》2017 年第 6 期。

王正毅：《世界体系论与中国》，商务印书馆，2000。

威廉·恩道尔：《目标中国：华盛顿的"屠龙"战略》，戴健、顾秀林、朱宪超译，中国民主法制出版社，2013。

威廉·H. 麦克尼尔：《威廉·H. 麦克尼尔致（北京）首都师范大学全球史中心》，载刘新成主编《全球史评论》第 3 辑，中国社会科学出版社，2010。

威廉·H. 麦克尼尔：《瘟疫与人》，余新忠、毕会成译，中国环境科学出版社，2010。

威廉·H. 麦尼尔：《竞逐富强——公元 1000 年以来的技术、军事与社会》，倪大昕、杨润殷译，上海辞书出版社，2013。

威廉·麦克尼尔：《世界史》第 4 版英文影印版，钱乘旦导读，北京大学出版社，2008。

威廉·麦克尼尔：《世界史：从史前到 21 世纪全球文明的互动》，施诚、赵婧译，中信出版社，2013。

威廉·麦克尼尔：《西方的兴起：人类共同体史》，孙岳等译，郭方、李永斌译校，中信出版社，2015。

威廉·麦克尼尔：《追求真理：威廉·麦克尼尔回忆录》，高照晶译，浙江大学出版社，2015。

沃尔夫冈·施特雷克：《购买时间——资本主义民主国家如何拖延危机》，常暄译，社会科学文献出版社，2015。

吴怀祺：《唯物史观与民族史学思想》，《廊坊师范学院学报》（社会科学版）2013 年第 4 期。

吴晓明、陈立新：《马克思主义本体论研究》，北京师范大学出版社，2012。

吴晓群：《我们真的需要"全球史观"吗?》，《学术研究》2005 年第 1 期。

吴英主编《马克思恩格斯列宁斯大林论历史科学》，于沛、董欣洁副主编,中国社会科学出版社,2014。

吴于廑:《世界历史》,载《中国大百科全书·外国历史》,中国大百科全书出版社,1990。

吴于廑:《吴于廑学术论著自选集》,首都师范大学出版社,1995。

吴于廑、齐世荣主编《世界史》,高等教育出版社,2011。

西敏司:《饮食人类学:漫话餐桌上的权力和影响力》,林为正译,电子工业出版社,2015。

夏继果:《理解全球史》,《史学理论研究》2010年第1期。

夏继果:《全球史研究:互动、比较、建构》,《史学理论研究》2016年第3期。

夏继果、杰里·H.本特利主编《全球史读本》,北京大学出版社,2010。

向荣:《英国和中国史学的新趋势:民族史与世界史的对立和破局》,《探索与争鸣》2018年第5期。

徐浩:《什么是世界史?——欧美与我国世界史学科建设诹议》,《经济社会史评论》2015年第1期。

徐蓝:《从"西欧中心史观"到"文明形态史观"和"全球史观"——20世纪世界历史的理论、方法与编撰实践》,《历史研究》2004年第4期。

徐蓝:《20世纪世界历史体系的多样性与编撰实践》,《史学理论研究》2005年第3期。

徐洛:《评近年来世界通史编撰中的"欧洲中心"倾向——兼介绍西方学者对"早期近代世界"的一种诠释》,《世界历史》2005年第3期。

杨华、陈祖根:《跨越、关联、互动——全球史在国内的传播及影响》,《清华大学学报》(哲学社会科学版)2020年第4期。

杨巨平:《"全球史"概念的历史演进》,《世界历史》2009年第5期。

叶险明:《马克思超越"西方中心论"的历史和逻辑》,《中国社会科学》2014 年第 1 期。

伊恩·莫里斯:《人类的演变:采集者、农夫与大工业时代》,马睿译,中信出版社,2016。

伊曼纽尔·沃勒斯坦:《"欧洲中心论"及其表现:社会科学的困境》,载瞿林东主编《史学理论与史学史学刊》2002 年卷,社会科学文献出版社,2003。

伊曼纽尔·沃勒斯坦:《现代世界体系》第 1 卷,尤来寅等译,罗荣渠审校,高等教育出版社,1998。

伊曼纽尔·沃勒斯坦:《现代世界体系》第 2 卷,吕丹等译,庞卓恒主译兼总审校,高等教育出版社,1998。

伊曼纽尔·沃勒斯坦:《现代世界体系》第 4 卷《中庸的自由主义的胜利(1789—1914)》,吴英译,庞卓恒校,社会科学文献出版社,2013。

尤金·N. 安德森:《中国食物》,马孆、刘东译,刘东审校,江苏人民出版社,2003。

于尔根·科卡:《20 世纪下半叶国际历史科学的新潮流》,景德祥译,《史学理论研究》2002 年第 1 期。

于尔根·奥斯特哈默:《世界的演变:19 世纪史》,强朝晖、刘风译,社会科学文献出版社,2016。

俞可平主编《全球化:西方化还是中国化》,社会科学文献出版社,2002。

俞可平:《全球化与新的思维向度和观察角度》,《史学理论研究》2005 年第 1 期。

于沛:《全球化和"全球历史观"》,《史学集刊》2001 年第 2 期。

于沛:《反"文化全球化"——经济全球化背景下对文化多样性的思考》,《史学理论研究》2004 年第 4 期。

于沛:《全球史观和中国史学断想》,《学术研究》2005 年第 1 期。

于沛：《全球史：民族历史记忆中的全球史》，《史学理论研究》2006 年第 1 期。

于沛主编《全球化和全球史》，社会科学文献出版社，2007。

于沛：《生产力革命和交往革命：历史向世界历史的转变——马克思的世界历史理论与交往理论研究》，《北方论丛》2009 年第 3 期。

于沛：《中国世界历史研究的理论成就》，《社会科学战线》2012 年第 2 期。

余伟民：《"中心观"与"中心论"》，《史学理论研究》2005 年第 3 期。

于文杰：《百年中国世界史编撰体系及其相关问题辩证》，《贵州社会科学》2014 年第 4 期。

俞吾金：《突破"欧洲中心论"的思维框架》，《学术月刊》1998 年第 5 期。

约翰·巴克勒等：《西方社会史》，霍文利等译，广西师范大学出版社，2005。

约翰·布罗：《历史的历史：从远古到 20 世纪的历史书写》，黄煜文译，广西师范大学出版社，2012。

约翰·R. 麦克尼尔、威廉·H. 麦克尼尔：《人类之网：鸟瞰世界历史》，王晋新、宋保军等译，北京大学出版社，2011。

詹姆斯·莫里斯·布劳特：《殖民者的世界模式——地理传播主义和欧洲中心主义史观》，谭荣根译，社会科学文献出版社，2002。

张广智主编《西方史学通史》，复旦大学出版社，2011。

张广智、张广勇：《史学：文化中的文化——西方史学文化的历程》，上海社会科学院出版社，2013。

张宏毅：《世界史学科建设中一项紧迫的战略任务——编写战后世界史教科书》，《世界历史》1985 年第 10 期。

张宏毅：《世界通史的价值与功能》，《历史教学》（高校版）2009

年第 6 期。

张乃和：《全球史视野中的英国经济社会史研究》，《史学理论研究》2019 年第 3 期。

张文伟：《从"世界史"到"全球史"的演变》，《上饶师范学院学报》2008 年第 2 期。

张象：《通过多种途径发挥世界史学科的社会功能》，《世界历史》1993 年第 3 期。

张一平：《全球史导论》，人民出版社，2012。

张宇燕、徐秀军：《2011—2012 年世界经济形势分析与展望》，《当代世界》2011 年第 12 期。

张云：《东南亚史的编撰：从区域史观到全球史观》，《史学理论研究》2019 年第 3 期。

张芝联：《费尔南·布罗代尔的史学方法》，《历史研究》1986 年第 2 期。

赵轶峰：《从地方到全球——思考明清社会研究的单元意识》，《中国史研究动态》2020 年第 2 期。

珍妮特·L. 阿布-卢格霍德：《欧洲霸权之前：1250~1350 年的世界体系》，杜宪兵等译，商务印书馆，2015。

中国社会科学院中国特色社会主义理论体系研究中心：《一个民族的历史是一个民族安身立命的基础——兼评历史虚无主义》，《求是》2014 年第 4 期。

周谷城：《周谷城史学论文选集》，人民出版社，1983。

周谷城：《周谷城文选》，辽宁教育出版社，1990。

周谷城：《世界通史》，商务印书馆，2009。

周一良、吴于廑主编《世界通史》，人民出版社，1962。

朱本源：《历史学理论与方法》，人民出版社，2007。

朱佳木：《以唯物史观推进中国史学理论研究繁荣发展》，《河北学刊》2013 年第 3 期。

《不列颠简明百科全书》修订版第 1 卷，中国大百科全书出版社，2011。

《第 22 届国际历史科学大会在山东大学成功召开》，《山东大学学报》（哲学社会科学版）2015 年第 5 期。

《列宁全集》第 12 卷，人民出版社，1987。

《列宁专题文集·论资本主义》，人民出版社，2009。

《马克思恩格斯全集》第 12 卷，人民出版社，1962。

《马克思恩格斯全集》第 47 卷，人民出版社，1979。

《马克思恩格斯选集》第 1 卷，人民出版社，1995。

《马克思恩格斯选集》第 2 卷，人民出版社，1995。

《马克思恩格斯文集》第 1 卷，人民出版社，2009。

《马克思恩格斯文集》第 2 卷，人民出版社，2009。

《马克思恩格斯文集》第 3 卷，人民出版社，2009。

《马克思恩格斯文集》第 4 卷，人民出版社，2009。

《马克思恩格斯文集》第 5 卷，人民出版社，2009。

《马克思恩格斯文集》第 7 卷，人民出版社，2009。

《马克思恩格斯文集》第 8 卷，人民出版社，2009。

《马克思恩格斯文集》第 9 卷，人民出版社，2009。

《马克思恩格斯文集》第 10 卷，人民出版社，2009。

《牛津现代英汉双解大词典》第 12 版，外语教学与研究出版社、牛津大学出版社，2013。

C. A. 贝利：《现代世界的诞生：1780—1914》，于展、何美兰译，商务印书馆，2013。

J. M. 罗伯茨：《全球史》，陈恒等译，东方出版中心，2013。

J. R. 麦克尼尔：《阳光下的新事物：20 世纪世界环境史》，韩莉、韩晓雯译，商务印书馆，2013。

J. 唐纳德·休斯：《世界环境史：人类在地球生命中的角色转变》，

赵长凤等译，电子工业出版社，2014。

二 外文文献

A. G. Hopkins, ed., *Globalization in World History*, New York: Pimlico, 2002.

A. G. Hopkins, ed., *Global History: Interactions between the Universal and the Local*, New York: Palgrave Macmillan, 2006.

A. G. Hopkins, "*The Global History Reader* by Bruce Mazlish and Akira Iriye, eds.", *Journal of Global History*, Volume 1, Issue 1, 2006.

Adam M. McKeown, *Melancholy Order: Asian Migration and the Globalization of Borders, 1834-1929*, New York: Columbia University Press, 2008.

Akira Iriye, *Global and Transnational History: The Past, Present, and Future*, New York: Palgrave Macmillan, 2013.

Alan Strathern, *Unearthly Powers: Religious and Political Change in World History*, Cambridge: Cambridge University Press, 2019.

Alessandro Stanziani, *Eurocentrism and the Politics of Global History*, Switzerland: Palgrave Pivot, 2018.

Alfred J. Andrea and James H. Overfield, *The Human Record: Sources of Global History*, International Edition, New York: Cengage Learning, Inc., 2011.

Alfred J. Rieber, *The Struggle for the Eurasian Borderlands: From the Rise of Early Modern Empires to the End of the First World War*, New York: Cambridge University Press, 2014.

Alfred W. Crosby, Jr., *The Columbian Exchange: Biological and Cultural Consequences of 1492*, Westport, Connecticut: Greenwood Press, 1972.

Alfred W. Crosby, *Ecological Imperialism: The Biological Expansion of Europe, 900-1900*, Cambridge: Cambridge University Press, 2004.

Alfred W. Crosby, *Germs, Seeds, and Animals: Studies in Ecological History*, first published 1994 by M. E. Sharpe, London and New York: Routledge, 2015.

Andre Gunder Frank, *Re Orient: Global Economy in the Asian Age*, Oakland: University of California Press, 1998.

Andrea Wulf, *The Invention of Nature: Alexander von Humboldt's New World*, New York: Alfred A. Knopf, 2015.

Andrew Feldherr and Grant Hardy, eds., *The Oxford History of Historical Writing*, Volume 1, Oxford: Oxford University Press, 2011.

Angus Stevenson and Maurice Waite, eds., *Concise Oxford English Dictionary*, Oxford and New York: Oxford University Press, 2011.

Ania Loomba, *Colonialism/Postcolonialism*, third edition, London and New York: Routledge, 2015.

Anna Lowenhaupt Tsing, *The Mushroom at the End of the World: On the Possibility of Life in Capitalist Ruins*, Princeton and Oxford: Princeton University Press, 2015.

Antony Black, *A World History of Ancient Political Thought*, New York: Oxford University Press, 2009.

Arne Jarrick, Janken Myrdal and Maria Wallenberg Bondesson, eds., *Methods in World History: A Critical Approach*, Sweden: Nordic Academic Press, 2016.

Arturo Giraldez, *The Age of Trade: The Manila Galleons and the Dawn of the Global Economy*, Lanham, Boulder, New York and London: Rowman & Littlefield, 2015.

Barry Buzan and George Lawson, *The Global Transformation: History, Modernity and the Making of International Relations*, Cambridge: Cambridge University Press, 2015.

Barry K. Gills and William R. Thompson, eds., *Globalization and Global*

History, London and New York: Routledge, 2006.

Bartolomé Yun-Casalilla and Patrick K. O'Brien with Francisco Comín Comín, eds., *The Rise of Fiscal States: A Global History, 1500 – 1914*, Cambridge: Cambridge University Press, 2012.

Benedikt Stuchtey and Eckhardt Fuchs, eds., *Writing World History 1800 – 2000*, Oxford: Oxford University Press, 2003.

Brian Fay, "Unconventional History", *History and Theory*, Issue 41, 2002.

Bruce Mazlish, "Comparing Global History to World History", *The Journal of Interdisciplinary History*, Vol. 28, No. 3, 1998.

Bruce Mazlish, *The New Global History*, New York and London: Routledge, 2006.

Bruce Mazlish, *The Idea of Humanity in a Global Era*, New York: Palgrave Macmillan, 2009.

Bruce Mazlish and Akira Iriye, eds., *The Global History Reader*, New York and London: Routledge, 2005.

Bruce Mazlish and Ralph Buultjens, eds., *Conceptualizing Global History*, Boulder, San Francisco and Oxford: Westview Press, Inc., 1993.

C. A. Bayly, "Writing World History", *History Today*, Vol. 54, No. 2, 2004.

C. H. Alexandrowicz, *The Law of Nations in Global History*, edited by David Armitage and Jennifer Pitts, Oxford: Oxford University Press, 2017.

Carl H. Nightingale, *Segregation: A Global History of Divided Cities*, Chicago and London: The University of Chicago Press, 2012.

Cemil Aydin, *The Politics of Anti-Westernism in Asia: Visions of World Order in Pan-Islamic and Pan-Asian Thought*, New York: Columbia University Press, 2007.

Charles Bright, "*Global History: Interactions between the Universal and the Local* by A. G. Hopkins, ed.", *Journal of Global History*, Volume 2, Issue 2, 2007.

Charles H. Parker, *Global Interactions in the Early Modern Age*, *1400 – 1800*, Cambridge and New York: Cambridge University Press, 2010.

Craig A. Lockard, *Societies, Networks, and Transitions: A Global History*, 2nd edition, New York: Cengage Learning, 2011.

D. G. E. Hall, ed., *Historical Writing on the Peoples of Asia: Historians of South East Asia*, London: Oxford University Press, First published 1961, Reprinted 1962.

Daniel J. Boorstin, *The Americans: The Colonial Experience*, New York: Vintage Books, 1958.

Daniel R. Headrick, "*The New World History: A Teacher's Companion* (Review)", *Journal of World History*, Vol. 13, No. 1, 2002.

D. R. Woolf, ed., *A Global Encyclopedia of Historical Writing*, Volume I, New York: Garland Publishing, Inc., 1998.

D. R. Woolf, ed., *A Global Encyclopedia of Historical Writing*, Volume II, New York: Garland Publishing, Inc., 1998.

Daniel Woolf, *A Global History of History*, Cambridge: Cambridge University Press, 2011.

David Carr, "Place and Time: On the Interplay of Historical Points of View", *History and Theory*, Issue 40, 2001.

David Chidester, *Christianity: A Global History*, Harmondsworth: Allen Lane The Penguin Press, 2000.

David Christian, *Maps of Time: An Introduction to Big History*, Berkeley: University of California Press, 2004.

David Christian, "Scales", in Marnie Hughes-Warrington, ed., *Palgrave Advances in World History*, London: Palgrave, 2006.

David Christian, "*Globalization in World History by Peter N. Stearns*",

Journal of Global History, Volume 5, Issue 3, 2010.

David Goldblatt, *The Ball Is Round: A Global History of Football*, London: Penguin Books, 2007.

David Goldblatt, *The Games: A Global History of the Olympics*, New York and London: W. W. Norton & Company, 2016.

David L. Sills, ed., *International Encyclopedia of the Social Sciences*, Volume 1, New York: Crowell Collier and Macmillan, Inc., 1968.

David L. Sills, ed., *International Encyclopedia of the Social Sciences*, Volume 6, New York: Crowell Collier and Macmillan, Inc., 1968.

David Northrup, "Globalization and the Great Convergence: Rethinking World History in the Long Term", *Journal of World History*, Vol. 16, No. 3, 2005.

David Reynolds, *One World Divisible: A Global History since 1945*, London: Allen Lane, 2000.

Dennis Laumann, *Colonial Africa: 1884-1994*, New York and Oxford: Oxford University Press, 2013.

Diego Olstein, *Thinking History Globally*, New York: Palgrave Macmillan, 2015.

Dominic Sachsenmaier, "Global History: Challenges and Constraints", in Donald A. Yerxa, ed., *Recent Themes in World History and the History of the West*, Columbia, South Carolina: The University of South Carolina Press, 2009.

Dominic Sachsenmaier, *Global Perspectives on Global History: Theories and Approaches in a Connected World*, Cambridge: Cambridge University Press, 2011.

Donald R. Kelley, *Foundations of Modern Historical Scholarship*, New York: Columbia University Press, 1970.

Donald R. Wright, *The World and a Very Small Place in Africa: A History of Globalization in Niumi, the Gambia*, third edition, London and New York:

Routledge, 2010.

Douglas Northrop, "Introduction: The Challenge of World History", in Douglas Northrop, ed., *A Companion to World History*, Wiley-Blackwell: Blackwell Publishing Ltd., 2012.

Eckhardt Fuchs and Benedikt Stuchtey, eds., *Across Cultural Borders: Historiography in Global Perspective*, Lanham: Rowman & Littlefield Publishers, Inc., 2002.

E. Harris Harbison, "On Universal History", *World Politics*, Vol. 9, No. 2, 1957.

Edward B. Rugemer, *Slave Law and the Politics of Resistance in the Early Atlantic World*, Cambridge, Massachusetts: Harvard University Press, 2018.

Eileen Ka-May Cheng, *Historiography: An Introductory Guide*, London and New York: Continuum International Publishing Group, 2012.

Eric Fischer, *The Passing of the European Age: A Study of the Transfer of Western Civilization and Its Renewal in Other Continents*, Cambridge: Harvard University Press, 1948.

Eric Foner, "American Freedom in a Global Age", in Carl Guarneri and James Davis, eds., *Teaching American History in a Global Context*, Link Armonk, N. Y.: M. E. Sharpe, 2008.

Eric Tagliacozzo, *The Longest Journey: Southeast Asians and the Pilgrimage to Mecca*, New York: Oxford University Press, 2013.

Ernst Breisach, *Historiography: Ancient, Medieval, and Modern*, Third Edition, Chicago and London: The University of Chicago Press, 2007.

Fahad Ahmad Bishara, *A Sea of Debt: Law and Economic Life in the Western Indian Ocean, 1780-1950*, Cambridge: Cambridge University Press, 2017.

Felipe Fernández-Armesto, *Pathfinders: A Global History of Exploration*, New York and London: W. W. Norton, 2006.

Felipe Fernández-Armesto, "*What Is Global History ?* (Review) ", *Journal of Global History*, Volume 5, Issue 2, 2010.

Fernand Braudel, "Qu'est-ce que le XVIe Siècle?", *Annales, Histoire, Sciences Sociales*, 8e Année, No. 1, 1953.

Francesco Boldizzoni and Pat Hudson, eds., *Routledge Handbook of Global Economic History*, London: Routledge, 2016.

Frank Furedi, *The New Ideology of Imperialism*, London: Pluto Press, 1994.

Frans J. Schuurman, ed., *Globalization and Development Studies: Challenges for the 21st Century*, London: Sage, 2001.

Geoffrey Barraclough, *History in a Changing World*, Norman: University of Oklahoma Press, 1955.

Geoffrey Barraclough, *An Introduction to Contemporary History*, London: C. A. Watts & Co. Ltd., 1964.

Geoffrey Barraclough, *Turning Points in World History*, London: Thames and Hudson, 1979.

Geoffrey Barraclough, ed., *The Times Atlas of World History*, New Jersey: Hammond, 1989.

Geoffrey Barraclough, *Main Trends in History*, New York: Holmes & Meier, 1991.

Georg Iggers, "Historiography from a Global Perspective", *History and Theory*, Vol. 43, No. 1, 2004.

Giorgio Riello, *Cotton: The Fabric That Made the Modern World*, New York: Cambridge University Press, 2013.

Grant Hardy, "Can an Ancient Chinese Historian Contribute to Modern Western Theory? The Multiple Narratives of Ssu-Ma Ch'ien", *History and Theory*, Vol. 33, No. 1, 1994.

Ina Baghdiantz McCabe, *A History of Global Consumption*: *1500 - 1800*, New York: Routledge, 2015.

Ira M. Lapidus, *Islamic Societies to the Nineteenth Century*: *A Global History*, Cambridge: Cambridge University Press, 2012.

James Belich, John Darwin, Margret Frenz and Chris Wickham, eds., *The Prospect of Global History*, Oxford: Oxford University Press, 2016.

James E. McClellan III and Harold Dorn, *Science and Technology in World History*: *An Introduction*, Baltimore and London: The Johns Hopkins University Press, 1999.

James L. A. Webb Jr., *Humanity's Burden*: *A Global History of Malaria*, Cambridge and New York: Cambridge University Press, 2009.

James Rodger Fleming, *Fixing the Sky*: *The Checkered History of Weather and Climate Control*, New York: Columbia University Press, 2010.

Jane Buikstra and Charlotte Roberts, eds., *The Global History of Paleopathology*: *Pioneers and Prospects*, Oxford and New York: Oxford University Press, 2012.

Jane Burbank and Frederick Cooper, *Empires in World History*: *Power and the Politics of Difference*, Princeton and Oxford: Princeton University Press, 2010.

Jeroen Duindam, *Dynasties*: *A Global History of Power*, *1300 - 1800*, Cambridge: Cambridge University Press, 2016.

Jerry H. Bentley, *Old World Encounters*: *Cross-Cultural Contacts and Exchanges in Pre-Modern Times*, New York: Oxford University Press, 1993.

Jerry H. Bentley, "Cross-Cultural Interaction and Periodization in World History", *The American Historical Review*, Vol. 101, No. 3, 1996.

J. H. Bentley, "Myths, Wagers, and Some Moral Implications of World History", *Journal of World History*, Vol. 16, No. 1, 2005.

Jerry H. Bentley, "The New World History", in Lloyd Kramer and Sarah

Maza, eds., *A Companion to Western Historical Thought*, Malden: Blackwell Publishing, 2006.

Jerry H. Bentley, "*The New Global History* by Bruce Mazlish", *Journal of Global History*, Volume 2, Issue 1, 2007.

Jerry H. Bentley, "A Basic, Briefly Annotated Bibliography for Teachers of World History", in Heidi Roupp, ed., *Teaching World History in the Twenty-first Century*, London and New York: Taylor & Francis, 2010.

Jill Lepore, *Encounters in the New World: A History in Documents*, New York and Oxford: Oxford University Press, 2000.

J. M. Blaut, *Eight Eurocentric Historians*, New York: The Guilford Press, 2000.

Joachim Radkau, *Nature and Power: A Global History of the Environment*, first published in German, 2002, trans. Thomas Dunlap, Cambridge: Cambridge University Press, 2008.

Joe Gowaskie, "The Teaching of World History: A Status Report", *The History Teacher*, Vol. 18, No. 3, 1985.

John A. Garraty and Peter Gay, eds., *A History of the World*, Volume Ⅲ, *The Modern World*, New York, Evanston, San Francisco and London: Harper & Row, Publishers, Inc., 1972.

John Bowle, ed., *The Concise Encyclopedia of World History*, New York: Hawthorn Books Inc., 1958.

John K. Thornton, *A Cultural History of the Atlantic World, 1250-1820*, New York: Cambridge University Press, 2012.

John Lewis Gaddis, *The Landscape of History: How Historians Map the Past*, New York: Oxford University Press, 2002.

John Pincince, "*World History, and the Decline of the 'West'* by Jerry Bentley", *Journal of World History*, Vol. 25, No. 4, 2014.

John R. Chávez, *Beyond Nations: Evolving Homelands in the North Atlantic World, 1400-2000*, Cambridge: Cambridge University Press, 2009.

John R. Hall, "Cultural Meanings and Cultural Structures in Historical Explanation", *History and Theory*, Vol. 39, No. 3, 2000.

John R. McNeill, *Something New under the Sun: An Environmental History of the Twentieth-Century World*, New York and London: W. W. Norton, 2000.

John R. McNeill and Alan Roe, eds., *Global Environmental History: An Introductory Reader*, London: Routledge, 2012.

John Tosh, ed., *Historians on History*, New York: Routledge, 2018.

Jomo K. S. and Shyamala Nagaraj, eds., *Globalization Versus Development*, New York: Palgrave, 2001.

Jonathan Curry-Machado, ed., *Global Histories, Imperial Commodities, Local Interactions*, New York: Palgrave Macmillan, 2013.

Jorgen Randers, *2052: A Global Forecast for the Next Forty Years*, Vermont: Chelsea Green Publishing, 2012.

José Rabasa, Masayuki Sato, Edoardo Tortarolo and Daniel Woolf, eds., *The Oxford History of Historical Writing*, Volume 3, Oxford: Oxford University Press, 2012.

Joseph S. Nye, Jr. and David A. Welch, *Understanding Global Conflict and Cooperation: An Introduction to Theory and History*, tenth edition, Boston: Pearson, 2017.

Joshua B. Freeman, *American Empire: The Rise of a Global Power, the Democratic Revolution at Home 1945-2000*, New York: Penguin Books, 2012.

Jürgen Osterhammel, *The Transformation of the World: A Global History of the Nineteenth Century*, Princeton and Oxford: Princeton University Press, 2014.

Jürgen Osterhammel and Niels P. Petersson, *Globalization: A Short History*,

Princeton and Oxford: Princeton University Press, 2005.

Justin Jennings, *Globalizations and the Ancient World*, Cambridge: Cambridge University Press, 2011.

Kelly Boyd, ed., *Encyclopedia of Historians and Historical Writing*, Volume 1, Chicago: Fitzroy Dearborn Publishers, 1999.

Kelly Boyd, ed., *Encyclopedia of Historians and Historical Writing*, Volume 2, Chicago: Fitzroy Dearborn Publishers, 1999.

Kenneth C. Dewar, "Geoffrey Barraclough: From Historicism to Historical Science", *Historian*, Vol. 56, No. 3, 1994.

Kenneth Chase, *Firearms: A Global History to 1700*, New York: Cambridge University Press, 2003.

Kenneth Pomeranz, *The Great Divergence: China, Europe, and the Making of the Modern World Economy*, Princeton and Oxford: Princeton University Press, 2000.

K. M. Panikkar, *Asia and Western Dominance*, London: George Allen & Unwin Ltd., 1953.

Kyri W. Claflin and Peter Scholliers, eds., *Writing Food History: A Global Perspective*, New York: Berg, 2012.

Lauren Benton, *Law and Colonial Cultures: Legal Regimes in World History, 1400-1900*, Cambridge and New York: Cambridge University Press, 2002.

L. S. Stavrianos, "A Global Perspective in the Organization of World History", in Shirley H. Engle, ed., *New Perspectives in World History: 34th Yearbook of the National Council for the Social Studies*, Washington, D. C.: National Council for the Social Studies, 1964.

Leften S. Stavrianos et al., *A Global History of Man*, Boston: Allyn and Bacon, 1962.

Leo Panitch and Sam Gindin, *The Making of Global Capitalism*, London and New York: Verso, 2012.

Liza Picard, *Restoration London: Everyday Life in London 1660 – 1670*, London: Phoenix, 2003.

Lloyd Kramer and Sarah Maza, eds., *A Companion to Western Historical Thought*, Malden: Blackwell Publishing, 2006.

Lorelle Semley, *To Be Free and French: Citizenship in France's Atlantic Empire*, Cambridge: Cambridge University Press, 2017.

Lynn Hunt, *Writing History in the Global Era*, New York: W. W. Norton & Company, 2014.

Manuel Perez Garcia and Lucio De Sousa, eds., *Global History and New Polycentric Approaches: Europe, Asia and the Americas in a World Network System*, New York: Palgrave Macmillan, 2018.

Marc Ferro, *Colonization: A Global History*, original French edition, 1994, trans. K. D. Prithipaul, London and New York: Routledge, 1997.

Mark Kurlansky, *Salt: A World History*, New York: Penguin Books, 2003.

Mark Kurlansky, *Paper: Paging through History*, New York and London: W. W. Norton & Company, 2016.

Mark Rupert and Hazel Smith, eds., *Historical Materialism and Globalization*, London and New York: Routledge, 2002.

Mark Z. Jacobson, *Air Pollution and Global Warming: History, Science, and Solutions*, second edition, Cambridge and New York: Cambridge University Press, 2012.

Marshall G. S. Hodgson, *Rethinking World History: Essays on Europe, Islam, and World History*, Cambridge: Cambridge University Press, 1993.

Mary Jo Maynes and Ann Waltner, *The Family: A World History*, New York: Oxford University Press, 2012.

Maureen Furniss, *Animation: The Global History*, New York: Thames & Hudson Inc., 2016.

Mauro F. Guillén and Emilio Ontiveros, *Global Turning Points: Understanding the Challenges for Business in the 21st Century*, Cambridge: Cambridge University Press, 2012.

Michael Adas, Peter N. Stearns and Stuart B. Schwartz, *Turbulent Passage: A Global History of the Twentieth Century*, second edition, New York: Pearson Education, Inc., 2003.

Michael F. Suarez and H. R. Woudhuysen, eds., *The Book: A Global History*, Oxford: Oxford University Press, 2013.

Mike Davis, *Late Victorian Holocausts: El Niño Famines and the Making of the Third World*, London and New York: Verso, 2001.

Nayan Chanda, *Bound Together: How Traders, Preachers, Adventurers, and Warriors Shaped Globalization*, New Haven and London: Yale University Press, 2007.

Niall Ferguson, *Empire: How Britain Made the Modern World*, London: Allen Lane, 2003.

Niall Ferguson, *Colossus: The Rise and Fall of the American Empire*, London: Penguin Press, 2005.

Nicholas R. Lardy, *Sustaining China's Economic Growth after the Global Financial Crisis*, Washington: Peterson Institute for International Economics, 2011.

Nicola Spakowski, "National Aspirations on a Global Stage: Concepts of World/Global History in Contemporary China", *Journal of Global History*, Volume 4, Issue 3, 2009.

Noel Cowen, *Global History: A Short Overview*, Oxford: Polity Press, 2001.

Oscar Halecki, *The Limits and Divisions of European History*, London:

Sheed & Ward, 1950.

Pamela Kyle Crossley et al., *Global Society: The World Since 1900*, third edition, New York: Cengage Learning, 2012.

Patricia D'Antonio, Julie A. Fairman and Jean C. Whelan, eds., *Routledge Handbook on the Global History of Nursing*, London and New York: Routledge, 2013.

Patrick Manning, "The Problem of Interactions in World History", *The American Historical Review*, Vol. 101, No. 3, 1996.

Patrick Manning, *Navigating World History: Historians Create a Global Past*, New York: Palgrave Macmillan, 2003.

Patrick O' Brien, "Historiographical Traditions and Modern Imperatives for the Restoration of Global History", *Journal of Global History*, Volume 1, Issue 1, 2006.

Patrick O' Brien, "Historical Foundations for a Global Perspective on the Emergence of a Western European Regime for the Discovery, Development, and Diffusion of Useful and Reliable Knowledge", *Journal of Global History*, Volume 8, Issue 1, 2013.

Paul Freedman, ed., *Food: The History of Taste*, Berkeley and Los Angeles: University of California Press, 2007.

Paul Gilroy, *The Black Atlantic: Modernity and Double Consciousness*, Cambridge: Harvard University Press, 1993.

Paul S. Ropp, *China in World History*, New York: Oxford University Press, 2010.

Paul Thomas Chamberlin, *The Global Offensive: The United States, the Palestine Liberation Organization, and the Making of the Post-Cold War Order*, Oxford: Oxford University Press, 2012.

Paul W. Rhode and Gianni Toniolo, eds., *The Global Economy in the 1990s:*

A Long-Run Perspective, Cambridge: Cambridge University Press, 2006.

Pedro Cardim et al., eds., *Polycentric Monarchies: How Did Early Modern Spain and Portugal Achieve and Maintain a Global Hegemony?*, Eastbourne: Sussex Academic Press, 2012.

Peter B. Golden, *Central Asia in World History*, Oxford: Oxford University Press, 2011.

Peter Jackson, *The Mongols and the West, 1221-1410*, New York: Pearson Longman, c2005.

Peter N. Stearns, *Western Civilization in World History*, New York and London: Routledge, 2003.

Peter N. Stearns, *Globalization in World History*, London and New York: Routledge, 2010.

Peter N. Stearns, *World History: The Basics*, London and New York: Routledge, 2011.

Peter N. Stearns, Peter Seixas and Sam Wineburg, eds., *Knowing, Teaching, and Learning History: National and International Perspectives*, New York and London: New York University Press, 2000.

Prasannan Parthasarathi, *Why Europe Grew Rich and Asia Did Not: Global Economic Divergence, 1600-1850*, Cambridge: Cambridge University Press, 2011.

Prasenjit Duara, Viren Murthy and Andrew Sartori, eds., *A Companion to Global Historical Thought*, Wiley Blackwell: John Wiley & Sons, Ltd., 2014.

Q. Edward Wang and Georg G. Iggers, eds., *Marxist Historiographies: A Global Perspective*, New York: Routledge, 2016.

Raymond Grew, ed., *Food in Global History*, New York and London: Routledge, 2018.

Raymond Martin, "History as Moral Reflection", *History and Theory*, Vol. 39, No. 3, 2000.

Richard Falk and Tamas Szentes, eds., *A New Europe in the Changing Global System*, New York: United Nations University Press, 1997.

Richard J. Evans, "From Historicism to Postmodernism: Historiography in the Twentieth Century", *History and Theory*, Vol. 41, No. 1, 2002.

Richard W. Bulliet et al., *The Earth and Its Peoples: A Global History*, fifth edition, New York: Cengage Learning, 2012.

Robbie Robertson, *The Three Waves of Globalization: A History of a Developing Global Consciousness*, London: Zed Books, 2003.

Robbie Shilliam, ed., *International Relations and Non-Western Thought: Imperialism, Colonialism and Investigations of Global Modernity*, New York: Routledge, 2011.

Robert Cox, "A Perspective on Globalization", in James H. Mittelman, ed., *Globalization: Critical Reflections*, Boulder, CO: Lynne Rienner Publisher, 1996.

Robert C. Allen, *Global Economic History*, Oxford and New York: Oxford University Press, 2011.

Robert Ross, *Clothing: A Global History*, Cambridge: Polity Press, 2008.

Robert S. DuPlessis, *The Material Atlantic: Clothing, Commerce, and Colonization in the Atlantic World, 1650 – 1800*, Cambridge: Cambridge University Press, 2015.

Robert Tignor et al., *Worlds Together, Worlds Apart: A History of the World from the Beginnings of Humankind to the Present*, New York: W. W. Norton & Company, 2008.

Rodney Harrison and John Schofield, *After Modernity: Archaeological*

Approaches to the Contemporary Past, Oxford: Oxford University Press, 2010.

Roger Berkowitz and Taun N. Toay, eds., *The Intellectual Origins of the Global Financial Crisis*, New York: Fordham University Press, 2012.

Roland Robertson, *Globalization: Social Theory and Global Culture*, London: Sage Publications, 1992.

Ross E. Dunn, Laura J. Mitchell and Kerry Ward, eds., *The New World History: A Field Guide for Teachers and Researchers*, Oakland: University of California Press, 2016.

R. J. Blackburn, "The Philosophy of Historiography?", *History and Theory*, Vol. 39, No. 2, 2000.

Samir Amin, *Global History: A View from the South*, Cape Town, Dakar, Nairobi and Oxford: Pambazuka Press, 2011.

Samuel Moyn and Andrew Sartori, eds., *Global Intellectual History*, New York: Columbia University Press, 2013.

Sarah Ogilvie, *Words of the World: A Global History of the Oxford English Dictionary*, New York: Cambridge University Press, 2013.

Sebastian Conrad, *What Is Global History?*, Princeton and Oxford: Princeton University Press, 2016.

Sebouh David Aslanian, *From the Indian Ocean to the Mediterranean: The Global Trade Networks of Armenian Merchants from New Julfa*, Berkeley, New York and London: University of California Press, 2011.

Shigeru Akita, *Gentlemanly Capitalism, Imperialism and Global History*, New York: Palgrave Macmillan, 2002.

Srinath Raghavan, *1971: A Global History of the Creation of Bangladesh*, Cambridge and London: Harvard University Press, 2013.

Stefan Berger, ed., *A Companion to Nineteenth-Century Europe: 1789 - 1914*, Malden, MA: Blackwell Publishing, 2006.

Stefan Berger, ed., *Writing the Nation: A Global Perspective*, New York: Palgrave Macmillan, 2007.

Stephen L. Harp, *A World History of Rubber: Empire, Industry, and the Everyday*, Wiley Blackwell: John Wiley & Sons, 2016.

Steven Mithen, *After the Ice: A Global Human History*, *20000–5000 BC*, Cambridge and Massachusetts: Harvard University Press, 2003.

Stuart Banner, *Possessing the Pacific: Land, Settlers, and Indigenous People from Australia to Alaska*, Cambridge: Harvard University Press, 2007.

T. Bender, *Rethinking American History in a Global Age*, Berkeley: University of California Press, 2002.

Temma Kaplan, *Democracy: A World History*, New York: Oxford University Press, 2015.

Timo Myllyntaus, ed., *Thinking Through the Environment: Green Approaches to Global History*, Cambridge: The White Horse Press, 2011.

Toyin Falola, *The African Diaspora: Slavery, Modernity, and Globalization*, Rochester: University of Rochester Press, 2013.

Trevor R. Getz, ed., *African Voices of the Global Past: 1500 to the Present*, Boulder: Westview Press, 2014.

Victor Lieberman, *Strange Parallels: Southeast Asia in Global Context, c. 800–1830*, Vol. I, *Integration on the Mainland*, New York: Cambridge University Press, 2003.

Vincent Barnett, ed., *Routledge Handbook of the History of Global Economic Thought*, London and New York: Routledge, 2015.

Walter Russell Mead, *God and Gold: Britain, America, and the Making of the Modern World*, New York: Vintage Books, 2007.

William A. Green, "Periodizing World History", *History and Theory*, Vol. 34, No. 2, 1995.

William H. McNeill, *A World History*, New York: Oxford University Press, 1967.

William H. McNeill, "'The Rise of the West' after Twenty-Five Years", *Journal of World History*, Vol. 1, No. 1, 1990.

William H. McNeill, *The Rise of the West: A History of the Human Community, With a Retrospective Essay*, Chicago and London: The University of Chicago Press, 1991.

William H. McNeill, "The Changing Shape of World History", *History and Theory*, Vol. 34, No. 2, 1995.

William H. Worger, Nancy L. Clark and Edward A. Alpers, *Africa and the West: A Documentary History*, second edition, Volume 2, *From Colonialism to Independence, 1875 to the Present*, Oxford and New York: Oxford University Press, 2010.

William I. Robinson, *Global Capitalism and the Crisis of Humanity*, New York: Cambridge University Press, 2014.

William J. Duiker and Jackson J. Spielvogel, *World History*, 6th edition, New York: Cengage Learning, 2010.

Wulf Kansteiner, "Finding Meaning in Memory: A Methodological Critique of Collective Memory Studies", *History and Theory*, Vol. 41, No. 2, 2002.

图书在版编目（CIP）数据

西方全球史学研究 / 董欣洁著. -- 北京：社会科
学文献出版社，2022.12
ISBN 978-7-5228-0884-0

Ⅰ.①西… Ⅱ.①董… Ⅲ.①史学史-研究-西方国
家 Ⅳ.①K091

中国版本图书馆 CIP 数据核字（2022）第 193973 号

西方全球史学研究

著　　者／董欣洁

出 版 人／王利民
责任编辑／王玉敏
文稿编辑／顾　萌
责任印制／王京美

出　　版／社会科学文献出版社·联合出版中心（010）59367153
　　　　　地址：北京市北三环中路甲 29 号院华龙大厦　邮编：100029
　　　　　网址：www.ssap.com.cn
发　　行／社会科学文献出版社（010）59367028
印　　装／三河市尚艺印装有限公司

规　　格／开本：787mm×1092mm　1/16
　　　　　印张：19.5　字数：275 千字
版　　次／2022 年 12 月第 1 版　2022 年 12 月第 1 次印刷
书　　号／ISBN 978-7-5228-0884-0
定　　价／89.00 元

读者服务电话：4008918866